부자되는
풍수테크

성공과 행운을 부르는
부자 되는 풍수테크

초판 1쇄 발행 2010년 1월 15일
초판 2쇄 발행 2012년 12월 17일

지은이 | 최이린
펴낸이 | 박준자
펴낸곳 | (주)케이앤피북스
편 집 | 박희선, 문영은
디자인 | 에스파
주 소 | 서울 종로구 자하문로 108 백악빌딩 4층
문 의 | 02-737-5252
팩 스 | 02-359-5885
전자우편 | knpbooks@knpbooks.co.kr
홈페이지 | www.knpbooks.co.kr
등록번호 | 제300-2011-120호

ISBN 978-89-9598229-7 03590

* 잘못된 책은 교환해 드립니다.
* 이 책은 저작권법에 의해 보호받는 저작물입니다. 저자와 (주)케이앤피북스의
  허락 없이 내용의 일부를 인용하거나 발췌하는 것을 금합니다.

FENG SHUI

성공과 행운을 부르는
부자되는 풍수테크

최이린 지음

케이앤피북스
Knowledge & People Books

| 추천의 글 |

최 선생이 보내 준 원고를 하룻밤 사이에 읽고 어렵게만 느껴지던 풍수의 실체를 알게 된 느낌이다. 이 책은 기존의 생활 풍수 책들과 달리 차별화 된 내용과 설명으로 풍수가 손에 잡힐 수 있도록 아주 쉽게 풀어주었다.

풍수란 바람과 물, 즉 이 두 가지의 매트릭스를 잘 조합해야만 부와 행복과 건강을 불러올 수 있다는 게 풍수의 요체다. 하지만 알면 뭐하겠는가? 실천하지 않으면 아무런 소용이 없다는 것을 알면서도 늘 실천에 약한 게 우리다. 몸과 마음이 편해야 탄탄한 부귀영화가 따를 것이다. 풍수는 우리들이 그러한 삶의 진리를 '너무 늦게' 깨닫는다는 사실에 대한 쓰라린 통찰을 보여주기도 한다.

누구나 쉽게 납득하고 실천할 수 있도록 조목조목 케이스별로 친절하게 설명된 이 책의 일독을 권하며, 풍수 실천서로 널리 각광 받기를 기대한다.

〈월간중앙〉 대표이사 김광수

| 머리말 |

　시간이 지날수록 풍수를 설명하는 책들이 서점에 쏟아져 나옵니다. 그런데 실제로 읽어보면 이론서는 고리타분하고, 실용서는 내용이 부실하게만 느껴집니다. 필자는 명리命理를 공부하며 풍수風水의 원리와 원칙을 이해하게 되었습니다. 그래서 다분히 정명定命을 바탕으로 삼은 인식체계를 견지합니다만, 희망과 개운開運의 가치를 가볍게 생각하지는 않습니다.

　이 책은 일반 독자들을 고려해서 누구나 생활 풍수를 쉽게 실천하고, 놀라운 효용을 맛보도록 배려하는 데 중점을 두고 집필하였습니다. 원리와 원칙에 따라 이해할 수 있는 내용을 중심으로 선별했기 때문에, 일반 독자들이 풍수의 진정한 의미를 이해하고 적용할 수 있도록 설명하고 있습니다. 특히 1장에서 설명하게 될 '나에게 맞는 풍수 마스코트 Fengshui Mascot'는 어디서도 찾아볼 수 없는 독특한 주제라는 점입니다. 이는 『명리 36금수』의 독창적 지식 체계를 바탕으로 응용한 '이수학파' 고유의 개운술開運術 가운데 하나임을 특별히 강조하고 싶습니다. 독자들께서는 알기 쉽고, 곧바로 실천할 수 있는 '행운을 부르는 특급 비결'을 놓치지 않기를 바랍니다.

이 책을 읽고 나서 자신의 주위를 한 번 둘러보세요. 그러면 우리가 미처 깨닫지 못한 환경이 건강과 재산, 인간관계 등에 얼마나 깊이 관여되어 있는지를 자연스럽게 알게 될 것입니다. 이 책을 통해서 더욱 건강해지고, 부자가 되어 독자들의 삶의 질이 한층 개선되기를 진심으로 기원합니다.

최이린

Contents　　　　　　　　　　　　부자 되는 풍수테크

추천의 글　　　　　　　　　　　　　　　　4
머리말　　　　　　　　　　　　　　　　　5
프롤로그 : 기분이 좋아야 좋은 풍수　　　　12

1장 나에게 맞는 풍수 마스코트　　　　31

1. 큰 재물로 기쁨을 가져오는 세 발 두꺼비　　35
2. 재산을 늘려주는 엽전 문 쥐　　　　　　　　36
3. 경이로운 발전을 약속하는 청동 잉어　　　　37
4. 평온과 고요함을 상징하는 용머리 거북　　　38
5. 재산을 지키는 탐욕스런 사자머리 개　　　　39
6. 거리의 돈을 부르는 행운의 고양이　　　　　40
7. 신성함의 상징 여의주를 쥔 용　　　　　　　41
8. 복이 가득한 코를 높이 쳐든 코끼리　　　　　42
9. 소원을 이루는 돈방석에 앉은 암소　　　　　43
10. 재물을 깔고 앉아 웃는 돼지 가족　　　　　44
11. 액운을 내쫓고 평화를 지키는 붉은 사자　　45
12. 지혜와 용기를 가져다주는 영리한 원숭이　 46
13. 성공가도를 향해 질주하는 황동 마상　　　 47
14. 각종 재액을 막아주는 푸른 코뿔소　　　　 48
15. 꿈을 현실로 만드는 화려한 수탉　　　　　 49
16. 위안과 희망을 지피는 불새　　　　　　　　50

Contents

2장 행운이 따르는 풍수 교정   51

1. 침대의 머리나 발끝이 방문과 마주 보지 않도록 하라   56
2. 침대 머리끝은 벽 쪽에 고정시켜라   57
3. 사무실 책상은 벽을 등지도록 배치하라   58
4. 책상은 실내의 중심을 바라보는 자리가 최고   59
5. 책상 배치는 공간의 중심점을 피하라   60
6. 방문을 등지는 책상 배치는 피하라   61
7. 창문 쪽을 향하는 책상 배치는 피하라   62
8. 수험생은 창문을 등지는 책상 배치를 피하라   63
9. 모서리가 가스레인지를 향하지 않도록 하라   64
10. 가스레인지는 주방 입구와 일렬 배치를 피하라   65
11. 침실과 주방이 마주 보이는 구조는 피하라   66
12. 주방과 욕실 배치는 현관 쪽을 피하라   67
13. 주방이 출입 통로에 노출되는 구조를 피하라   68
14. 침실 문과 욕실이 마주 보는 구조를 피하라   69
15. 주방과 욕실 문이 마주 보는 구조를 피하라   71
16. 거실은 중심부에 배치하라   72
17. 거실 배치는 모퉁이를 피하라   73
18. '회回' 자 모양의 복도 배치를 피하라   74
19. 집안 중심부에 계단 배치를 피하라   75
20. 욕실이 집안 중심부에 위치하는 구조를 피하라   76
21. 집안을 양분하는 복도 배치는 피하라   77
22. 불규칙한 모양의 방은 피하라   78
23. 불규칙한 공간은 욕실이나 창고로 사용하라   79
24. 엘리베이터는 건물 중심부를 피하라   80

25. 통로의 문은 일렬로 마주 보게 배치하라   81
26. 화장실 위치는 건물 입구를 피하라   82
27. 사무실 문을 마주 보는 좌석 배치는 피하라   83
28. 통로 사이에 노출되는 책상 배치는 피하라   84
29. 문이 복도 끝을 마주 보는 배치는 피하라   85
30. 책상 모서리에 노출되는 좌석 배치를 피하라   86

3장 삶의 문제를 해결하는 풍수   87

1. 출입구와 현관은 밝고 깨끗하게 하라   92
2. 들어온 기는 물샐틈없이 막아라   95
3. 좁고 낮은 창문은 기의 흐름을 가로막는다   98
4. 높은 천장은 사람들을 불러모은다   101
5. 내려가는 계단은 재물을 앗아간다   104
6. 거울은 풍수의 만병통치약   107
7. 밝은 빛은 안정과 풍요를 가져온다   110
8. 침실에는 초록 식물을 배치하라   113
9. 중고 침대 구입은 피하라   117
10. 거실은 밝은 분위기로 꾸며라   120
11. 부귀의 상징 보라색을 활용하라   123
12. 그릇은 뒤집어 두지 마라   126
13. 가스레인지는 청결하게 관리하라   129

Contents

4장 좋은 집터, 좋은 건물   133

1. 최적의 건물 터는 산비탈이다   137
2. 싱싱한 숲 지대가 명당이다   139
3. 반듯한 땅은 복의 원천이다   142
4. 꿈을 실현하려면 집 앞 전경을 살펴라   144
5. 풍수의 최고 입지는 배산임수의 남향집이다   146
6. 양쪽에 있는 건물은 귀인   148
7. 현관 방향과 주변 산수山水의 관계   150
8. 습한 기운은 건강의 적이다   156
9. 꺼림칙한 장소는 일단 피하라   159
10. 비좁은 골목은 발전을 가로막는다   161
11. 숨겨진 화살은 거울과 화분으로 막아라   163
12. 고속도로는 운기運氣를 가로막는다   166
13. 삼각형 택지는 구설과 시비를 부른다   168
14. 전자파는 행운의 천적이다   170
15. 재물이 빠져나가는 경사진 터를 피하라   172
16. 정원의 큰 돌은 혼사를 방해한다   174
17. 세찬 물줄기는 재물이 흩어지게 한다   176
18. 부자가 되는 건물은 따로 있다   179

5장 부자들은 돈이 모이는 터에 모여 산다   215

1. 대한민국 대표 부자촌 '한남동'   217
2. 전통 부자촌의 상징 '성북동'   223
3. 한국판 비벌리힐스 '평창동'   230
4. 물 좋은 신흥 부촌 '청담동'   235
5. 강남의 일등 주자로 부상한 '대치동'   240
6. 세월에 따라 변하는 부촌   245

6장 기업의 흥망과 풍수   257

7장 전통 풍수이론   293

1. 풍수이론 개요   295
2. 풍수이론 각론   316

| 프롤로그 |

기분이 좋아야 좋은 풍수

  1970년대 초반 「뉴스위크」지에 프랑스 남부 루르드 지방의 샘물이 지닌 자연 치유력에 관한 기사가 실려 세계적으로 큰 반향을 불러일으킨 적이 있다. 기사의 내용을 정리하면 다음과 같다.

  영국 스코틀랜드에 사는 프랜시스 번즈는 신장암에 걸려 세 살 때부터 서서히 죽어 가고 있었다. 콩팥 한 쪽은 이미 없어졌고, 암세포가 두 볼과 두개골에까지 전이되어 뼈만 앙상하게 남았으며, 그동안 계속해서 항암제를 투여했기 때문에 머리카락도 모두 빠져버렸다. 주치의인 글래스고 왕립병원의 스튜어트 만 박사도 죽음을 기다리는 것 외에 더 이상의 치료 방법은 없다며 포기한 상태였다. 독실한 가톨릭 신자인 프랜시스의 어머니 디어드리는 성모 마리아의 기적을 바라며 혼수상태에 빠진 딸을 안고 루르드로 향했다. 루르드Lourdes 성지의 게르마늄 샘물에 도착한 그녀는 딸과 함께 미사를 드리고 열심히 '기적의 샘물'을 먹이고 목욕도 시켰다. 하지만 사흘이 지나도 아무런 변화가 없었다.

▎루르드(Lourdes) 시가지 전경. 이스라엘 성지를 제외하고 현대에 가장 유명한 순례지로 꼽힌다. 해마다 순례자가 늘어나 지금은 연중 4백만 명 이상의 순례자들이 루르드를 찾고 있다. 무엇이 사람들을 이곳으로 모이게 했을까? 풍수로 보면 그 답은 아주 간단하다. 풍수적으로 경관이 아름답고 아늑한 기운이 감돌면 건강이 좋아지기 때문이다.

 딸이 글래스고의 집에서 죽는 것이 나을 것 같다고 생각한 어머니는 서둘러 집으로 돌아왔다. 다음날 왕진을 온 의사도 프랜시스의 죽음이 임박했다고 말했다. 그런데 사흘째 되던 날 아침, 딸의 방문을 조심스레 열고 들어선 어머니는 그만 아연실색 놀라서 몸이 굳어버렸다. 빈사 상태를 헤매던 프랜시스가 침대에 앉아서 오렌지를 먹고 있는 게 아닌가? 겨우 하룻밤 사이에 두개골의 뼈가 다시 자라기 시작했고, 종양의 흔적도 사라졌다. 스튜어트 만 박사는 최종 소견을 이렇게 밝혔다.

"이것은 기적이다. 달리 표현할 말이 없다."

이러한 기사가 나간 이후 암 환자를 비롯한 당뇨, 고혈압, 심장병 환자들에서부터 정신질환을 앓고 있는 사람, 지체 부자유자 등에 이르기까지 수많은 불치병 환자들이 루르드로 몰려들었고, 실제로 많은 환자들이 기적적인 치료 효과를 체험했다고 한다. 이로 인해 서양과 일본 의학계에서도 관심이 높아져 루르드 샘물에 대한 연구와 분석이 잇따랐고, 원자흡광기로 분석한 결과 그 샘물에는 5~8ppm의 게르마늄이 함유된 것으로 나타났다. 이후 세계 각국의 과학자들은 게르마늄의 항암 효과와 만성 성인병에 대한 효능 실험을 거듭하며 임상연구 보고서를 하나 둘 발표하기 시작했다. 연구자들 가운데 일본 도호쿠대학東北大學 의학부의 이시다 교수팀은 생체면역 활성물질인 게르마늄을 복용하면 생체 안에서 면역물질인 인터페론이 유발된다는 사실을 확인했다. 또한 연구팀은 환자가 복용한 게르마늄이 암세포를 파괴하는 과정을 전자현미경으로 촬영하는 데 성공했고, 그 장면은 NHK TV를 통해 방영되기도 했다. 이로써 루르드는 게르마늄 신드롬의 진앙지가 되었다.

루르드는 피레네 산맥의 북쪽 기슭, 해발 고도 400m 지점에 위치하여 가브드포 강을 바라보는 경치가 매우 아름다운 곳이다. 1858년, '베르나데트라'라는 14세의 소녀가 이곳의 마사비엘 동굴에서 18회에 걸쳐 성모마리아를 보고, 기도와 보속행위, 생활의 회개를 촉구하는 메시지를 들었다고 전해진 후 루르드는 해마다 세계 각지에서 300만 명 이상의 순례자가 찾아오는 유수의 순례지가 되었다. 또한 동굴 속에 있는 샘물은 성수聖水로 알려져 질병 치료에 신통한 효험을 보였다고 한다. 이러한 이야기가 전해지면서 샘물을 찾는 신도와 환자들이 많아졌으며, 동굴 입구에는 완치된 사람들이 두고 간 수많은 목발들이 걸려 있다. 이 지역에는 지금도 베르나데트라 생가의 물레방앗간이 보존되어 있으며, 1876년에 창건된 루르드 대성당과 1958년에 성모 출현의 기적 100년을 기념해 건립된 피우스 10세의 프리스트레스트 콘크리트 지하 교회가 있다.

  이러한 기적의 장소에는 오늘도 수많은 사람들이 모여들어 기적을 기다린다. 그리고 거리와 성당, 카페와 광장에서 자신을 위해 그리고 다른 사람들을 위해 가슴에 손을 대고 성호를 긋는 사람들을 볼 수 있다. 이 도시를 방문하는 사람이면 누구나 무의식적으로 겸손해져야 한다는 신성한 느낌을 갖게 된다고 한다.

  이미 불치병의 치유 원인은 과학적으로 밝혀졌다. 환자들은 게르마늄을 구해 복용하면 그만이다. 하지만 여전히 수많은 사람들이 이곳 루르드의 성지를 찾아온다. 이는 사람들이 아직까지도 과학이 벗겨내지

마사비엘(Massabielle) 동굴 내부. 풍수로 보면 이 자리가 바로 혈처(穴處 : 생기가 집중되는 곳)다.

못한 신비감이나 장소의 기적에 무게를 두는 까닭이다. 자연 경관이 아름답고 아늑한 기운이 감도는 장소를 찾게 되면 누구나 좋은 기분이 들기 마련이다. 대개 그런 곳은 십중팔구 좋은 풍수의 요건을 갖추었다. 루르드는 주산主山인 피레네 산의 산줄기를 따라 생기가 뭉쳐진 혈처穴處임이 틀림없다. 깨끗한 수채화를 연상시키는 그곳의 풍광과 피레네 산맥의 험준한 북쪽 골짜기의 끝자락에 박힌 듯이 들어앉아 있는 도시를 두고 절로 명당 터라는 얘기가 나올 법하다. 또한 가브 강이 흐르고, 중간에 살레 섬이 있어서 강을 두 갈래로 나누었다가 그것이 다시 합류되는 곳에 큰 절벽이 있고, 그 가운데에 '마사비엘'이라 부르는 동굴이 있다. 바로 그곳이 성모 출현의 기적이 이루어진 장소다.

기적의 치유 장소는 동서양을 막론하고 세계 곳곳에 존재한다. 인류가 탄생한 초기부터 특별한 힘을 가진 어떤 장소가 있다는 의식은 지역을 불문하고 존재해 왔다. 사람들은 그런 곳에 일종의 지령(地靈 : The spirit of place)이 깃들어 있다고 믿었다. 동양에서는 지기地氣의 실체를 인식하고 검증하는 학문적 연구가 수천 년 동안 이어져 왔고, 서양의 철학자들 역시 장소(그리스어로 '토포스')에 관해 언급하기는 마찬가지였다. 아리스토텔레스는 생명체가 번성하는 데 가장 알맞은 에너지와 조건을 갖춘 적합한 터(오이케이오스 토포스 : Oikeios topos)가 있다고 주장했다. 의학의 아버지 히포크라테스는 질병 치료에 유익한 장소와 나쁜 장소를 알고 구분했으며, 고대의 치료 장소에 관해 연구한 현대의 환경의학 전문가들은 그런 곳들의 기후와 풍토에 사람이 노출되면 호흡기나 기타 질환의 치료에 매우 유익하다는 것을 발견했다.

고대 그리스의 철학자 플라톤은 직접적으로 장소의 특성에 대해 이렇게 강조했다.

"어떤 장소는 다른 장소에 비해 좋은 사람을 만들기도 하고 나쁜 사람을 만들기도 하는 강한 경향성을 지니고 있다. 그리고 우리들은 이런 사실에서 벗어날 수가 없다."

이와 같이 '어떤 환경에 놓이느냐'에 따라 '성품의 선악'에 영향을 미친다는 사상은 오래전부터 존재했다. 고대 이집트인들도 이미 장소가 지니고 있는 힘의 실체에 대해 알고 있었다. 그들의 분묘와 사원은 대지와 천체의 기하학에 의해, 특히 태양의 위치 측정에 의해 위치와 방향이 결정되었다. 이집트인들은 지술(地術 : Geomancy)을 알고 시행했다. 지술이란 대지의 형세와 에너지를 살펴 건축하는 지식을 말한다. 또한

▌라스베이거스의 최대 명소로 꼽히는 룩소(Luxor) 호텔. 이집트의 피라미드를 테마로 한 룩소 호텔은 외관부터 기존의 건물들과 확연히 구분된다. 이곳에서 생성된 기(氣)는 라스베이거스를 찾는 관광객들의 발길을 자연스럽게 호텔로 향하게 만든다. 사람들은 생기가 있는 곳에 모여들기 마련이다.

그들은 일정 장소에서 제한된 공간 내부의 기氣를 집중시키는 이치를 알고 피라미드를 통해 그것을 실현했다. 이것은 인위적으로 생기生氣를 모아 좋은 풍수를 만들 수도 있다는 점을 시사한다.

그런데 기독교가 서구 세계의 지배적 종교로 군림하면서 지령에 대한 인식이 크게 달라졌다. 개신교는 영靈의 존재는 믿지만 그 영이 땅과 관련되어 있다는 사고를 거부한다. 영은 모든 물질적 창조물과 분리되어 있다는 신의 초월성, 즉 외재성을 거듭 주장한다. 오직 인간의 영혼 속에서만 신이 내재할 수 있다는 가능성을 받아들인다. 그들은 성지에 대한 순례나 경배는 가톨릭교회의 환상일 뿐이라고 주장한다. 대자연의 넓고 큰 땅이란 한마디로 자본주의건 마르크시즘이건 간에 토지 이용을 목적으로 하는 경제적 자원을 보유하고 있는 대상에 불과하다는 것이다.

무엇이 옳고 그른가에 대한 필자의 의견은 일단 보류하겠다. 어쨌든 사물의 음양陰陽을 원천적으로 수용하게 되는 명리가命理家의 입장에 서면 각각의 취향과 판단, 현상이 다 이해되기 때문이다. 동북아의 한·중·일 3국에서 유독 우리나라에서만 풍수가 제자리를 찾지 못하는 이유는 사회 저변의 주류가 개신교인 까닭이다. 그래서인지 서구의 가톨릭 신자들에게는 오히려 풍수가 별다른 저항 없이 받아들여졌다. 전체 인구의 대부분이 가톨릭 신자인 프랑스가 서구 풍수의 거점이 된 현상도 별로 이상할 게 없는 것이다. 또 소박하고 중도적인 입장에 놓인 사람이라면 굳이 영靈의 적소 여부를 떠나 특정한 장소가 가진 힘을 부정할 필요가 없을 것이다. 언제나 한쪽으로 치우친 사람들만이 편협한 발상으로 다투기를 좋아하고, 언제나 제 것만 옳다고 목소리를 높이는 법이니까 말이다.

오늘날 서구인들의 풍수에 대한 관심은 대단하다. 풍수에 동서양이 따로 없는 것이다. 혹시라도 이 말이 믿기지 않는다면, 지금 당장 인터넷으로 '펑수이('풍수'의 영어식 발음 : Fengshui)'를 검색해 보라. 수십만 개가 넘는 엄청난 영문 검색 자료에 여러분들이 충격을 받을 지도 모르겠다. 독일, 프랑스, 영국, 오스트리아, 이탈리아 등 유럽 각국에서 활동하는 풍수 컨설턴트들이 생각 이상으로 무척 많다. 호주도 마찬가지

여서 그곳에서는 풍수 컨벤션이나 세미나가 열리면 언제나 인파로 가득 찬다. 유럽에 비해 늦게 전파되었지만, 미국도 예외는 아니다. 미국의 유명 대학과 몇몇 연구소는 정식으로 '풍수학'을 연구하고 있다.

최근 「워싱턴 포스트」지의 보도에 의하면 워싱턴에 소재한 주택 개발 회사 NV홈스 사는 아시아계 고객을 겨냥해서 풍수 전문가를 정식 직원으로 채용했고, 미국 부동산업자협회 NAR는 매년 풍수를 주제로 특별 세미나를 열고 있다. 또한 미국 워싱턴의 부동산 투자자문 회사들 역시 아시아계 고객을 겨냥하여 풍수 전문가를 정식 직원으로 채용하는 사례가 늘어나고 있다. 미국의 부동산 재벌인 도널드 트럼프도 뉴욕 맨해튼 리버사이드 지역 개발 사업을 진행하면서 풍수 전문가에게 자문을 구했다. 그들은 대개 사업 성과를 빙자하지만, 일단 풍수를 접하고 나면 대다수가 매료되기 마련이다.

풍수는 한 분야의 학문이라기보다는 거대한 사상 체계로서 생활 주변 곳곳에 관여되지 않은 부분이 없다. 또한 유연하기 그지없으므로 문패만 갖다 붙이면 풍수로 얘기되지 않을 게 없다. 처음에는 아시아계 고객을 겨냥해 풍수지리를 경쟁적으로 도입하는 기업이 늘다가 시간이 지나면서 그들 자신도 풍수를 주거생활의 규범으로 삼게 된 것이다. 그러나 현재 서구에서 다루는 풍수의 영역은 극히 제한적이다. 그들이 말하는 기氣는 막연한 개념에 불과하고, 또 일부는 왜곡되어 있다. 그런 까닭에 서구에서의 풍수는 건축 설계와 풍수 인테리어 마켓 부분에만 특화된 실정이다. 서구인들 중에 영국인들이 비교적 풍수와 친근한 편이다. 영국 기업들 사이에 풍수가 유행하는 것은 동양권인 홍콩과 맺었던 밀접한 관계에서 연유한다. 그들에게 친근한 풍수 개념은 사무실 배치 등을 통해 자연의 기를 흡수하여 사원들의 능률 향상을 꾀하고자 하는 식이 주류를 이룬다. 조금 더 실천적인 방법으로는 잉어를 담은 어항이나 활엽수 화분을 사무실에 둔다거나, 행운의 색깔인 붉은색과 검은색 카펫을 깔고, 간부들에게는 가급적 상서롭고 안정적인

▌번데기 모양일까, 술통 모양일까? 런던시청 건물 전경. 풍수 가라사대, 코인을 쌓아 둔 모양이라 금융 산업의 활성화에 기여하고, 템스 강과 잘 어울리는 모양새라 좋다고 치켜세운다. 그러나 이러한 금속 자재의 건축물은 도시 중심부에 위치해야 복합적인 기능과 역할을 다 하는데, 강 외곽으로 밀려나 아쉽다는 사족을 붙인다. 치켜세우고 깎아내리는 식으로 마치 서구인들을 조롱하는 것 같은 풍수 잡설이 재미있다.

색상인 붉은색, 검은색, 녹색 옷을 입도록 권장하는 식이다. 즉 '풍수 교정(평수이큐어 : Fengshui cure)'이 주종을 이룬다는 것이다. 이것은

버진 애틀랜틱 항공사 리처드 브랜슨 회장은 재미있는 사람이다. 지난해 홍콩 관광 홍보 행사 중 어린이들과 어울려 각종 기 수련 동작을 따라하고 있다. 동양 문화를 흠모하고 홍콩에 애정이 많은 명사로 알려져 있다.

마치 풍수가가 분장사 역할만 하는 것 같아 다소 가벼운 느낌으로 전달된다. 하지만 현지에서 실제로 일어나는 풍수 비즈니스의 깊숙한 현장으로 다가가면 풍수가 곧 '달러박스'임을 어렵지 않게 실감할 수 있다.

항공회사인 브리티시 에어웨이, 버진 애틀랜틱, 컨설팅 회사인 아더 앤더슨, 이동통신업체인 오렌지, 백화점 체인 막스 앤드 스펜서, 리츠 호텔 등 영국 내 많은 유명 기업이 풍수에 입각한 사무실 배치로 직원들의 능률 향상을 꾀한 것으로 전해진다. 오렌지 사는 풍수에 근거해 자동차 번호판을 포함한 회사 물품에 불운을 암시하는 숫자인 '4'를 피하고, 중국인들이 행운의 숫자로 여기는 '8'을 사용하도록 권장하고 있다. 버진 애틀랜틱 사는 길일吉日을 택해 새로운 항공 노선의 취항 날짜를 결정하고 있으며, 리츠 호텔은 사무실 위치 및 홀의 좌석 배치를 런던의 지기地氣와 조화시키기 위해 풍수를 응용했다고 한다. 토니 블레어 전 영국 총리의 부인인 셰리 여사도 다우닝가 10번지 총리 관저를 꾸밀 때 풍수 전문가의 조언을 받아들여 화제가 된 적이 있었다. 특이하게도 서구인들은 어느 정도의 주술적인 분위기마저 흥미롭게 받아들인다.

6천만 인구의 80% 이상이 가톨릭 신자인 프랑스에는 일찌감치 풍수 바람이 불었다. 프랑스인들은 외적으로는 실존주의적 사고방식에 충실한 것처럼 보이지만, 의외로 동양의 문화와 사상에 관심이 많다. 필자가 한때 주한 프랑스부인회와 간담회를 가진 적이 있는데, 쏟아지는 질문에 시간이 모자랐던 기억이 난다. 야후 프랑스 www.fr.yahoo.com에는 2만 7천여 개 이상의 풍수 관련 사이트가 운영되고 있다. 프랑스는 유럽 국가들 중에서는 거의 유일하게 팔자술(八字術 : Bazi art)도 꽤 수용한 흔적이 남아 있다. 프랑스의 가톨릭 신부들이 중국의 명리학자인 위천리韋千里에게 사주학을 배우고, 그것을 바탕으로 점성학의 토대를 더욱 다채롭게 다졌다는 일화가 전해질 정도다. 또 몇 해 전에는 주한 프랑스대사 부인 크리스틴 데스쿠엣이 풍수 마니아라고 해서 화제가 된 적도 있다. 그녀는『리빙 인테리어』라는 책을 쓰기도 했다.

일본에는 한때 '비누 풍수'라는 것이 유행했다. 방위로 서쪽은 음陰의 영역이라서 재물의 기운이 넘치는 곳인데, 서쪽의 기운이 깃든 프랑스제 비누를 사용하면 금전운이 상승한다는 얘기다. 우스운 이야기지만 일본의 주부들은 이 같은 말을 듣고 즐겁게 따라한다.

 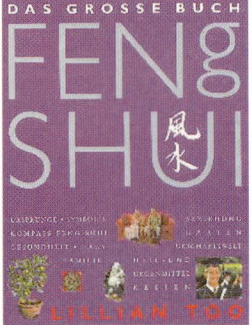

▎프랑스와 독일어 번역판 풍수 서적들. 유럽에 가면 우리보다 훨씬 다양한 풍수 책을 구경할 수 있다. 풍수에 관한 책 중에 어두운 색의 표지를 찾아보기 힘들다. 말레이시아에서 풍수가로 활동하면서 영어로 된 풍수 책을 출간하고 있는 '릴리안 투'는 베스트셀러 작가로 명성이 높다.

몇 해 전 독일에서 개최된 프랑크푸르트 도서전에 취재차 참가한 한국 기자들이 놀랄 정도로 엄청난 종류의 풍수 서적들이 선을 보였다. 유럽에는 우리나라에서 볼 수 있는 자생적인 풍수가 없다. 주로 동양의 영어권 홍콩이나 싱가포르, 말레시아 등의 풍수가들에 의해 저술된 책들이 영국, 프랑스, 독일 등에 전파된 것으로 보면 된다. 실제로 독일에서는 2천여 명 이상의 풍수 컨설턴트들이 활동 중이라고 한다.

뉴욕의 풍수가들은 클린턴 전 미국 대통령이 재임할 때 그가 각종 스캔들에 시달리는 이유는 백악관 집무실의 배치가 잘못되었기 때문이라고 지적하는 일이 잦았다. 집무실의 기氣가 뜨겁고 불안정하며, 클린턴의 목木의 기운과 더해지면서 잦은 스캔들이 생기는 것이라고 주장했다. 그러면서 가장 좋은 대안은 이사를 하는 것이지만, 그럴 수 없다면 원형인 집무실을 장방형으로 바꾸든가 사무실 내의 실내 배치와 장식을

▌미국 대통령 집무실은 타원형이어서 '오벌 오피스(Oval office)'로 불린다. 클린턴 대통령 재임 시절 스캔들이 비화되자 이곳의 풍수가 종종 거론되었다. 터지고 나면 도마에 오르는 풍수, 어쩌면 우리와 똑같다는 생각을 해본다.

바꾸도록 제안했다. 풍수가 편림은 집무실 책상을 떠오르는 태양과 마주보게 할 것, 소파 천을 검은색으로 바꿔 물의 기운을 돋울 것, 남쪽에 불의 기운이 강하니 작은 분수를 만들어 그 기운을 줄일 것 등을 제안했다. 별 내용도 없지만 어쨌든 빌 클린턴 전 미국 대통령이 풍수가의 조언을 받아 백악관 사무실을 개조했다는 사실은 큰 화제가 되었다. 그런데 정작 교정이랍시고 한 게 너무 빈약해 풍수가 초라하게 느껴질 정도다. 집무실의 풍수 교정 중 가장 중요한 대목은 단지 책상을 앞으로 10cm 정도 끌어내라는 것이었다. 대통령의 자리가 뒤편 벽에 너무 큰

▌ 실리콘벨리(Silicon Valley)의 간룡(幹龍). 이곳의 숲 지내를 따라가 보면 실리콘벨리 풍수는 공룡(恐龍)이다. 티라노사우루스(Tyrannosaurus) 형상을 보노라니 어째 무시무시한 기분마저 든다.

접해 있으므로 이것만 시정해도 대통령의 권위와 명성이 더욱 높아진다는 것이 풍수 전문가의 조언이었다. 한마디로 기氣를 순환시키고 상승시켜 통찰력을 고양시킨다는 의미다.

새천년을 맞이할 무렵 실리콘벨리에 위치한 기업들 사이에서 풍수 신드롬이 일기도 했다. 그곳의 신진 거부가 대저택을 구입하면서 부동산 회사에 주문하기를, 가격은 따지지 말고 풍수가 좋은 집을 구해 달라고 했다는 것이다. 그러자 너도 나도 앞 다투어 근무 환경을 쾌적하게 조성하려는 풍수 바람이 불었던 것이다. 더욱이 풍수사상을 잘 따르면 매출도 늘어날 것이라는 기대감까지 번져 열풍이 일었던 것이다. 여기에다 풍수 컨설턴트의 지도에 따라 회사 내부의 구조를 바꾼 뒤 곧바로 매출과 생산 실적이 올라갔다는 '카더라' 식의 풍수가 나돌면서 법석을 떨었다. 그 후로 근무 환경과 관련된 풍수는 보편적인 용어로 자리를 잡았다.

부동산 재벌 도널드 트럼프는 자신이 의도하지는 않았지만, 풍수 전도사가 됐다. 뉴요커들에게 풍수 마니아로 회자되자 그는 "나는 풍수를 모른다. 다만 돈을 벌 수 있기에 그것을 이용할 뿐이다"라고 변명했을 정도다. 로스앤젤레스도 뉴욕과 마찬가지다. 할리우드 스타

마돈나 등과 함께 풍수 신봉자로 알려진 오프라 윈프리(Oprah Winfrey)의 캘리포니아 저택. 그녀는 지금 미국을 움직이는 하나의 브랜드로 성장했지만, 과거에는 무척 불행했던 여자다. 그런데 풍수로 보자면, 주차 공간 앞 도로가 집을 감싸는 형태가 아니라서 약간 불만스럽다.

들의 문화로 풍수가 급부상하면서 유행을 탔다. 최근에는 주택 매매를 앞두고 풍수가와 상의하는 사람들의 수가 느는 추세다. 종종 풍수 때문에 거래가 깨지는 경우도 있다고 하는데, 풍수가의 개런티가 있어야 마음을 놓을 수 있다는 것이다.

고객 감동의 대명사로 널리 알려진 LA 지역의 노스트롬Nordstrom 백화점도 기氣와 복福을 얻을 수 있다며 명당 터를 선전하는 풍수 마케팅에 돌입했다. 앞으로 미국에서는 부동산 매매에서 풍수가 차지하는 영향력이 계속 높아질 것이며, 풍수 전문가들이 발행한 보증서가 유행하게 될지도 모른다는 소문이 돈다. 지금도 미국의 유명 언론사에서 발행하는 신문 지면에는 '아파트 풍수 인테리어 방법(How to fengshui your apartment)' 같은 풍수 칼럼이 심심찮게 등장한다. 미국 사교계에서 풍수는 일시적인 유행을 넘어 하나의 문화로 자리 잡아 가고 있다.

이제 결론을 말하고 프롤로그를 마칠 때가 된 것 같다. 앞에서 좋은 기분이 들면 그것이 곧 좋은 풍수가 된다고 했다. 풍수의 언어는 기氣이고, 기는 생기生氣와 사기死氣로 나뉜다. 보이지 않는 기를 두고 좋고 나쁨을 헤아리는 것이 어려운 일이라 생각할지도 모르겠다. 하지만 답은 간단하다. 건강과 재물을 얻는 좋은 기운은 곧바로 몸으로 느낄 수 있다. 좋은 기분이 되면 정신과 몸 전체를 생기로 감싼 격이 된다. 반드시 명당 터와 훌륭한 가상家相의 입지 조건을 갖추어야만 좋은 풍수가 완성되는 것은 아니다. 명당이 아니라거나 볼품없는 서민 주택에 살아도 좋은 풍수는 얼마든지 찾아내서 조성할 수 있다. 풍수는 몸과 마음을 다스리는 기 수련처럼 반복적이거나 매우 높은 단계의 실천을 요구하지 않는다. 가급적 요령껏 사는 방법을 가르치는 게 바로 풍수다.

가장 먼저 기분이 좋으려면 주변 환경부터 청결하게 바꿔야 한다. 즉 풍수는 자신의 주변 환경을 청소하는 것에서부터 시작된다. 풍수는 결코 어렵지 않다. 집과 묘지, 사무실, 침실 등의 환경에만 풍수가 적용되는 게 아니다. 아름다운 경관과 소품, 만나면 기분이 좋아지는 사람들과의 교제 등도 생활 풍수를 실천하는 좋은 방법이다. 필자가 단언하건대, 건강 증진이나 질병 치료를 위한 최선의 방법으로 골프나 등산 등의 운동을 하는 것보다 더 좋은 게 바로 마음이 맞는 사람들과 나누는 수다다. 수다를 즐길 상대가 있는 것만으로도 좋은 풍수가 시작되는 것이다. 이 얼마나 쉬운가?

풍수風水는 글자 그대로 바람과 물이다. 세찬 바람은 건강을 해치므로 막아야 건강해지고, 물은 재물을 의미하므로 끌어와야 돈이 된다. 풍수는 곧 '건강과 돈'이라는 말이다. 누가 건강과 돈에 더 집중할까? 바로 부자들이다. 부자들은 건강과 재산을 지켜야 하므로 풍수에 관심이 많게 마련이다. 풍수 비즈니스가 되는 이유가 바로 여기에 있다. 묘 자리 풍수가 아닌 생활 풍수가 물질적 풍요를 누리는 서구 선진국에서 각광을 받는 이유도 같은 맥락이다. 우리나라에도 곧 풍수 신드롬이 몰아닥칠 기세다. 이 책을 통해 독자들이 풍수 문화의 트렌드세터로 앞서가기를 기원한다.

나에게 맞는
풍수 마스코트

1장

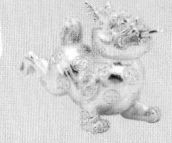

생활공간을 정비하고 바꿔 삶의 변화를 도모하는 것이 풍수 교정(평수이 큐어 : Fengshui cure)이다. 풍수적인 문제를 해결하기 위해 자연 경관이 좋은 곳으로 이사를 가거나 새 집을 짓는다면 가장 효과적인 방법이 될 수 있다. 하지만 문제는 비용이 많이 든다는 점과 예전 집에 비해 풍수가 훨씬 나은 곳을 선택하는 게 쉽지 않다는 데 있다. 한편 이사를 하지 않고도 조경 공사를 하거나 리모델링을 통해 환경을 개선할 수 있다. 그러나 이 또한 비용이 만만치 않다. 최근에는 큰 비용을 들이지 않고 구조 변경 없이 풍수 문제를 해결하는 생활 풍수가 유행하고 있는데, 이 책에서 다루는 내용의 대부분이 생활 풍수에 해당한다.

이 외에 부차적인 풍수 교정(주로 소품을 활용)도 오래전부터 유행했다. 예컨대, 조명기구나 수정구 등을 이용한 빛의 교정, 대나무 피리나 풍경 등을 활용한 소리 교정, 분수나 어항 등을 이용한 재운財運 촉진, 향기나 색상 요법 등에 이르기까지 무궁무진한 테마가 존재한다. 게다가 풍수 마니아들이 열광하는 행운의 물건도 종류와 가짓수를 헤아리기 힘들 만큼 다양하다. 그런데 행운의 물건에는 사실 임자가 따로 있다. 누구에게나 행운의 징표가 되는 게 아니라는 얘기다.

필자는 지금까지 각자에게 맞는 행운의 마스코트를 설명한 자료나 책을 찾지 못했다. 또한 행운의 소품과 상징은 거의 예외 없이 공통적으로 통하는 것으로 전래되어 왔는데, 실상은 그렇지 않다는 것이다. 예컨대, 여러 마리의 새끼 돼지들을 젖먹이는 큰 암퇘지상이나 그림은 한눈에 보기에도 장수와 재복을 상징하는 의미로 인식되어 왔기 때문에 두루두루 좋을 것 같지만, 뱀띠에게는 오히려 흉물로 작용하기 쉽다. 왜냐하면 돼지는 뱀의 천적이 되는 까닭이다. 이렇게 각 개인이 태어난 해의 띠에 따라서 행운의 소품을 가려 취하는 기본 지식만 알고 있어도 향후의 풍수 조류를 선도하는 풍수 트렌드세터로 각광받을 수 있을 것으로 본다.

01 큰 재물로 기쁨을 가져오는 세 발 두꺼비

우리나라 민간 풍속에서 두꺼비는 집지킴과 재복의 상징으로 여겨졌다. 다리가 셋 달린 두꺼비, 즉 삼족섬三足蟾은 삼족오三足烏와 대칭을 이루는 영물로서, 산해경山海經에 둘의 연관 관계가 설명되어 있다. 특히 세 발 두꺼비는 중국에서 큰 행운을 가져오는 기물로 각광받았다. 서구인들에게는 주로 '돈 개구리Money Frog'로 알려져 있으며, 재물을 부르는 마스코트로 가장 큰 인기를 얻고 있다. 속설에 이 두꺼비는 엽전을 집어삼키기만 하고 배설을 하지 못한다고 해서 축재蓄財의 대표적인 상징으로 알려져 있다. 삼족섬은 십이지十二支로 진토辰土에 속한다.

풍수-테크

뱀띠와 닭띠, 소띠는 세 발 달린 두꺼비를 사람들 눈에 띠지 않는 곳에 놓아두어야 길하다. 이들에게 두꺼비는 천살天煞의 기물이 되는 까닭으로 안방의 장롱이나 금고 속에 잘 보관해 두어야 길하다. 반면에 돼지띠와 토끼띠, 양띠는 현관 입구에 두면 특히 좋다. 영업장은 영업시간에 머리를 입구 방향으로 두고, 영업이 끝나면 반대 방향으로 머리를 돌려놓아야 한다.

02 재산을 불리는 엽전 문 쥐

어찌 보면 다소 징그러운 느낌이 들지만 엽전을 물고 있는 쥐는 특별한 소품이다. 자수子水에 속하는 쥐는 영리하고 민첩하게 행동하여 돈을 긁어모은다는 의미를 담고 있다. 따라서 재산을 모으고 자산을 증식시키는 마스코트로 인기가 높다. 투자자들에게는 효과적인 선택이 되겠다.

풍수-테크

쥐는 특히 범띠와 말띠, 개띠에게 부자가 되는 징표로 작용한다. 민간에서는 각자의 띠에 속하는 십이지신상을 호신상으로 여기는 경향이 있는데, 이는 맞지 않다. 가령 쥐띠에게 쥐 모양의 마스코트는 불리한 영향을 미치기 쉬운데, 귀함이 사라지고 고독을 불러오는 경우가 많다. 잔나비띠와 쥐띠, 용띠에게 이 마스코트는 대체로 불리하다.

03 경이로운 발전을 약속하는 청동 잉어

유럽인들은 동전 위에서 노는 청동 물고기 상을 두고 '돈 잉어 Money Carp'라 하고, 중국인들은 '황금 물고기'라 해서 기적적인 발전과 부를 가져온다고 믿는다. 물고기는 성서에서 천국에 비유되는 기적 현상에도 등장한다. 풍수에서 수족관 교정을 할 때는 주로 금붕어를 쓴다. 물고기는 『명리 36금수』*에서 진토辰土로 분류된다.

풍수-테크

돼지띠와 토끼띠, 양띠에게 청동 잉어는 반안攀鞍의 작용을 하므로 최상의 풍수 마스코트가 된다. 이 기물은 공간적으로 동남방에 두는 것이 가장 좋다.

---

* 최근 국내 명리가 '이수'는 십이지의 각 글자에 하나의 동물이 아닌 셋을 배당하여 서른여섯 가지의 동물 생태를 통해 팔자(八字)를 해석하는 신비롭고 독특한 기법을 선보였다.

04 평온과 고요함을 상징하는 용머리 거북

용머리 거북은 사신四神에 속하는 청룡靑龍과 현무玄武의 결합으로 조화와 번영, 평화를 상징하는 기물이다. 거북의 등에는 주괴鑄塊가 놓여 있다. 이것은 일종의 풍수에 따른 무게 교정인데, 특정 공간에 필요한 무게와 부피감을 더해 안정감을 준다. 축토丑土에 속하는 이 기물을 침대 아래에 두면 대인관계를 강화시켜 성공적인 사회활동을 촉진한다.

한편 세라믹으로 만들어진 형형색색의 용머리 거북은 등에 주괴 대신 새끼 거북이 올라 탄 형태도 많다. 주로 재산을 지키고 복된 자손을 둔다는 의미가 담겨 있다.

풍수-테크

잔나비띠와 쥐띠, 용띠에게 거북상은 반안攀鞍의 작용을 하므로, 개운開運과 직결되는 마스코트로 볼 수 있다. 돼지띠, 토끼띠, 양띠로서 취업이나 시험을 앞둔 수험생에게 이 기물은 월살月煞로 작용하여 뜻하는 결과를 얻는 행운이 따른다.

05 재산을 지키는 탐욕스런 사자머리 개

개는 충직한 동물이다. 또한 먹을 것을 탐내고 절제하지 못한다. 풍수상으로 볼 때 돈 모으기가 끝이 없다. 이 개는 복견福犬: Fu Dog으로 널리 알려진 풍수 마스코트의 가장 대표적인 히트 상품 중의 하나다. 왼쪽 발로 쥔 구슬은 행운을 상징한다. 야수성을 지닌 이 개는 재산을 모으고, 또 그 재산을 철옹성처럼 지키는 것으로 알려져 있다. 십이생초十二生肖에서 개는 술토戌土에 속한다.

재물을 쫓아가는 역동적인 모양의 복견 피야오 Pi Yao는 보다 더 많은 돈을 벌 수 있는 기회를 가져온다고 해서 인기가 높다.

풍수-테크

개는 뱀띠와 닭띠, 소띠에게 반안攀鞍으로 작용한다. 이 기물을 서북방에 두거나 현관 앞에 두면 날로 번창하게 되고, 충견忠犬처럼 집을 잘 지킨다.

06 거리의 돈을 부르는 행운의 고양이

전 세계 아시아인들이 운영하는 영업장 쇼윈도에서 흔히 볼 수 있는 풍수 마스코트는 '행운의 고양이Lucky cat'다. 특히 일본인들이 매우 선호하는 마스코트다. 고양이는 『명리 36금수』에 '신금申金'으로 분류된 동물이다. 강하고 선명한 모습으로 또렷하게 각인되는 고양이 눈은 특히 홍보나 광고에 제격이고, 사람들을 불러 모으는 손동작이 인상적이다.

붉은 물고기를 낚아챈 고양이 형상의 차 주전자는 특별하다. 신진申辰 합작合作의 기물인데, 쥐띠에게는 삼회三會의 삼위일체를 이루는 행운이 가득한 소품일 듯싶다. 이 소품은 돼지띠와 토끼띠, 양띠에게 겁살劫煞과 반안攀鞍의 합작을 암시하여 일시에 재물을 모으고, 신분이 상승되는 복록을 상징하는 기물이 된다.

풍수-테크

뱀띠와 닭띠, 소띠에게 고양이 신금申金은 건록建祿 고정된 안정적 수입을 보장한다. 쥐띠에게 고양이상은 귀인貴人으로 작용하여 조력자가 나타나거나 그의 은덕을 입게 되지만, 후에는 악연으로 바뀔 가능성이 있다. 용띠에게 고양이상은 최선의 선택이다. 자신의 재능을 드러내고 세인의 인정을 받아 발전하게 되는 길한 의미를 품는다.

07 신성함의 상징 여의주를 쥔 용

용상이 내뿜는 기운은 그 어느 것보다 강력하다. 풍수에서는 용龍으로 모든 게 설명된다. 용은 자연의 힘을 상징하는 궁극적 표상이기도 하다. 그래서인지 용을 소재로 한 소품은 엄청난 행운과 풍요를 상징한다. 사진에서 볼 수 있는 것처럼 용이 손에 쥔 여의주는 세상의 보배를 수중에 넣었다는 의미다. 심지어 용상의 머리를 출입구 바깥쪽으로 향하게 두면 기후도 조절할 수 있다고 했을 정도다. 용은 진토辰土에 속하는 상상의 동물이다.

풍수-테크

용의 의미는 상서롭기 그지없지만 누구에게나 다 좋은 것은 아니다. 돼지띠와 토끼띠, 양띠에게 용은 반안攀鞍으로 작용하는 최상의 기물이다. 하지만 뱀띠와 닭띠, 소띠는 이 기물을 함부로 다뤄서는 안 된다. 아무래도 부담스럽기 때문에 가급적 용상은 집안에 두지 않는 것이 좋다.

08 복이 가득한 코를 높이 쳐든 코끼리

코끼리는 '고길 高吉'이라는 말에서 유래했다. 한 마디로 크게 길하다는 뜻이고, 영어로는 우아하다는 뜻에서 비롯된 말이다. 코를 하늘로 높이 쳐든 코끼리상을 소유하면 구원을 얻는다고 했다. 또한 오래 전부터 코끼리를 만나면 재복이 터진다고 했을 정도로 코끼리는 특별한 행운의 상징이었다.

한편 백상 白象, 즉 흰 코끼리상은 더욱더 귀한 대접을 받는다. 돼지띠와 토끼띠, 양띠에게는 관대 冠帶(관운)와 합작하는 물상을 지어 특히 좋은 운이 따르게 된다.

> **풍수-테크**
> 코를 하늘로 향해 쳐든 코끼리상은 누구에게나 맞는 행운의 상징이다.

09 소원을 이루는 돈방석에 앉은 암소

무릇 부자가 되는 꿈을 지닌 자라면 암소상 기물에 주목할 필요가 있다. 예로부터 암소는 소원을 들어주고, 현실로 이루어지게 해주는 영험한 힘을 지닌 상징물로 인기를 얻어 왔다. 풍수에서는 암소상을 북방이나 서방에 두면 기적 같은 현상을 보게 될 수 있다는 말이 전해지고 있다.

한편 보물 위에 앉아 있는 황소 가족 기물은 노력에 대한 보상과 휴식, 그리고 가족의 평안을 암시한다. 덧붙여 후손의 복록을 기약하는 상서로운 기운이 담겨 있다.

풍수-테크

잔나비띠와 쥐띠, 용띠에게는 암소가 반안攀鞍의 동물로 최상의 기물이 된다. 반면에 범띠와 말띠, 개띠에게는 암소가 천살天煞로 작용하여 불리한 일을 겪기 쉬우므로 행운의 마스코트로 삼기에는 부적합하다.

10. 재물을 깔고 앉아 웃는 돼지 가족

금괴와 엽전을 잔뜩 끌어안은 채 웃고 있는 돼지 가족을 보노라면 돈복이 절로 넘치는 기분이 든다. 돼지는 수성壽星으로 장수와 가족의 평안, 후손의 번창을 암시한다. 그리고 돼지는 해수亥水에 속하는 동물이다.

돼지와 토끼, 양은 삼합三合을 이루기 때문에 각 동물에 해당되는 띠는 좋은 인연이 되기 쉽다. 범띠와 말띠, 개띠는 돼지 하나를 보면 불리하지만, 위의 세 가지 동물상을 모두 갖추게 되면 겁년반劫年攀의 온전한 합작 물상을 지어 바닥의 운기에서도 천정으로 치솟는 강한 운을 실감하게 된다.

풍수-테크

잔나비띠와 쥐띠, 용띠에게 돼지는 건록建祿으로 작용하여 안정적인 수입을 기약하는 행운의 마스코트가 된다. 하지만 범띠와 말띠, 개띠에게는 돼지가 겁살劫煞로 작용하므로 기피해야 할 대상이다.

11 액운을 내쫓고 평화를 지키는 붉은 사자

한 쌍으로 된 붉은 사자상은 가정의 수호신 역할을 한다. 공간의 부정적인 기운을 정화하고, 가족의 건강과 안위를 지키는 든든한 방패 기물이다.

예로부터 사자는 선악을 구분할 줄 알며, 화재나 재앙을 물리치는 신수神獸로 여겨져 왔다. 또한 사자는 위엄과 고귀함, 상서로운 의미를 품고 있어서 사원이나 신전을 지키는 사자상이 많다.

사자상은 서역에서 중국으로 유입되면서 만물의 왕으로 영험하게 여겨졌기 때문에, 성문이나 무덤 또는 탑 앞에 세워져 지킴이로서의 역할을 해왔다.

풍수-테크
사자상은 현관 입구나 출입 계단 좌우에 배치하는 것이 가장 좋다.

12. 지혜와 용기를 가져다주는 영리한 원숭이

왼쪽 원숭이상의 표정에는 나쁜 것은 말하지 않고 듣지도 않으며, 보지도 않는다는 세 가지 미덕이 잘 나타나 있다.

원숭이는 창의를 상징하는 신금申金에 속하는 동물이다. 그래서 원숭이상은 서재나 책상에 놓아두는 경우가 많으며, 실패하지 않는 인간관계를 암시한다.

풍수-테크

뱀띠와 닭띠, 소띠에게 원숭이상은 건록建祿의 물상을 지어 재물의 획득을 약속한다. 잔나비띠와 쥐띠, 용띠에게는 장생長生의 기물로 작용하여 영감을 주고, 자신을 대외적으로 알리는 역량을 강화시켜 후원자나 조력자를 만날 수 있는 행운의 기물이 된다.

13 성공가도를 향해 질주하는 황동 마상

말은 보기에도 역동적이다. 어지간한 장애물은 수월하게 넘어간다. 게다가 힘이 넘치고 권위가 있으며 귀족적이다. 그래서 황동 마상은 일반적인 성공과는 구별되는 특별한 성취나 대업을 상징한다. 또한 끊임없이 분발시키며 근면하게 착실한 경력을 쌓도록 독려해준다. 대체로 마상은 어디에 놓아도 잘 어울리며, 오화午火에 속하는 동물이다.

호랑이와 말, 개는 삼합三合을 이루기 때문에 각 동물에 해당되는 띠는 좋은 인연이 되기 쉽다. 뱀띠와 닭띠, 소띠가 이상의 세 가지 동물상을 모두

갖추게 되면 반안攀鞍 그룹을 이뤄 겁년반劫年攀의 합작 물상을 지으므로 운기의 가파른 상승을 기대할 수 있다.

> **풍수-테크**
>
> 범띠와 개띠에게 마상은 장성將星의 기물로 작용하여 최고의 지위에 오르는 표상이 된다. 그리고 잔나비띠와 쥐띠, 용띠에게는 관대冠帶 합작을 유도하여 재물과 관록을 붙게 하는 행운의 기물이 된다.

14 각종 재액을 막아주는 푸른 코뿔소

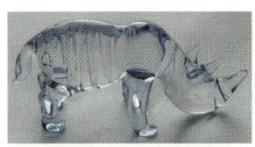

푸른색이 감도는 코뿔소상은 재물 손실과 각종 사고, 음모와 술수, 천재지변, 적으로부터 자신을 보호하는 강력한 마스코트로 인식된다. 코뿔소의 눈은 얼굴 옆에 붙어 있어서 시력은 좋지 않으나 후방도 시야에 들어오므로 재앙에 대비할 수 있다고 본 것이다.

위쪽 사진의 기물은 푸른색 보석으로 장식된 코뿔소 열쇠고리다. 재앙을 물리치는 의미는 위의 푸른 코뿔소상과 같다. 각종 동물의 형상을 사용한 열쇠고리는 풍수 액세서리에서 인기 상품 중의 하나다.

풍수-테크

코뿔소는 목기木氣의 색상인 푸른색이 포인트다. 청색은 뱀띠와 닭띠, 소띠에게 입신을 약속하는 행운의 색깔이다. 범띠와 말띠, 개띠에게는 도화桃花로 작용하여 뭇 사람들로부터 인기를 얻게 해준다. 반안攀鞍과 합작되므로 탐낼만한 기물이다. 코뿔소는 구성九星과 연관되어 매 해마다 놓아두는 위치가 달라지는데, 특별히 염두에 둘 필요는 없다.

15 꿈을 현실로 만드는 화려한 수탉

아침을 알리는 가장 대표적인 울음소리는 수탉이 낸다. 즉 곧 다가올 미래를 알려주는 것이다. 서쪽 방향으로 수탉의 기물을 놓아두면 재운財運이 마르지 않는다. 예로부터 수탉은 꿈을 현실로 나타나게 해주는 길조로 여겼다.

풍수-테크

뱀띠와 소띠에게 수탉은 장성將星의 물상으로 성공적인 경력의 상징이 된다. 돼지띠와 토끼띠, 양띠에게는 관대冠帶 합작을 유도하여 재물과 관록을 붙게 하는 행운의 기물이 된다.

16. 위안과 희망을 지피는 불새

불새는 사신 四神의 하나인 주작 朱雀을 말한다. 풍수에서는 나쁜 운기에서 탈출하는 마지막 묘책으로 쓰는 영물의 상징이다. 주작상을 남쪽에 배치하면 마음의 안정을 찾게 해주고, 새롭게 도전할 수 있는 용기를 갖게 된다. 주작상은 여성이 기장 역할을 하는 집안이나 여성 CEO를 위한 최상의 풍수 소품으로 인식되어 왔다.

풍수-테크

주작상은 잔나비띠와 쥐띠, 용띠에게 관대 冠帶 합작을 유도하여 재물과 관록을 붙게 하는 행운의 기물이 된다.

행운이 따르는
풍수 교정

2장

풍수는 인류의 생활 경험이 축적되어 이룩된 학문이자 거대한 사상 체계로 볼 수 있다. 수렵과 채취 생활을 하던 인류는 농사를 짓기 시작하면서부터 일정한 곳에 정착하게 되었고, 적합한 주거지를 발견하면 방위를 가려 집을 짓게 되었다. 옛날 사람들이 집터를 정할 때는 안전이 가장 큰 전제였으므로, 지세가 비교적 높은 곳을 선택해 홍수를 피하고, 바람을 피하기 위해 뒤로는 바람을 막아주는 산이 있고, 앞으로는 햇빛이 잘 비치는 곳에 집을 지었다. 이러한 생활 경험이 축적된 것이 풍수라 할 수 있다. 후대의 사람들은 점차 이러한 경험을 음양오행陰陽五行과 팔괘구성八卦九星의 원리에 배합하여 기氣의 흐름을 판단하는 학술로 발전시켰다.

풍수에는 크게 두 학파가 존재하는데, 전통적인 풍수학에서는 '만두灣頭와 이기理氣'로 해석하고, 현대 풍수학에서는 '자격磁格'으로 해석한다. '만두'란 산등성이 혹은 산봉우리를 가리키는 말로, 산수의 형세를 보아 생기生氣의 소재를 판단하는 것을 말한다. 산과 물이 둥그렇게 감싸 안고 돌면서 산이 밝고 경치가 뛰어나며, 물이 고여 있으면서도 맑고 투명한 곳은 대개 기가 생生하는 좋은 터로 기가 모이되 흩어지지 않고, 물이 흐르다가 멈추는 곳이다. '이기'란 집 터나 묘 터의 좌향坐向 및 오행팔괘五行八卦의 상생상극相生相剋 원리로 추리하여 생기生氣의 소재를 파악하는 방법으로 길함을 쫓고 흉함을 피하는 데 주안점을 둔다. '자격' 학설은 지구를 하나의 거대한 나침반으로 인식하고, 그 자력이 지구 표면에 종횡으로 퍼져 있다고 보는 것에서 출발한다. 지구의 각 지점은 모두 자력선과 관계되어 있으므로 각기 다른 자격이 조성된다. 뿐만 아니라 만물은 모두 시간과 공간의 조건에 따라 다른 자격을 띠게 된다. 그러므로 인간과 인간, 인간과 만물, 인간과 땅 사이에는 자격에 의한 조화와 충돌이 발생한다. 한마디로 현대 풍수 이론은 거주의 자격과 가옥의 자격이 조화를 이루면 길하고, 충돌하면 흉한 것으로 보는 것이다.

흔히 일반인들이 풍수에 접근할 때면 세 가지 문제에 봉착하게 된다. 첫째는 유파에 따라 다르게 풍수를 해석하는 점이다. 따라서 진정한 명당 터에 대한 확신을 갖기 어렵다. 둘째는 명당은 시시각각 변한다는 사실이다. 셋째는 누구에게나 맞는 명당은 거의 찾아 볼 수 없다는 점이다. 현대 풍수 이론에 따르면 명당과 길한 방위는 사람마다 다르고, 시간마다 변한다는 점이다.

결론적으로 올바른 풍수에 접근하기란 너무나 어려운 일이고, 시간과 노력을 투자해서 제대로 된 풍수를 터득한다는 보장도 없다. 오죽하면 "반풍수가 집안을 망친다"라는 말이 있을까 싶다. 엄청난 비용을 들이는 명당 찾기나 건축물의 리모델링은 신중하게 고려해 볼 문제일 뿐만 아니라, 쉽게 행할 일도 아니다. 따라서 독자들은 원리가 확고한 풍수의 기본 지식에 충실해서 현상을 바라보고, 개선해 나가면 그만이다.

풍수는 실외室外와 실내室內 풍수로 나눌 수 있는데, 실외 풍수에는 거울이나 분수, 식수植樹 등을 통해서 외부의 불리한 기운을 막는 교정 이외에 특별한 대안이 존재하지 않는다. 근본적으로 좀 더 나은 터를 찾아 나서거나 건물을 새롭게 지어야 하므로, 보통 일이 아니다. 반면 실내 풍수는 좀 더 아기자기하고 유용한 풍수 교정법이 존재하는데, 최근의 풍수 인테리어 서적들이 마구잡이로 나열하는 풍수 이론은 오히려 난잡하게 여겨질 정도다. 이중 거울이나 수정구슬, 조명 등의 빛을 이용한 교정법이나 싱싱한 식물 또는 화분 등으로 내부의 에너지를 고양시키는 정도가 그런대로 힘들이지 않고 현상을 개선할 수 있는 방법이다. 실내 풍수에서 중요한 것은 출입구와 침실, 주방 등을 배치하는 것이다. 그리고 사물로는 침대와 책상, 가스레인지의 위치가 핵심이다. 사물만 잘 배치해도 행운을 거머쥔다는 얘기다. 그러므로 실내 구조와 더불어 가구 등을 올바르게 배치함으로써 기의 흐름이 현저하게 나빠지는 것을 막고, 왜곡된 구조를 개선하는 것만으로도 훌륭한 풍수 실천이라 할 수 있다. 완벽하게 풍수에 맞는 집을 갖는 것은 쉽지 않은 일이므로, 부정적인 에너지를 없애는 지식의 습득과 실천이 더욱 중요하다.

01 침대의 머리나 발끝이 방문과 마주 보지 않도록 하라

방문과 침대 끝이 마주하는 구조는 부드럽고 균형된 기의 흐름을 확보할 수 없다. 문에서 유입되는 강하고 세찬 기운에 수면 중의 신체가 그대로 노출되므로 건강을 해치고, 악몽을 꾸게 하는 요인이 된다. 따라서 숙면을 취할 수 없으므로 잠을 자도 피곤하기 짝이 없다. 만약 침대를 옮길 수 없는 상황이라면, 방문 입구에 수정 구슬을 매달아 기를 완화시켜야 한다. 위의 그림과 같이 침실로 들어가는 문이 똑바로 바깥을 향하게 되면 금전과 배우자가 머무르지 못하고 떠나버리게 된다. 이때는 문 앞에 수정 구슬이나 풍경을 걸어두는 게 좋다. 문 입구에 정면으로 노출된 침대 위치는 마치 그 형상이 매장되기 위해 안치실에 놓인 관을 닮았다고 해서 몹시 불길하게 여겼다.

02 침대 머리끝은 벽 쪽에 고정시켜라

침대를 비스듬히 놓거나 방 가운데 두면 안정감을 잃게 되므로 성공적인 경력 관리에 장애가 된다. 애정운도 결핍되기 쉬우므로 파트너가 늘 떠날 생각에 사로잡히기 쉽다. 간혹 방문에서 대각선 방향으로 침대를 비스듬

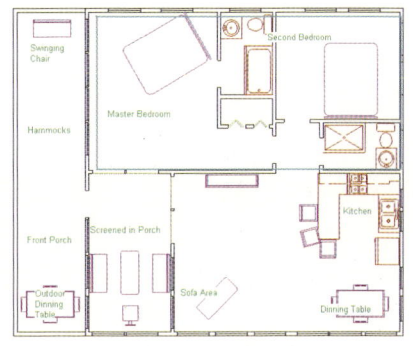

히 놓아도 무방하다고 설명하는 경우가 있는데, 침대의 머리 쪽을 벽에 견고하게 붙이지 않으면 불운하게 작용한다.

또한 침대는 화장실, 주방, 창고 등과 인접한 벽에 붙이는 것도 피해야 한다. 침실 자체가 주방이나 화장실, 창고 등과 인접한 것은 불리한 형상이다. 수세식 변기나 가스레인지가 침실의 기운을 흡수하기 때문이다. 특히 어린이에게는 더욱 불리하므로 화장실이 딸린 방을 주지 않도록 각별히 유념해야 한다. 화장실이 딸린 벽에 침대가 붙어 있으면 건강과 애정 문제를 야기하는 요인이 된다. 침대의 머리 쪽이 방문 쪽 벽에 붙으면 거주인은 늘 문을 의식하게 되며, 바깥의 사소한 소음에 의해서도 신경이 자극을 받게 된다. 이로 인해 일상생활이나 업무 활동에 좋지 않은 영향을 미치기 쉽다.

03 사무실 책상은 벽을 등지도록 배치하라

책상은 벽을 등지고 앉아야 한다. 사진과 같이 창을 등지고 앉으면 배수진을 친 것과 같아서 안정감을 상실하기 쉽고, 발전이 따르지 않는다. 실내의 유리창이 의자 뒤편에 위치하는 것도 피해야 한다. 따라서 벽을 등지고 창을 바라보는 자리가 명당인 셈이다. 이러한 배치를 할 수 없는 상황이라면, 창을 커튼으로 가리거나 창문에서 최소한 1m 이상 떨어져 앉도록 배치해야 한다.

그리고 출입문도 가급적 멀리 있는 것이 좋다. 출입문으로는 사람뿐만 아니라 바람도 출입하므로, 출입문 가까이에 있으면 바람을 맞게 되는 형상이어서 좋지 않다. 기본적으로 책상은 문과 대각선 귀퉁이에 위치하는 게 가장 이상적이다.

04 책상은 실내의 중심을 바라보는 자리가 최고

실내의 생기生氣는 중심에서 발생하므로 공간의 중심을 바라보는 위치에 앉으면 생기를 온몸으로 받아들일 수 있다. 공간의 중심점은 가급적 비어있는 게 좋다. 책상을 벽에 붙이는 배치는 안정감은 있지만 오랜  시간 앉아 있기가 쉽지 않다. 멀리 떨어진 곳에서 문을 마주 바라보지 않고, 벽을 등지고 앉아 대각선 방향의 문을 바라보는 자리가 가장 이상적인 책상 배치라고 할 수 있다. 넓은 시야를 확보하는 자리는 사업을 확장하기에 최상의 장소가 된다.

05 책상 배치는 공간의 중심점을 피하라

　공간의 중심을 태극太極이라 하는데, 태극에는 가급적 고정된 물건을 놓지 않는 것이 좋다. 이곳에 무거운 사물을 두면 실내의 기氣를 억누르게 되므로 좋지 않다. 책상을 두는 것도 좋지 않다. 특히 이곳에서 기획안을 다루거나 회계를 보는 것은 좋지 않은 결과를 가져오기 쉽다.

06 방문을 등지는 책상 배치는 피하라

 문을 바라보지 않고 등지는 책상 배치는 서재나 공부방이 아닌 이상 좋은 배치가 아니다. 따라서 책상을 문 쪽으로 돌려놓는 것이 바람직하다. 문을 등지고 앉게 되면 입구의 상황을 알 수 없고, 사람을 확인하는 것이 늦어 불안감과 정신적 긴장감을 유발한다. 공간이 좁아서 달리 방법이 없을 때는 책상 위에 거울을 놓아 둠으로써 등 뒤의 상황을 확인할 수 있도록 조치해야 한다.

07 창문 쪽을 향하는 책상 배치는 피하라

예술이나 창작 분야에서 일하는 사람을 제외하고, 책상을 창문 쪽으로 배치하면 '망공望空'이라 해서 올바른 책상 배치로 보지 않는다. 창문 쪽으로 향하는 책상 배치는 풍수를 떠나 상식적으로 생각해도 주의력과 집중력이 떨어지는 원인이 된다. 부득이 창문 쪽을 향해야 하는 경우에는 반드시 커튼을 쳐야 한다.

08 수험생은 창문을 등지는 책상 배치를 피하라

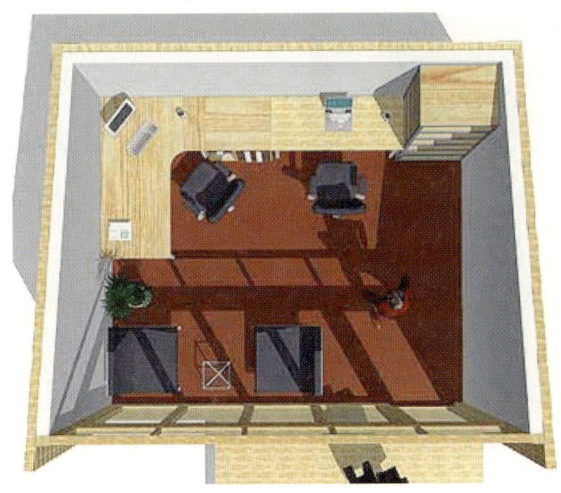

창문을 등지고 앉는 책상 배치는 '배공背空'이라 해서 '망공'보다 더 나쁜 배치로 본다. 특히 중요한 시험을 앞둔 수험생의 책상은 앞뒤로 창문과 일렬이 되어서는 안 되며, 벽에 고정시키는 것이 가장 무난하다.

09 모서리가 가스레인지를 향하지 않도록 하라

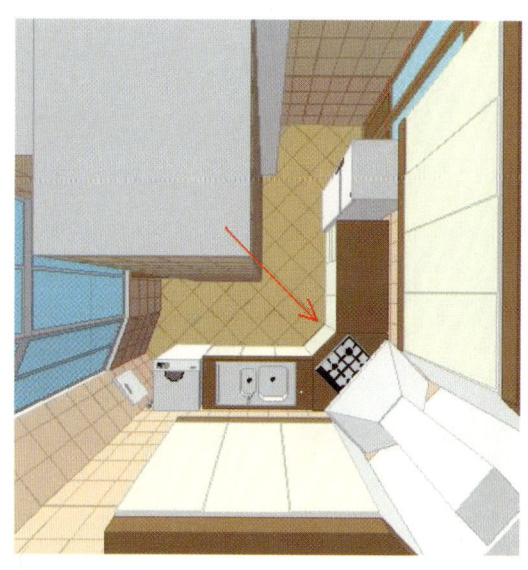

가스레인지는 거주인의 생리 기능과 판단력에 영향을 미치기 때문에 잘못 놓이면 갖가지 부정적인 결과를 가져온다. 가스레인지는 주로 부녀자의 질병과 관련이 깊어서 모서리가 가스레인지를 향하면 질병이나 의외의 사고를 불러올 우려가 있다.

또한 가스레인지는 견고한 벽에 붙여야 하므로, 그림과 같이 모퉁이에 가스레인지를 놓아선 안 된다. 가스레인지 뒷면은 견고한 벽으로 뒷받침되어야 문제가 발생하지 않는다. 뒷면이 허술하면 질병이 침범하기 쉽고, 가족 간의 불화가 발생하기 쉽다.

10. 가스레인지는 주방 입구와 일렬 배치를 피하라

주방 입구와 일렬로 놓인 가스레인지의 위치는 불길함을 암시한다. 주부는 주방에 사람이 들어오는 것을 쉽게 인지할 수 있어야 한다. 그렇지 않으면 자주 놀라는 일이 발생하여 결과적으로 가족들의 건강, 사업, 대인 관계 등에 연쇄적으로 나쁜 영향을 초래할 수 있다. 부득이하게 주방 입구와 일렬로 놓아야 할 때는 가스레인지 위에 거울을 부착해 두는 것이 좋다.

한편으로 집안에서 주방이 환히 들여다보이면 하는 일이 순조롭지 않고 사업이 변동되며, 관운官運이 따르지 않아 승진이 어렵고, 건강에도 해롭다.

11. 침실과 주방이 마주 보이는 구조는 피하라

침실에서 주방이 보인다면(특히 가스레인지가 보이면), 건강에 문제가 생기거나 뜻밖의 사고를 당할 우려가 있다. 침실의 에너지를 주방의 기운이 과열시켜 논쟁과 불화를 만들기 쉽다. 또한 음식 섭취에 영향을 미쳐 소화기 문제와 몸무게가 늘어나는 결과를 얻게 된다. 침실 사이에 주방이 배치되어도 마찬가지다. 주방 양쪽에 있는 침실을 사용하는 사람에게도 다 같이 좋지 않은 영향을 미치게 된다.

12 주방과 욕실 배치는 현관 쪽을 피하라

현관을 들어서면 곧바로 거실이 나타나야 무난한 배치가 된다. 최근에는 공간을 효율적으로 사용하기 위해 현관 쪽에 주방이나 욕실을 배치하기도 하는데, 풍수에서는 이러한 배치를 매우 꺼린다. 현관으로 유입되는 기운이 실내 곳곳에 골고루 머무르기도 전에 화장실과 주

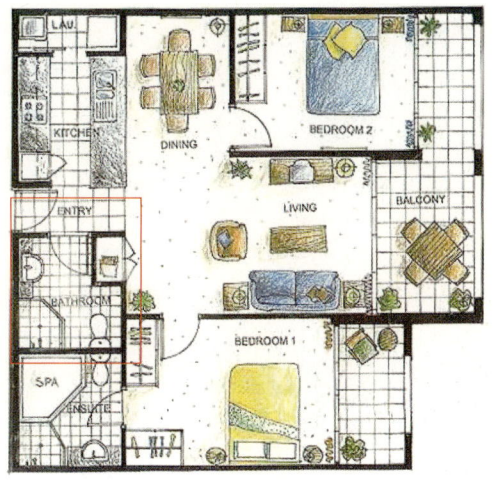

방에서 집안의 에너지를 흡수 내지 연소시켜 활기活氣가 사라지기 때문이다. 현관을 열자마자 화장실이나 주방이 보이면 재물이 새어 나가는 '누재택漏財宅'으로 점점 가운家運이 쇠락해지게 된다. 따라서 이러한 구조로 건축된 집에 입주하거나 생활하는 것은 가급적 피해야 한다.

13 주방이 출입 통로에 노출되는 구조를 피하라

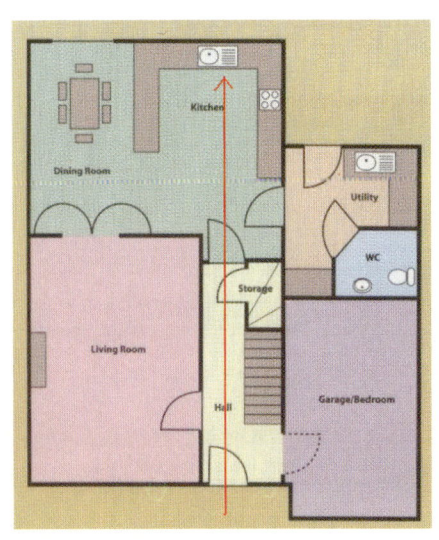

출입문의 통로가 주방으로 직접 향하는 구조는 가급적 피해야 한다. 만일 현관에 들어서서 가스레인지가 바로 보인다면 가족의 건강과 재산에 직접적으로 악영향을 미친다. 특히 주부의 심리적 안정과 건강에 좋지 않은 영향을 미치므로 집안의 기운이 침체되기 쉽다. 부득이 이러한 구조를 피할 수 없을 경우에는 주방문을 항상 닫아 두어야 하고, 주방 입구에 수정 구슬을 매달아 두는 게 좋다.

14 침실 문과 욕실이 마주 보는 구조를 피하라

　침실과 욕실 문이 마주 보면 좋지 않다. 만일 욕실이 침실 안에 있으면 상황은 더욱 나빠진다. 침실에서 욕실로 통하는 공간은 마치 방에서 밖으로 뚫린 구멍 같은 역할을 하기 때문에, 침실의 귀중한 에너지가 밖으로 빠져나가는 것이다. 따라서 문이 있으면 항상 닫아 놓아야 하고, 문이 없으면 커튼을 달아야 한다.

　침실 문은 세 가지 상황에 주의해야 한다. 첫째는 현관과 일렬로 놓인 경우에는 재물이 빠져나가고 건강을 잃을 수 있다. 이때 침대 발치 쪽으로 에너지가 빠져나가면 직업에 관한 문제를 일으키기 쉽다. 둘째는 주방과 일렬로 놓인 경우에는 주방의 기운이 에너지를 가열, 증폭시켜 문제를 야기하므로 다툼이 잦아지고, 화합하기 힘들어진다. 셋째는 침실이 욕실을 향하는 구조다. 침실의 에너지가 욕실로 빠져나가고, 축축한 욕실의 기운이 방으로 흘러들어와 건강과 부부 관계를 악화시킨다. 이때의 해결책은 침실의 천장 중심부에 수정 구슬을 매달아 불규칙한 기의 흐름을 조화롭게 만드는 것이다. 조금 더 강한 교정법으로는 높은 순도의 납으로 처리된 크리스탈 샹들리에를 거는 방법이 있다. 이렇게 중심부에 교정을 가하면 동시다발적으로 발생하는 여러 문제를 해결하는 장점이 있다. 단 샹들리에는 침대 바로 위에 설치하면 안 된다. 이렇게 침실 중심부에 교정을 가하면 동시다발적으로 발생하는 여러 가지 문제를 해소하는 장점이 있다.

15 주방과 욕실 문이 마주 보는 구조를 피하라

부부의 침실과 주방, 욕실의 출입구는 어느 경우든 서로 마주 보면 좋지 않다. 주방과 욕실의 입구가 마주 보면 위와 장에 문제를 일으키고, 마음을 우울하게 하는 등 부정적인 결과를 만들 수 있다. 특히 주방이나 침실에서 변기가 보일 정도면 조심할 필요가 있다. 이때는 마주 보는 문 사이의 중간쯤에 수정 구슬을 걸거나 각 입구 양쪽으로 녹색 식물의 화분을 놓아 기氣를 조화시키는 방법이 효과적이다.

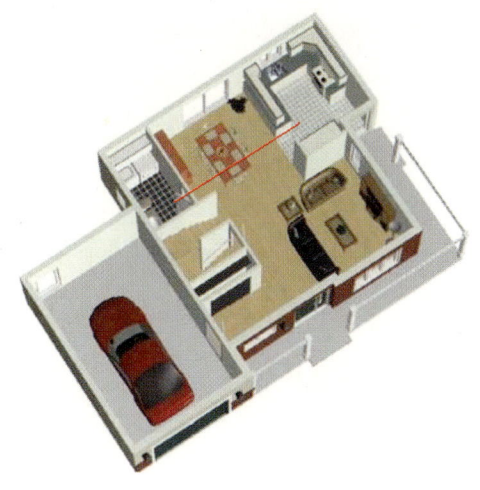

16 거실은 중심부에 배치하라

집안 중심부에 거실이 있으면 대길大吉하다. 가정생활의 중심이 되는 집안 한가운데에 거실이 있으면 가족 간의 대화가 많아지고 자연스럽게 화목하므로 가운家運이 번창하게 된다. 가옥의 중앙을 태극太極이라 하는데, 이곳은 기가 가장 왕성한 곳이다. 따라서 집의 중심점은 활동 공간으로 사용하는 것이 좋으며, 고정된 사물을 배치하면 안 된다.

집의 중심부는 어둡고 답답한 것보다 개방되어 있어야 통풍이 잘 되고 자유로울 수 있어서 좋다. 또한 집의 중심부는 기분을 밝게 하며, 건강하고 기쁘게 해줄 수 있어야 한다. 집안의 중심에 위치해야 하는 공간으로는 거실이나 서재 등이 가장 적합하다. 욕실이나 침실, 주방이 중심부에 위치하면 가정에 문제를 일으키기 쉽다.

17 거실 배치는 모퉁이를 피하라

　보통 현관에 들어서면 거실이 먼저 나타나고, 다음으로 안방이 나타난다. 그림에서 볼 수 있는 것처럼, 현관 입구에서 안방이 먼저 나타나고, 거실이 늦게 보이면 재운財運이 나날이 쇠한다.

　또한 거실이 현관에서 전혀 보이지 않고, 침실 뒤편으로 깊숙하게 들어간 구조라면 퇴재택退財宅으로 가운家運이 쇠하게 된다. 대개 현관에서 방이 먼저 나타나고, 거실이 후면이나 측면으로 들어간 집은 재물이 새어 나가기 쉽다.

18. '회回' 자 모양의 복도 배치를 피하라

집안에 '회回' 자 모양의 복도가 형성되면 좋지 않다. 집안의 중앙으로 생기生氣가 모이지 않고 분산되므로, 가운家運에 좋지 않은 영향을 미친다. 공간의 중심에서 발생하는 생기를 받아들이지 못하기 때문이다. 이때는 신선하고 건강한 녹색 식물을 중심부에 놓는 것만으로도 삶의 향상과 개선을 꾀할 수 있다. 화분 하나도 좋지만 홀수로 많을수록 좋다. 또는 중심부의 구조물 벽에 건강과 안정을 상징하는 노란색 물건을 걸어 두거나 벽을 노란색이나 금색으로 칠하는 것도 효과적이다.

19 집안 중심부에 계단 배치를 피하라

집의 중심은 운기運氣의 중추가 된다. 따라서 집의 중심부에는 고정된 어떤 물체도 배치하지 않는 게 바람직하다. 특히 피아노 같이 무거운 물건을 집의 중심에 두면 기가 눌려서 어려움이 발생한다.

계단을 중심에 배치하면 기가 흩어져 가운家運이 쇠락하며, 가세家勢가 기우는 요인이

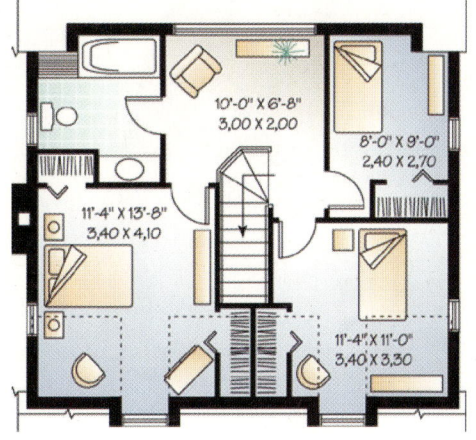

된다. 또한 집안 중심에 사용하지 않는 빈방이 있으면 매우 좋지 않다. 만일 문제를 겪은 후 안정이 필요하다면, 집안 중심부 천장에 큰 크리스탈 구슬을 걸어 두는 게 좋다.

20. 욕실이 집안 중심부에 위치하는 구조를 피하라

집이 불규칙한 모양을 띠면 생기生氣가 분산되므로 가정이 평화롭지 못하다. 더 큰 문제는 실내 한가운데에 위치한 욕실이다. 이것은 삶의 결과를 복잡하게 만들 수 있다. 욕실은 배출과 소비를 상징하는 곳이므로, 에너지가 저하되거나 외부로 빠져나가게 된다. 집안의 중심에 형성되는 생기를 외부로 내보내는 것이다. 따라서 건강을 악화시키거나 돈을 낭비하게 만들며, 삶 자체에 어려움을 가져올 수 있을 정도로 매우 심각한 문제다.

또한 그림에서와 같이 침실이 바깥문을 마주 보는 구조는 거주인의 생활이 문란해지거나 음탕해지기 쉽고, 집을 자주 비우게 된다. 집안의 중심에 주방이 배치되는 경우에도 문제가 생기기는 마찬가지다. 주방은 조리 기구의 강한 불기운이 집안 중심부의 높고 강한 활력 에너지를 지나치게 강하게 만들므로 건강을 해치기 쉽다.

21 집안을 양분하는 복도 배치는 피하라

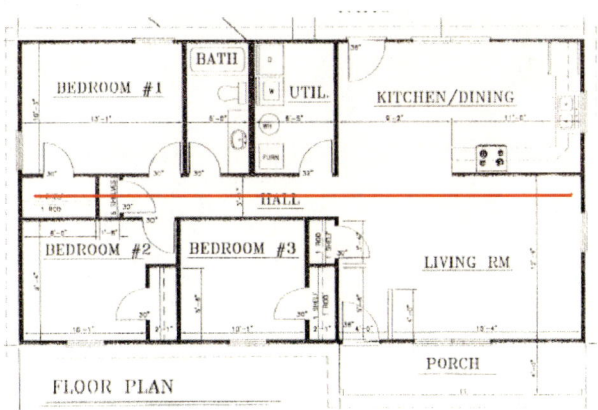

가운데 통로가 집을 가로질러 분리하는 형국이면 기가 양쪽으로 분산되므로 가족의 단결이나 화합이 어려워진다.

그림에서 보는 것과 같이 집안 통로가 집 전체를 가로질러 지나가면, 집안이 둘로 쪼개지는 양상이 되어 가족이 흩어지는 결과를 초래하기 쉽다.

22 불규칙한 모양의 방은 피하라

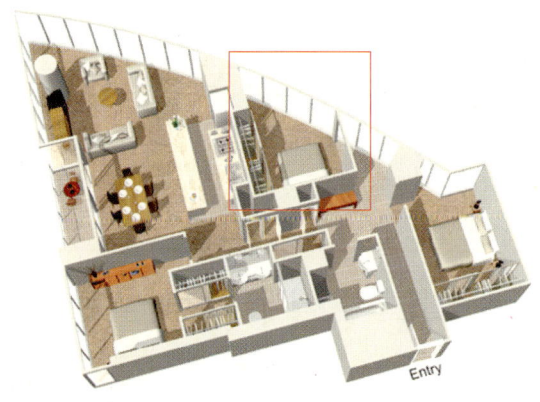

　가급적 불규칙한 모양의 방은 침실이나 서재로 사용하지 않는 게 좋다. 수험생이 그런 방을 사용하면 반드시 성적이 떨어진다. 또한 결혼 적령기에 있는 남녀가 불규칙한 공간을 침실로 사용하면 건강과 성격에 좋지 않은 변화가 일어나서 혼사가 잘 이루어지지 않는다. 불규칙한 모양의 공간은 중심점이 잘 잡히지 않아서 생기生氣가 모이지 않기 때문이다.

23 불규칙한 공간은 욕실이나 창고로 사용하라

실내에서 정방형이나 사각형 등의 규칙적인 모양을 이루지 못하는 공간은 활기活氣가 형성되지 않으므로 사람의 접근이 비교적 적은 창고나 머무는 시간이 짧은 화장실 등으로 사용하는 게 좋다.

24 엘리베이터는 건물 중심부를 피하라

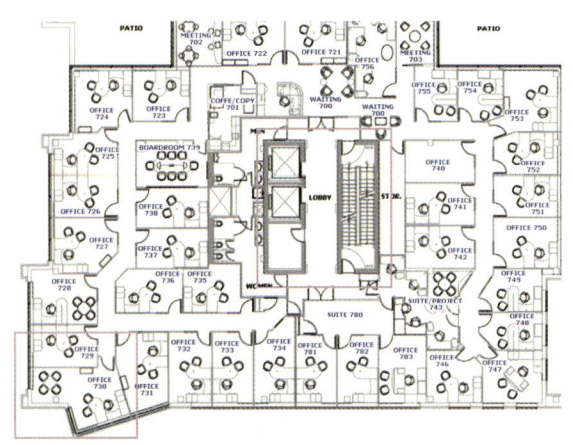

건물 중심부에 엘리베이터가 놓이면 운기運氣의 중추가 되는 중심점이 파괴되므로, 공간 전체를 사용하는 데 좋지 않은 영향을 미치게 된다. 이러한 공간은 직원들 간의 단결을 저해할 뿐만 아니라 부서별 업무 협조를 기대하기 어렵다. 가능하면 건물의 중앙을 경계로 좌우 한편만 사무실로 정해 입주하는 게 좋다. 또한 그림에서 좌측 하단부와 같이 불규칙한 공간을 CEO의 집무실로 사용하는 것은 피해야 한다. CEO의 판단이나 결정에 착오가 발생하기 쉽고, 경영 전반에 걸쳐 좋지 않은 영향을 미치게 된다.

25 통로의 문은 일렬로 마주 보게 배치하라

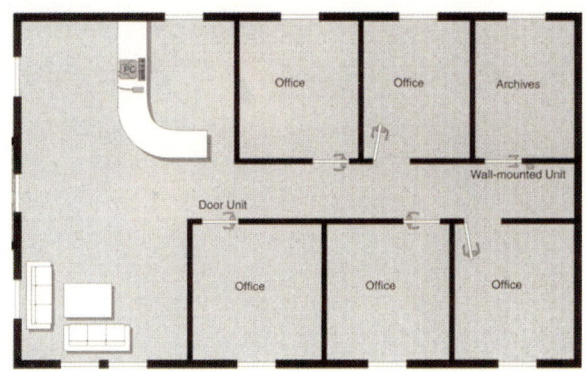

 문들이 서로 어긋나게 겹치면서 평행으로 배치되면 기氣의 부조화로 이어져 사업상 해를 끼칠 수 있다. 마치 이빨을 가는 것처럼 서로 맞부딪치는 문의 손잡이가 갈등을 불러일으킬 수 있기 때문이다. 이때는 출입구에 수정 구슬이나 풍경을 매달아 기를 완화시키는 것이 좋다.

26 화장실 위치는 건물 입구를 피하라

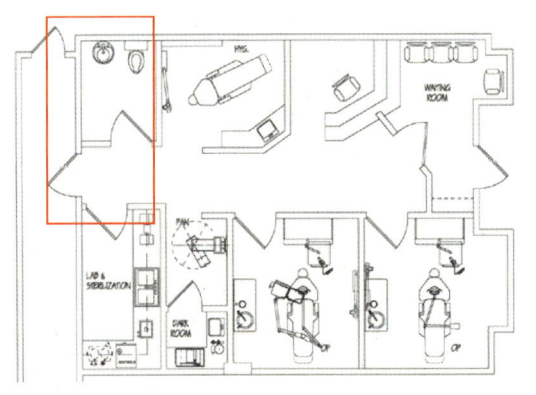

주택이나 사무실, 영업장을 막론하고 입구에 화장실이 놓이면 실내로 들어오는 기의 상당 부분이 화장실로 새어 나가므로 재운財運과 사업운이 악화되기 쉽다. 특히 화장실 문을 열자마자 변기가 바로 보이면 더더욱 좋지 않다. 이러한 구조의 화장실 문은 반드시 닫아 두어야 하고, 변기 위의 천장 부분에 둥근 모양의 거울을 부착해 두면 좋다.

27 사무실 문을 마주 보는 좌석 배치는 피하라

CEO 혹은 각 부서를 주관하는 간부들의 좌석이 사무실 문과 일렬로 놓이면 건강은 물론 경력에 좋지 않은 영향을 미치게 된다. 이러한 배치는 외부의 나쁜 기운에 무방비로 노출되므로 책상의 위치를 옮겨야 한다. 특히 마주 놓인 문을 등지고 앉는 것은 화를 불러들이는 것과 같다. 심할 경우에는 연달아 직책을 강등당하는 불운을 겪기도 한다.

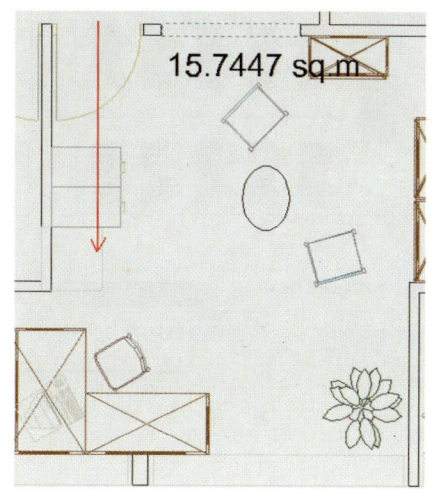

28. 통로 사이에 노출되는 책상 배치는 피하라

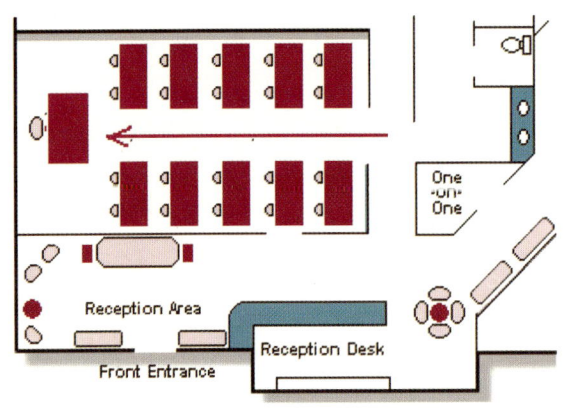

학교 교실과 비슷한 사무실 공간은 일견 상사가 실내 전체를 한눈에 훑어볼 수 있는 시야를 확보한 듯 여겨지기도 한다. 하지만 이런 구조는 신경질적이고 화를 잘 내게 만드는 배치다. 결과적으로 사무실 분위기에 악영향을 미쳐 업무 능률과 사기를 떨어뜨리는 요소로 작용하게 된다.

　그림에서 보는 것과 같은 좌석 배치는 외부에서 들어오는 기운이 통로를 따라 살기(殺氣)로 변하여 마치 심장을 뚫는 형국이 되므로, 책임자는 필시 좋지 않은 결과를 보게 된다. 회사나 부서 전체에도 좋지 않은 영향을 미치므로 책상의 위치를 옆으로 옮겨야 한다.

29 문이 복도 끝을 마주 보는 배치는 피하라

복도 끝에 정면으로 놓인 문은 불리한 구조다. 통로를 통해 기의 흐름은 빨라지고 강해지므로, 진로를 봉쇄하는 '막다른 골목'과 같은 작용을 일으킨다. 강한 기의 흐름을 피하려면 문이나 벽에 거울을 부착하는 게 좋다. 또는 기의 흐름을 분산시키기 위해 복도 천장에 풍경이나 수정 구슬을 걸어 두는 것이 좋다.

30. 책상 모서리에 노출되는 좌석 배치를 피하라

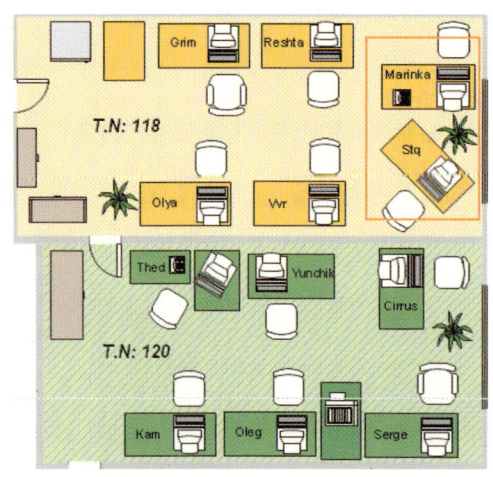

다른 사람의 책상 모서리가 자신의 책상을 향하면 불리하다. 날카로운 각에는 화기火氣의 살기殺氣가 형성되므로 신경이 예민해지고, 눈병이 나기 쉽다. 이때는 책상 배치를 다시 하거나 부득이할 경우 책상 위에 유리 재질로 된 문진이나 수정 구슬을 놓아 살기를 분산시켜야 한다. 대수롭지 않게 여기다가는 자신도 모르는 사이에 경쟁에서 도태되는 불운을 겪게 될 수 있다.

삶의 문제를 해결하는 풍수

3장

풍수는 삶의 다양한 문제를 해결한다. 우리는 삶에 문제가 생기면 다양한 방법으로 해결책을 찾기 위해 애를 쓴다. 가령 대인 관계가 악화되거나 영업 실적이 떨어지면 좀 더 인내심을 기른다거나 혹은 윗사람이나 주변 사람들에게 조언을 구해 문제를 해결하려고 한다. 또한 재정 상태가 악화되면 더 열심히 일하거나 형편이 나은 사람의 도움을 구하거나 문제 해결을 위해 노력한다. 이러한 선택 사항들에는 각각 장점과 단점이 존재하는데, 상황을 개선시키려는 노력과 의지만으로 쉽게 해결되는 경우는 드물다.

사실 이성적인 사고나 조언 등이 우리의 삶을 실제로 얼마나 향상시키는 지에 대해서는 일말의 의구심이 든다. 예를 들어 부부 사이가 악화되어 예전과 같은 애정을 회복하기 어렵게 되었을 때, 이런 문제를 해소할 수 있는 구체적인 실천 방안이 모호하다. 물론 전문가의 조언이 도움이 되기도 하지만, 전혀 도움이 되지 않는 경우가 더 많다. "지금보다 좀 더 사랑하도록 노력해 보세요." "좀 더 참고 상대를 이해하도록 애써 보세요." 이런 식의 조언은 하는 이도 민망하고, 듣는 이도 불편하기는 마찬가지다.

그런데 풍수는 현실적인 처방을 제시한다. 예를 들어 "침실의 침대 위치를 바꿔보세요"라는 식으로 말이다. 그러면 기대 이상의 효과를 볼 수 있다는 것이다. 부부가 합심해서 또는 둘 중 한 사람이 악화된 부부 관계를 개선하기 위한 소망을 담아 지체 없이 침대 위치를 바꾸는 것 그 자체로도 의미는 충분하다. 그리고 가급적이면 어렵지 않은 풍수 지식을 참고하여 침대 위치를 바꾸는 게 훨씬 낫다. 살림이 궁핍하고, 반갑지 않은 손님이나 소식만 찾아들면 곧바로 현관부터 깨끗하게 청소하고, 거실이나 방안에 놓인 전화기를 서쪽이나 동남쪽 벽으로 옮겨 놓기만 해도 효과를 볼 수 있다. 풍수에서는 현관을 통해 외부의 기가 유입되므로, 현관이 깨끗하면 좋은 소식이 찾아든다고 설명한다. 또한 재물의 기운이 충만한 서쪽이나 동남쪽에 전화기를 두면 재정 문제가 해소될 소식이 온다고 강조한다. 서쪽 벽을 노란색으로 장식하면 재운財運이 증폭되고, 거울 하나만 잘 부착해도 건강해지고 부자가 된다고 역설한다.

　사실 삶의 다양한 문제를 해결하는 방안의 하나로 풍수만큼 명쾌하고 간단한 방법이 없다. 그런데 과연 "이렇게 간단한 지식과 실천으로 기대 이상의 결과를 얻을 수 있는가?"라는 의문을 갖지 않을 수 없다. 답은 간단하다. 대개 부자의 집은 가난한 사람의 집보다 더 청결하다. 빈부가 극도로 갈리는 상황이 아니더라도, 가령 같은 아파트 동일한 평수에 사는 두 가구의 재정 상태를 판단하는 방법도 어렵지 않다. 현관문을 들어서면서 더 깨끗하고 쾌적한 분위기가 느껴지는 집이 상대적으로 부자일 확률이 높다. 풍수가들은 현관이 지저분하거나 대문 입구에 폐품이나 쓰레기들이 방치되어 있는 집은 굳이 들여다볼 것도 없이 재정 상태가 좋지 않은 시그널로 받아들인다. 가정이나 기업을 막론하고 풍수를 진단할 때면 출입구에 들어서자마자 느껴지는 기운으로 그곳의 재정 상태를 파악하게 된다. 느껴지는 기운이라는 게 특별한 것은 아니다. 누구나 현관 입구가 청결하면 상쾌함을 느끼는 법이고, 그것은 가족이나 직원들의 얼굴에도 그대로 나타난다.

다음으로 현관의 위치와 안방, 침대, CEO의 집무실이나 책상 등의 배치를 살펴 길흉을 가리기도 한다. 물론 청소나 사물의 재배치 등과 같은 약간의 풍수 처방으로 당장 상황이 나아지기를 기대하는 것은 무리일 수도 있다. 하지만 희망과 믿음을 가지고 풍수를 받아들인다면, 투자한 노력 이상의 결과는 충분히 얻을 수 있다. 무엇보다도 풍수는 체념하거나 희망을 버리지 않도록 독려한다. 또한 삶의 질을 향상시키는 훌륭한 도구로서 풍수의 역할을 절대로 무시해서도 안 된다.

지금까지 말한 것처럼 현재의 생활공간을 바꿔 삶 자체에 변화를 불러일으키는 것이 '풍수 교정'이다. 풍수 교정을 영어로는 '펑수이 큐어 FengShui Cure'라고 하는데, 최근에는 중국인들뿐만 아니라 서구인들까지 '풍수 교정'에 열광하는 추세다. 왜 그럴까? 이유는 간단하다. 그것은 바로 건강해지고 부자로 살 수 있는 가장 쉬운 비결이 풍수에 녹아 있기 때문이다.

01 출입구와 현관은 밝고 깨끗하게 하라

풍수 교정에 가장 효과적이고 확실한 방법은 거주지를 이전하거나 새집을 짓는 것이다. 그런데 여기에는 비용이 많이 든다는 문제가 있다. 또한 풍수가 바르게 적용된다는 보장도 없다. 리모델링이나 조경 공사 등의 방법도 있는데, 이 또한 돈이 많이 들기는 마찬가지다. 오늘날에는 풍수의 패러다임도 변하고 있다. 가급적 구조적인 변화 없이 풍수 문제를 해결하는 방법에 집중한다. 따라서 풍수 교정은 최소한의 비용으로 확실하고 빠른 효과를 내는 실용적인 방법에 집중된다.

풍수 교정은 청소에서부터 시작된다. 얼핏 쉬울 것 같지만, 부지런하고 성실한 성격이 아니면 꾸준히 실천하기 어렵다. 실제로 자연스럽게 운運이 좋아지면 주변 환경이 깨끗하고 청결하게 변하게 마련이다. 또한 운이 나쁘면 만사가 귀찮고, 아무리 좋은 충고도 귀에 들어오지 않게 마련이다. "부자富者가 되려면 청소淸掃를 잘하는 아내를 맞이하라!"라는 말이 있다. 그것으로 이미 절반은 성공한 셈이고, 최소한 재정적인 곤란을 겪는 일은 피할 수 있다.

귀납적으로 접근해 보면 청소가 잘 되어 있는 집은 부자이거나 재정적으로 안정되어 있다고 보면 틀림없다. 세금이 밀리거나 체납 고지서가 쌓이는 집은 청소 상태가 불량하다. 정리와 정돈이 잘 된 집 안에 거주하는 것만으로도 운을 불러올 수 있다. 청소를 마치고 나면, 다음으로

밝고 깨끗한 현관은 반가운 손님과 소식을 불러온다.

집안에 고장난 물건을 수리해야 한다. 전구를 새로 달고 작동되지 않는 가전제품은 수리해야 한다. 수리가 안 되거나 너무 낡은 것은 버리는 게 좋다. 버릴 물건들을 쌓아놓고 치우지 않는 것 역시 운을 불러들이는 데 장애 요인이 된다. 폐품 쓰레기는 무의식적으로 잘못되고 망가지는 듯한 영향을 미치게 되어 부정적으로 작용한다. 낡은 것에는 생기生氣가 남아 있지 않고 탁한 기운을 품기 때문에, 집안의 에너지 순환에 문제를 일으키기 쉽다.

   집안의 환경을 체크하는 기본 원칙은 청소와 정돈, 밝은 공간, 천연 소재의 활용 등으로 요약된다. 좋은 직원은 책상 정리부터 다르다. 서류를 어지럽게 방치하거나 책상을 지저분하게 관리하는 직원은 조직에 기여도가 낮게 마련이다. 그렇지 않다고 반박하는 이들도 있을 것이다. 그런 사람들은 다음과 같은 말들을 음미해 볼 만하다.

"좋은 아내는 항상 집안을 깨끗이 청소한다."

"깨끗한 부대가 강군强軍이다."

"부자의 집안은 항상 깨끗하게 정리되어 있다."

풍수에서 재물의 유입은 좋은 기운을 끌어 모으는 것으로 해석된다. 이런 이유로 현관이나 출입구를 매우 중시한다. 한마디로 드나드는 통로는 절대적으로 깨끗해야 한다. 사무실 입구나 주택 현관은 기가 내부로 들어오는 첫 관문이자 통로이므로, 일단 양질의 기와 높은 에너지를 많이 받아들이는 것이 관건이다. 입구에 폐품이나 화분, 여타의 잡동사니 등이 쌓여 있어 기의 흐름이 굴절되거나 차단되면 풍부하고 좋은 에너지를 받아들이기가 어려워진다. 이렇게 되면 무슨 일을 하더라도 시작부터 꼬이게 된다. 또한 입구는 무조건 밝아야 한다. 입구가 컴컴하거나 음침하면 금전의 융통이 어렵다는 암시다. 입구를 밝히는 데 드는 조명이나 전기세는 아끼지 말아야 할 일이다.

02 들어온 기는 물샐틈없이 막아라

 돈이 중요한 세상이다. 돈이면 다 되는 세상까지는 아니더라도 분명 돈보다 더 중요한 것이 없는 상황이 됐다. 하지만 아무리 많은 재물을 불러들인다고 해도 모이지 않으면 소용이 없고, 재물을 모으려고 해도 벌지 못하면 소용이 없다. 이것은 기가 유입되는 출입구도 중요하고, 또 들어온 기가 새어 나가지 않도록 처방하는 일도 중요하다는 것을 의미한다.

 입구의 청결과 밝은 기운도 중요하지만, 그에 못지않게 현관의 모양이나 상태도 중요하다. 이상적인 현관은 밝고 깨끗해야 한다고 했다. 따라서 대문이나 현관의 색상이 검은색이나 어두운 빛을 띠는 것은 좋지 않다. 어두운 색은 음기陰氣를 나타내기 때문이다. 형태도 중요하므로 건물 내부와 비교해서 너무 크거나 작아도 곤란하다. 만약 현관의 틀이 맞지 않아 삐걱거리는 소리가 날 정도라면 문제가 심각하다. 중국 속담에 "삐걱거리는 문은 배곯는 귀신을 부른다."라는 말이 있는데, 귀신이 나오는 공포영화에도 삐걱거리는 문이 소품으로 등장하기 일쑤다. 최근에는 저절로 열리고 닫히는 자동문을 많이 볼 수 있는데, 이런 문은 에

재물의 기운이 빠져나가는 곳은 욕실이다. 사용하지 않을 때는 반드시 욕실 문을 닫아 두어야 한다.

너지가 밖으로 새기 쉬우며 원하지 않는 사람이나 기운이 유입되므로 풍수에서는 꺼리는 편이다. 또한 문틀이 맞지 않거나 경첩이 느슨해진 문은 신경 장애나 혼란스러움을 야기한다. 현관이나 문을 고치고 수리하면 의외로 빠른 풍수 효과를 보는 일이 많으므로, 결코 미룰 일이 아니다.

잘 닫히지 않거나 한 번에 잘 열리지 않는 문도 속히 고쳐야 한다. 낡고 지저분한 문은 곧 황폐한 삶을 암시하므로, 페인트가 벗겨진 문이라면 즉시 밝은 색 계통의 페인트를 칠해 운運을 보강해야 한다. 문짝이 떨어지거나 흠집이 나면 당장 혹은 멀지 않은 시간에 좋지 않은 일이 일어날 징후이므로, 그대로 방치해서는 안 된다. 문틀이 뒤틀리거나 벌어지면 각종 사고나 질병에 걸릴 우려가 있다.

벌어들이는 것과 마찬가지로 축적된 재물이 빠져나가지 않도록 하는 풍수 처방도 매우 중요하다. 건물이나 집안 내부 어딘가에 기가 빠져나가는 곳이 없는지 자세하게 살펴야 한다. 특히 물이 빠져나가는 배수구는 절대로 드러나지 않게 하고, 덮개로 막아야 한다. 만일 외부에서 배수구가 눈에 보인다면 화분 등으로 배수를 가려야 한다. 배수구가 현관

가까이에 있다면 더욱 불리하다. 생기를 불러들이는 입구에서부터 기운이 빠져나가기 때문이다.

현관을 들어서자마자 발코니의 창문이 보이는 집은 재산을 모으기 어려운 구조다. 현관으로 유입되는 기운이 창문을 통해 그대로 빠져나가기 때문이다. 풍수에서는 창문의 위치도 중요하지만 벽에 금이 가거나 천장의 어느 한 곳이 뚫려 있다면, 재물이 새어 나가는 누재택漏財宅으로 좋지 않게 여긴다. 따라서 벌어진 틈새와 뚫린 구멍은 지체 없이 막아야 한다. 틈새 같은 곳은 단순히 벽지를 바를 것이 아니라 먼저 시멘트로 막는 것이 좋고, 구멍에 땜질을 할 때도 기가 새어 나가지 않도록 야무지게 처방을 해야 한다. 세면대나 욕조, 화장실의 배수구는 반드시 덮개로 막아 두어야 한다. 재정적으로 튼튼한 환경을 구축하는 비결은 생각보다 간단한 처방으로 가능하다. 실내 인테리어의 핵심은 이상적인 출입문으로 생기를 모으고, 유입된 기가 오래도록 머물게 하는 데 있다. 특히 재물의 기운이 빠져나가기 쉬운 장소는 욕실이다. 욕실의 문은 반드시 닫아 두어야 한다. 집안의 자녀들에게도 변기 뚜껑을 닫아 두고 욕실을 나와서는 반드시 문을 닫는 습관을 들이도록 해야 한다. 욕실 문이 늘 반쯤 열린 상태로 방치하면 재운財運이 새어 나간다는 사실을 기억하자. 풍수적으로 재물의 축적과 유통을 증가시키려면 입구는 거침없이 기가 유입되도록 개방하고, 들어온 기는 물샐틈없이 막아야 한다는 것을 명심하라.

03 좁고 낮은 창문은 기의 흐름을 가로막는다

모든 건물에는 창문이 있다. 풍수에서 창문은 어떤 역할을 할까? 창문은 채광이나 실내·외 공기의 순환, 외부 경관의 조망을 위한 목적으로 사용된다. 더불어 창문은 자연의 기운을 내부로 받아들이는 통로이기도 하다. 요즘 건축물은 갈수록 규모가 대형화되면서 창문의 크기도 넓어지고 있다. 건물 벽면 전체를 유리창으로 하는 경우도 많고, 현대적인 건물일수록 유리창의 면적이 크다.

한마디로 창문은 건물의 눈과 입을 의미하기 때문에 대형 건물이나 넓은 방일수록 큰 창문이 필요하다. 또한 창문은 비교적 넓은 것이 바람직하며, 틈새처럼 좁은 창문은 기의 흐름을 억제해 거주인의 기회를 가로막는다. 그렇다고 지나치게 큰 창문도 좋지 않다. 창문이 크면 실내의 기운이 모두 밖으로 분산되어 생기生氣가 부족해진다. 따라서 창문은 적당한 크기에 아담한 느낌을 주는 게 좋다.

창문은 벽 중심에 설치하는 것이 가장 이상적이다. 벽 중심에 창문이 있을 경우 벽에서 발생하는 진동이나 바람 소리가 아름답게 울린다. 하지만 창문이 벽 한쪽이나 모서리에 있을 경우에는 진동이나 바람 소리가 불안해진다. 그리고 창문의 높이는 벽의 상부에 있어야 길한데, 만일 창문이 하부에 설치되어 있다면 불행을 가져온다.

창문을 여닫는 방식은 거주인의 기氣와 운運이 향상되도록 바깥쪽으로 열리는 것이 가장 바람직하다. 바깥으로 열리는 창문은 거주

바깥으로 열리는 창은 운을 트이게 한다.

인으로 하여금 생동감 넘치는 기운을 발산하도록 만든다. 반면에 안쪽으로 열리는 창문은 사람을 소심하게 만들고, 기의 흐름이 침체되기 쉽다. 위아래로 밀어 올리거나 내리는 창문 역시 기의 흐름이 원활하지 않으므로, 거주인의 의사 표현에 장애 요인이 된다. 그리고 창문의 상단부는 가급적이면 거주인의 키보다 높아야 좋다. 창문의 상단부가 낮으면 거주인의 기를 침체시키거나 압박할 우려가 있다.

한편 창문의 형태에 따라 기운이 달라지기도 한다. 우리가 흔히 볼 수 있는 높이가 낮고 폭이 긴 수평형 창문은 차분하고 안정적인 기운을 주지만, 진취적인 기상은 부족하다. 반면에 폭이 좁고 높은 수직형 창문은 천장이 높은 교회나 성당 등에서 애용한다. 이러한 창문 형태는 오행五行으로 목木에 해당된다. 즉 나무는 수직 상승하는 기운을 지니고 있어서 수직형 창문은 살아 있는 나무처럼 하늘로 올라가려는 활동적인

기운으로 생동감 넘치는 분위기를 살릴 수 있다. 그리고 창문의 폭과 높이가 같은 정사각형 창문은 수직과 수평의 두 기운이 서로 균형을 이룬다. 이러한 창문은 균형 감각과 포용력을 지니기 때문에 수평형 창문보다는 생동감을, 수직형 창문보다는 안정감을 준다. 그리고 원형 창문은 음양陰陽으로 보면 하늘을 의미하기 때문에 무한한 힘과 생명력을 갖게 한다. 하지만 오행五行으로는 금金의 기운으로 살기殺氣를 내포한다. 따라서 건물에 원형 창문이 많으면 문제가 된다. 마지막으로 삼각형 창문은 오행五行으로 불火에 해당된다. 불은 폭발하며 확산되는 기운을 가지고 있으므로, 삼각형 창문은 폭발과 투쟁, 상처 등을 의미하여 바람직하지 않다.

04 높은 천장은 사람들을 불러모은다

    천장의 높이나 형태는 기의 흐름과 밀접한 관련이 있다. 에너지 절약이나 경제적인 효율성을 높이기 위해 천장의 높이를 낮게 하는 경향이 있는데, 천장이 낮아 답답한 느낌이 들 정도라면 곤란하다. 가장 이상적인 천장의 높이는 방의 전체적인 공간 형태가 정육각형일 경우이다. 즉 방의 가로와 세로의 길이가 각각 3m라면 천장의 높이도 3m인 경우다. 정육각형의 실내 공간은 천기天氣와 지기地氣의 순환을 원활하게 하여 기를 활성화시킨다.

    높은 천장은 사람에게 높은 이상을 갖게 하고, 낮은 천장은 현실적이며 물질적인 가치를 추구하게 한다. 하지만 지나치게 높은 천장은 기운을 모으지 못하기 때문에 공허, 무정하다. 반면에 천장이 너무 낮으면 기를 억눌러 압박감이 들게 한다. 많은 사람들을 불러모으고 단합시키기 위해서는 높은 천장이 좋다. 그래서 사람이 많이 모이는 역사驛舍나 버스터미널, 공항 같은 공공장소와 비즈니스 홀, 회의실, 강당 같은 건물의 천장은 모두 높다. 현재 일반적인 사무실의 천장 높이는 대개 2.4m인데, 이러한 높이는 현실적인 기운이 담기는 공간으로 본다. 은행 같은 금융기관, 특히 은행 본점의 영업장은 일반 사무실보다 훨씬 높은

▌ 천장이 기울거나 대들보가 있으면 악몽을 꾸기 쉽고, 신체를 다치는 등 건강상의 문제를 일으킨다.

5m를 기준으로 하고 있다. 성당이나 교회, 사찰 같은 종교시설의 천장도 모두 높은데, 그 안에 들어서면 무한한 이상과 기운을 느낄 수 있을 것이다.

천장은 평탄해야 무난하다. 그러나 평탄한 천장도 공사를 할 때는 중심 부분을 약 6cm 정도 높여서 시각적으로 안정감을 갖게 하는 것이 좋다. 평평한 면을 그대로 두면 천장의 중심 부분이 낮게 처진 것처럼 보여서 불안감을 조성하기 때문이다. 천장은 피라미드처럼 중심이 높고 주변을 낮게 함으로써 균형을 이루는 것이 좋다. 이렇게 볼 때 가장 이상적인 천장은 중심 부분이 둥글고 높은 돔형 천장이다. 돔형 천장은 생기生氣가 모이기 때문에 재물과 출세를 만들어낸다.

아파트의 발코니 확장 공사에서 가장 문제가 되는 부분은 천장의 높이가 다르다는 점에 있다. 거실이나 방의 천장 높이와 발코니의 천장 높이가 서로 층이 져서 발코니를 확장하면 천장 높이가 서로 달라 풍수적으로 좋지 않게 된다. 천장 높이가 고르지 않고 들쑥날쑥하면 기의 흐름이 왜곡되고, 살기殺氣가 발산되므로 해롭다. 또한 천장의 울퉁불퉁한 장식은 기류를 난잡하게 만들어 심리적으로도 좋지 않은 영향을 미친다. 가령 침실의 천장 대들보가 침대를 누르는 모양을 띠면 심리적 안정을 해치고 건강에도 좋지 않다. 같은 이치로 계단 아래에 침대를 두는 것은 절대로 금물이다. 집안에 과부가 생긴다고 했을 정도이니 각별히 조심해야 한다.

05 내려가는 계단은 재물을 앗아간다

현관이나 창문, 천장 등과 마찬가지로 계단 역시 풍수에서 주요 고려 대상이다. 층에서 층으로 기의 흐름을 원활하게 촉진시키는 계단은 충분히 넓고 밝은 것이 특징이다. 계단이 좁고 어두우면 기가 막히고 정체되어 입주자의 건강을 해지기 때문이다. 이런 경우라면 천장의 조명을 밝게 해 기의 흐름을 돕는 것이 상책이다. 또한 디딤판 사이가 터져 있는 계단 형태는 기가 새어 나가므로, 위로 상승하는 기운이 없어서 피하는 추세다.

풍수적으로 볼 때 계단의 포인트는 '기의 상승'을 돕는 구조인가 하는 것이다. 기의 상승을 돕기 위한 가장 간편한 풍수 교정책으로는 계단 밑에 화분을 세워 두거나 계단과 벽이 인접한 지점에 거울을 부착하여 전경을 확장하는 방법이 있다. 홍콩에서는 빌딩을 설계하는 단계에서부터 반드시 건물 내에 상승하는 에스컬레이터가 하강하는 에스컬레이터 숫자보다 많아야 한다고 할 정도다.

풍수에서 극도로 꺼리는 것은 사무실의 바닥 높낮이가 다른 경우다. 수많은 부침을 예고하는 요인으로 건강과 사업을 크게 위협한다. 만약 바닥이 층이 진 경우라면 반드시 높은 쪽에 책상을 두는 것이 좋다. 높낮이가 한 계단 이상 차이가 날 경우에는 층이 지는 경계의 낮은 바닥 양편에 화분을 배치하는 것도 좋은 방법이다.

계단이 출입구 정면에 놓이면 권렴수의 형상이 되어 수입보다 지출이 많아진다.

계단의 형태는 가급적 완만하게 굴곡이 진 형태의 직선형이 가장 무난하다. 나선형 계단은 마치 드릴 끝처럼 바닥을 뚫는 것 같은 느낌을 주므로 피하는 것이 좋다. 그리고 나선형 계단은 디딤판 사이에 틈이 나 있는 경우가 많은데, 그러면 기가 달아날 뿐만 아니라 건물 내부에 구멍이 나 있는 것처럼 보여서 좋지 않다. 이런 형태의 계단이 건물 내부의 중심부에 위치하면 거주자들은 수년 내에 위장이나 심장 계통의 질환으로 고통 받을 가능성이 높아진다.

중국인들은 오래 전부터 기와 돈이 굴러 나간다고 생각했기 때문에 계단이 현관으로 곧장 향하는 것을 극도로 기피해 왔다. 현관을 열자마자 곧장 아래로 내려가는 계단이 보이는 경우가 이에 해당하는데, 이를 '권렴수捲簾水'라고 한다. 산소 자리의 길흉을 살피는 음택陰宅에서 권렴수란 무덤 앞의 공간이 마치 멍석이 펴지듯이 아래로 흘러 나가는 형세를 말한다. 이런 곳에 산소를 쓰면 재물이 모두 쓸려 나가므로 후손이 파산할 우려가 크다고 한다. 권렴수가 있으면 다른 사람이 집에 들어와 안방을 차지하는 것으로 보는 불리한 상황으로, 이러한 가상家相에 해당하면 항상 수입보다 지출이 많아 어려움을 겪게 된다.

아파트의 경우, 현관문을 열었을 때 마주 보이는 계단이 올라가는 계단이면 무방하지만 내려가는 계단이 마주 보이면 기운이 밖으로 새어 나가는 형국이어서 좋지 않다. 또한 현관문이 엘리베이터를 마주 보고 있어도 흉한 가상이다. 엘리베이터는 항상 오르내림을 반복하고 문이 열렸다 닫혔다 하는데, 이는 마치 '호랑이가 입을 벌렸다 닫았다' 하는 상과 흡사하다. 이런 구조에 놓이면 시비가 잦고, 재물을 지키기 어렵다. 이때는 현관문 위에 수정구Crystall ball를 매달아 두면 좋다. 풍수는 거울과 함께 구형의 프리즘이 지니는 힘을 매우 중시하는데, 그 중에서 가장 대표적인 것이 바로 수정 구슬이다. 수정 구슬은 강력하고 위협적인 주변의 살기殺氣를 무력화시켜 공간 전체에 분산시키므로, 풍수에서는 유용한 교정 수단이 된다.

06 거울은 풍수의 만병통치약

　한마디로 거울은 풍수의 보물이다. 풍수에서 거울은 살아 있는 생명체와 동격으로 친다. 이런 이유로 거울이 주는 영향력은 매우 크다. 풍수에서는 기를 조절하고 상승시키기 위한 여러 가지 도구 중에서 거울을 으뜸으로 친다. 거울은 건물의 내부와 외부를 막론하고 다양한 문제점을 교정하는 데 활용된다. 예를 들어, 건물 밖에 부착된 거울은 도로나 거대한 크기의 인근 빌딩 등 외부로부터 진입하려는 위협적이고 불길한 기운을 반사시킨다.

　현대 건축에서 많이 사용하는 반사 유리에는 부정적인 외부의 영향력을 퇴치하는 기능이 있다. 그 중에서도 여러 가지 위협적인 기운을 한 번에 제압하려면 볼록거울을 사용하는 게 좋다. 볼록거울은 아래위를 거꾸로 반사시키므로, 만일 도로가 현관을 향해 나 있다면 현관 위에 볼록거울을 설치하는 게 좋다. 실제로 홍콩이나 대만, 동남아 일대에서는 건물 현관 상단에 볼록렌즈(거울)나 팔괘경八卦鏡을 부착한 건물이 많은데, 여기에는 주변의 공격적인 물체에서 발산되는 위협에 대응하려는 의미가 담겨 있다.

　집안 내부에서도 거울은 여러 가지 용도로 활용된다. 사실 알게 모르

실내의 출입구에 부착하는 팔괘경(Bagua mirror)은 외부의 부정적이고 강력한 기운을 퇴치하거나 정화시켜 주는 등 다양한 풍수 결함을 교정한다.

게 우리는 거울을 많이 사용하고 있다. 생활 주변에 빠지지 않고 꼭 자리를 차지하고 있는 소품 가운데 하나가 바로 거울이다. 현관이나 침실, 거실, 화장실 등을 보면 대개 보기 좋은 장소나 요긴한 자리에 거울이 놓여 있는 게 일반적이다. 그러나 거울은 풍수에 막대한 영향을 끼치므로 아무 곳에나 두지 않는 게 좋다. 예를 들어, 침실의 큰 거울과 현관에 들어서자마자 정면으로 보이는 거울 배치는 반드시 피해야 한다.

실내에 거울을 배치할 때 지켜야 할 원칙은 '크기가 클수록 효과가 크다'는 것이다. 그러므로 거울에 사람의 머리가 잘려 보이는 것은 절대로 피해야 한다. 만일 거울이 작거나 짧으면 두통을 일으키거나 기의 상승을 막게 된다. 반대로 거울이 지나치게 높으면 거주인의 심리를 불안하게 만든다. 일반적으로 거울은 큼지막한 통거울이 바람직하고, 조각 거울을 여러 개 연결해서 비치는 상을 일그러뜨리는 경우는 반드시 피해야 한다. 한편 거울에는 좋은 그림이 담기도록 적절히 배치하는 것이 무엇보다 중요하다. 옥외의 물 흐름이나 정원의 모습을 실내로 반사시키면 상서로운 외부의 기가 실내로 들어오게 된다.

　이와 같이 거울을 적당한 위치에 부착하면 재복의 증가에 도움을 준다. 또한 답답한 느낌을 주는 좁은 실내에 거울을 활용하면 기의 흐름을 촉진시키고, 공간의 상징적 확장과 함께 밝은 분위기를 연출할 수도 있다. 실제로 문을 등지고 앉은 경우라도 책상에 놓인 거울은 실내로 들어오는 사람들의 모습을 비추어 주므로 불안감을 없애 준다.

07 밝은 빛은 안정과 풍요를 가져온다

풍수에서 빛은 그 자체로 중요한 자산이 된다. 빛은 기를 끌어 모을 뿐만 아니라 활발하게 만든다. 불빛이 밝은 곳에는 사람들이 모이고, 매출은 증가하게 마련이다. 사람이 몰려드는 이유는 그곳에 생기生氣가 감돌기 때문이고, 밝은 조명은 생기를 더욱 촉진시킨다. 조명이 밝은 점포가 행인의 시선을 끌며 손님을 모으는 이치이기도 하다.

전통적인 풍수에서는 거울이나 수정구, 램프 등을 이용해 빛을 활용했지만, 오늘날에는 조명 기구를 이용해서 인위적으로 좋은 풍수를 만들어 낼 수 있게 되었다. 풍수는 생기의 소재 파악에 주력하는데, 육안으로 생기를 파악하는 것은 거의 불가능하지만 생기를 느낌으로 아는 방법은 어렵지 않다. 한마디로 좋은 기분이 드는 장소에는 생기가 활발하다고 보면 된다.

상하이의 황푸강黃浦江 야경이나 마천루가 불야성을 이루는 홍콩의 야경은 모두 풍수와 밀접한 연관이 있는데, 실내의 조명도 마찬가지다. 조명은 태양을 상징하며 건강 유지와 기의 순환에 필수적인 요건이므로 밝을수록 좋다. 이런 이유로 전구의 수명이 다 됐거나 타버리면 이전의 것만큼 밝거나 더 밝은 것으로 교체해야 한다.

어두운 곳에서 빛을 발견하면 안도감이 생겨 불안감을 벗어나는 것처럼, 밝은 빛은 안정과 풍요를 가져다준다. 또한 빛은 빈 곳을 채우는 역할도 한다. 이를테면 'L' 자형의 가옥이나 건물은 정방형의 안정된 모양에서 빠져나간 귀퉁이를 형성하게 되는데, 여기에 가로등이나 스탠드의 조명을 설치하면 풍수적 결함

크리스탈로 장식된 샹들리에는 화려한 빛을 공간 전체에 골고루 비추어 풍요로운 느낌을 주고, 불순한 기운을 퇴치하므로 집안의 기운을 좋게 하는 행운의 아이템이다.

을 쉽게 교정할 수 있다. 비탈진 지대의 경우에도 아래 지점에 조명을 설치하면 기와 재물이 미끄러져 나가는 것을 방지할 수 있다.

불균형을 교정하고 기를 활성화하는 수단으로 조명을 이용하는 방법보다 좋은 것도 드물다. 조명은 사람들의 기분과 분위기, 정서, 그리고 일의 능률에도 많은 영향을 미치므로 조명 하나만 바꿔도 업무 향상과 경쟁력 강화를 꾀할 수 있다.

조명은 기를 풍부하게 돋우는 에너지의 발산체이므로 밝을수록 좋지만 예외도 있다. 수면을 취하는 침실이나 휴식 공간은 음陰의 요소를 고려하여 조명을 약간 어둡게 연출하는 것이 좋다. 레스토랑이나 바의 경우도 상황에 따라 희미한 조명이 영업에 도움을 주기도 한다. 환하게 밝은 것보다는 약간 어두운 조명이 온화하고 느긋한 분위기를 연출하기 때문이다. 예를 들어, 격조 높은 고급 레스토랑은 침실 같은 편안한 느낌을 만끽할 수 있도록 조명을 온화하게 연출하는 것이 좋다.

08 침실에는 초록 식물을 배치하라

침실 풍수는 특히 중요하다. 가장 중요한 곳이 침실이라는 주장을 하는 풍수가들 또한 적지 않다. 사람은 일생 중 약 1/3을 침대에서 보낸다. 수면은 대략 8시간을 전후로 거의 움직이지 않는 상태로 있기 때문에 방위의 작용도 그만큼 강하게 신체에 미친다. 자고 있을 때는 무의식 상태와 다름없고, 기의 작용에 대해 신체가 무방비 상태에 놓여 있는 것이므로 아무 곳에서나 수면을 취하면 질병이나 실패에 이르기 쉽다.

아침에 일어나는 것이 힘들거나 일어나도 개운하지 않으며, 실수가 잦고 대인 관계가 악화될 때는 가장 먼저 침실의 상태부터 체크해야 한다. 풍수적으로 침실이 주방이나 화장실, 창고, 욕실과 연접되는 것은 불리한 형상이다. 특히 어린이에게 해로우므로 화장실이 딸린 방은 피하는 것이 좋다. 그리고 방문과 침대 끝이 마주 보는 배치도 좋지 않다.

문에서 유입되는 기가 강하기 때문에 신체적으로 불편함을 느끼게 되어 악몽을 꾸게 하는 요인이 된다. 특히 침실은 애정운과 직결되어 있으므로 집에서 가장 영향력이 큰 곳이라 할 수 있다. 실내 풍수 인테리어에서 침실에 가장 많은 투자를 한다고 해서 이상하게 볼 필요가 전혀 없다.

침실에 다산(多産)을 상징하는 석류 열매나 그림을 걸어 두면 애정운이 높아져 원하는 아이를 임신하게 되는 경사가 따른다.

　일반적으로 현관문을 열고 들어와 그대로 끝까지 걸어간 다음 오른쪽 방향으로 돌면 안방이 나오기 쉬운데, 그곳이 부부의 애정운과 밀접한 영역일 때가 많다. 부부의 침실은 어느 정도 빈 공간이 있어야 애정 에너지에 도움이 된다. 침실의 공간이 협소한데도 장식장 같은 가재도구를 들여놓는 것은 피해야 한다. 예를 들어, 약품 보관함이 안방에 있다면 백해무익하다. 대신 보기만 해도 기분이 좋아지는 그림이나 소품 등을 침실에 두는 것은 좋다. 그리고 장식품은 모두 짝수로 맞추도록 한다. 화분이나 인형도 하나만 두는 것보다는 짝수로 맞추는 것이 좋다. 풍수에서 애정을 상징하는 색상은 핑크색이다. 이불보나 벽지, 커튼 등의 색깔은 핑크색으로 맞추는 게 좋고, 황금색은 재물운을 강하게 해준다. 또한 각지고 모가 나거나 울퉁불퉁한 모양은 피하고, 둥글고 완만한 디자인의 소품을 두어야 한다.

　침실 인테리어에서 조명은 매우 중요하다. 거실은 되도록 밝게 연출하는 게 좋지만, 침실의 조명은 은은한 분위기를 유지하는 게 포인트다.

침실은 수면을 취하는 곳이기 때문에 밝은 양기陽氣가 지나치면 오히려 해롭다. 침실은 수면을 위한 공간이므로 조도照度를 높게 맞출 필요가 없다. 따라서 침실 조명은 간접 조명이나 나이트 스탠드 등의 부분 조명을 사용하고, 발색의 효과를 고려해서 부드러운 조명으로 연출하는 것이 이상적이다.

부부 관계를 방해하는 사물은 당장 없애거나 다른 곳으로 옮겨야 한다. 예를 들어, 혼자 찍은 사진을 침실에 걸어 두는 것은 좋지 않다. 부부가 함께 찍은 사진이나 한 쌍을 이루는 그림을 걸어 두어야 한다. 전기담요나 전기매트, 컴퓨터 같은 가전제품도 침실에 두지 않는 것이 좋다. 또한 날카롭거나 뾰족한 물건은 침실뿐만 아니라 집안 어느 곳에서도 눈에 띄지 않도록 안 보이는 곳에 수납해야 한다. 가령 선인장 같은 식물을 침실에 두는 것은 난센스에 가깝다.

풍수에서 소품의 응용은 본말이 전도되지 않도록 각별히 주의해야 한다. 지나치게 크거나 색상이 너무 강렬한 소품은 에너지를 보태는 수단이 아니라, 기운을 빼앗는 결과를 초래하기 쉽다. 이를테면 화려한 침대 커버는 부부의 애정운을 감소시키고, 배우자의 바람기를 자극한다. 피로와 스트레스로 지친 남편의 기운을 상승시켜 주고 싶다면, 침실 한쪽에 잎이 크고 생생한 관엽 식물을 두는 것이 가장 효과적이다. 녹색 계열의 화분은 부부의 애정지수를 상승시켜 주기 때문이다. 다만 관엽 식물이 키 높이 위에 있다면 오히려 부부싸움이 잦아질 우려가 있다는 점에 주의해야 한다. 전신 거울도 애정에 방해가 되는 물건이므로 침실에 두지 않는 것이 좋다. 거울에 잠자는 모습이 비치면 운세가 반으로 줄어든다고 봐도 무방하다.

09 중고 침대 구입은 피하라

　침대 자체의 에너지와 출처도 중요하다. 대만의 어느 풍수서는 침대의 높이가 22촌(66cm)을 초과해서는 해롭다고 설명한다. 또 침대의 밑은 통풍이 잘 되어야 하므로 침대가 지면에 닿거나 수납장 등이 부착되어 있으면 좋지 않다. 침대 밑에 잡동사니나 쓰레기, 먼지로 오염되어 있으면 유산을 초래하는 요인이 되기도 하므로 항시 청결을 유지해야 한다. 기류(氣流)의 영향을 고려할 때 침대 머리 뒤에 창문이 있는 것은 좋지 않다. 침대의 헤드는 건고해야 하고, 침대를 방 가운데 두거나 벽과 틈이 벌어지도록 해서는 안 된다. 대신 좌우는 틈이 있어야 한다. 방문과 욕실 문, 가스레인지 등 연소기구, 창문 등은 침대와 일직선상에 놓여선 안 된다. 애정에 금이 가거나 출산과 관련해 악영향을 미치기 때문이다.

　중고 침대를 구입하는 것은 절대로 삼갈 일이다. 성적 문제나 허약한 기운, 알 수 없는 질병의 원인이 될 수 있다. 중고 침대에는 전 주인의 미묘하고도 강한 에너지가 남아 있다. 만일 세상을 떠난 사람의 침대를 그대로 쓰고 있다면 이것은 최악의 상황이라 할 수 있다. 침대를 같이 사용하던 사람이 죽거나 연인과 이별한 경우, 아픈 사람이 사용했거나

침대 머리와 발끝 부분이 철제 골조로 장식된 침대를 풍수는 몹시 기피한다. 구설수나 시비 등에 휩싸이기 쉽다.

새집으로 이사 갈 경우, 결혼을 한다면 새 침대를 구입하는 것이 좋다.

침대를 바꾸거나 재배치할 때는 부딪치거나 긁히지 않게 각별히 신경을 써야 한다. 흠집이 나면 애정에 금이 가기 쉽고, 가족간의 분쟁을 야기하기도 한다.

특히 임산부에게는 매우 해로우므로 특히 유의하고, 임신 기간 중에는 가급적 침대를 옮기지 않아야 한다. 따라서 침대의 위치를 바꿀 때도 몹시 조심스럽게 다루어야 한다.

풍수상으로 불리한 침대 모양은 다음과 같다. 킹사이즈의 경우에는 스프링이 두 부분으로 나뉘어져 있으므로 애정의 결핍이나 이별 상황을 초래할 우려가 있다. 적당한 크기의 더블사이즈나 스프링이 한 결로 된 제품을 구입하는 게 좋다. 물침대는 삶에 대한 탄탄한 기반을 해치는 작용력이 있다. 특히 직장에서의 안정감은 포기해야 할 정도로 불리하다. 침대의 금속 프레임은 몸 주위에 자장을 형성하므로 가급적 전체가 목재로 된 침대가 좋다. 오디오나 책꽂이가 딸린 침대, 침대 머리 부분이 복잡하게 장식된 침대는 피하는 게 좋다. 침대 끝부분이 올라와 있는 것은 무엇이든지 부정적인 결과를 초래한다. 침대 발판이 매트리스보다 올라온 침대는 여행에 장애를 만들고, 경력과 미래를 방해한다. 가령 썰매처럼 생긴 침대는 부부가 헤어지는 사태를 야기할 정도로 불리하다. 침대의 머리와 끝이 청동 골조로 장식된 막대 모양이면 매우 흉하다. 심하면 법률문제를 야기하여 감옥생활을 경험하게 하는 요인으로 작용한다.

  침대 자체의 모양 뿐만 아니라 발치 위로 무엇인가 솟아 있으면 불리하다. 침대의 발치 부분에는 아무것도 없는 것이 이상적이다. 상자나 잡동사니, 식물 등 무엇이든 발끝 위로 솟아난 물체를 치우지 않으면 장애가 발생할 가능성이 높아진다.

10 거실은 밝은 분위기로 꾸며라

거실은 가족 간의 화합과 유대를 형성하는 공간이므로 채광採光이 좋아야 한다. 더불어 밝은 분위기의 파스텔 톤 벽지로 화사함을 연출하면 좋다. 거실의 풍수가 나쁘면 부모와 자식 간의 대화가 단절되거나 관계가 악화되기 쉽다.

우선적으로 거실의 조명은 단란한 분위기와 아늑함을 느끼게 해줄 수 있어야 한다. 조명은 조도照度와 조감照感의 두 가지 요건을 구비해야 하는데, 조도는 실내를 밝혀 주는 밝기의 정도를 말하며, 조감은 조명의 장식적 효과를 말한다. 거실의 조도 형성을 위해 간접 조명을 사용하면 아늑한 분위기를 만들 수 있다. 거실의 간접 조명은 장식 선반이 설치된 벽을 밝히는 집중 조명이 효과적이며, 조도의 효율을 높이기 위해 형광등을 사용해도 좋다. 거실의 장식 조명에는 탁자 위의 펜던트, 구석에 세워 두는 스탠드, 벽에 부착하는 브래킷 등이 쓰이는데, 장식 조명의 효과는 등갓에서 생긴다. 장식 조명에도 알맞은 조도의 조절이 필요하며, 상황에 따라 분위기를 바꿀 수 있는 조광기(調光器 : 조도 조절 스위치)를 설치하는 것이 이상적이다.

한편 거실의 가구는 낮게 배치하는 것이 좋다. 현관 다음으로 외부의 기운이 많이 들어오는 곳은 바로 발코니의 창이다. 따라서 발코니에 잡동사니를 마구 쌓아 두면 외부의 좋은 기운이 들어오지 않는다. 방에 접한 발코니의 경우도 마찬가지다. 또한 바깥 경관을 가리게 되므로 자신의

┃ 채광이 좋아서 그 자체로 화사한 분위기가 연출되면 거실 풍수는 거의 완성되었다고 볼 수 있다.

꿈을 펼치는 데도 장애 요인이 된다.

골프채나 수석 등을 거실의 잘 보이는 곳에 두는 경우가 있는데, 이것은 피할 일이다. 풍수에서는 그런 것들을 흉기와 동급으로 여기므로, 마치 칼을 거실 테이블에 올려 둔 것과 다름없다. 날카로운 모양새를 띠는 물건은 보이지 않는 공간에 수납해야 한다.

그리고 지나치게 무거운 물건은 거실에 두지 않는 게 좋다. 무거운 가구나 지나치게 큰 가전제품은 집안의 활발한 기운을 억누르고 방해하기 때문이다. 이를테면 좁은 집에 피아노 같은 무거운 물건을 두면 본말이 전도되어 물건이 사람의 기운을 앗아가는 형국이 된다. 소파는 현관

을 등지고 배치하는 게 정석이다. 풍수상 출입문을 정면으로 바라보는 배치는 좋지 않다. 차가운 느낌의 가죽 소파보다는 따뜻한 기운이 감도는 색상의 패브릭으로 된 소파가 가족 간의 화합에 도움이 된다.

또한 거실에는 무거운 느낌이나 의미를 부여하는 가훈이나 추상화를 거는 것보다 풍경화나 사진을 거는 게 길하다. 거실에 유리 테이블을 놓는 것도 바람직하지 않다. 유리는 활기活氣를 빼앗아 가므로 거주인의 의욕이 상실될 수 있다. 마찬가지로 거실 테이블이나 식탁 위에 유리를 까는 것도 좋지 않다. 유리 테이블이라면 천을 씌우고, 만약 청소 문제로 유리를 깔아야 한다면 밑에 천을 씌운 다음 유리를 올리는 게 좋다.

거실의 생기生氣를 돋우고 가전제품의 전자파를 차단하는 수단으로는 화초나 관엽 식물이 최적이다. 관엽 식물은 행운을 불러오는 특성이 있기 때문이다. 특히 화분을 햇볕이 잘 들지 않는 곳이나 구석진 곳에 놓는 것도 좋은 방법이다. 거실에 관엽 식물 한 그루도 없는 집은 운기運氣가 멎기 쉽다. 관엽 식물이 마르면 풍수에도 좋지 않으므로 자주 물을 주고, 가끔씩 잎의 먼지도 닦아내야 한다. 관엽 식물은 외관상으로도 보기 좋지만, 내습성耐濕性이 강하여 실내에서도 생육이 가능하다. 또한 번식이 쉽고, 치명적인 병해가 적어서 재배하기 쉬운 장점이 있다.

풍수에서는 식물이 실내의 기를 촉진시킬 뿐만 아니라 풍수적인 결함을 보완하는 역할을 하기 때문에 교정 수단으로 제격이다.

11 부귀의 상징 보라색을 활용하라

　풍수에서 기氣를 조정하는 방법으로 색상을 활용하는 경우도 많다. 풍수에서 색깔이 상징하는 의미와 활용법은 오행五行을 중심으로 음양陰陽과 팔괘八卦가 배합된 이론을 근거로 알맞은 색상을 사용하여 발전과 번영을 꾀하는 식이다. 색상과 금전운의 관계를 잘 나타내는 몇 가지 풍수 격언 중에 "서쪽 벽을 노란색으로 장식하면 금전운이 강해진다"라는 말은 풍수에서 상식으로 통할 정도다. 이 말은 오행으로 노란색은 토土의 기운을 포함하고, 토土는 금金의 기운을 생生하므로 금金의 영역인 서쪽의 힘을 높여 주면 금전운이 강해진다는 얘기다.

　그런데 왜 하필 서쪽일까? 항간에는 금金이 곧 동전을 의미하여 재물과 관련이 깊은 것으로 설명하기도 하는데, 이것은 틀린 설명이다. 서쪽 방향이 재물과 연관이 깊은 것은 음양陰陽의 차이에서 비롯된다. 원래 재물은 음陰의 영역에서 축적되고, 양陽의 영역에서 유통되므로 돈을 모으려면 음陰의 기운이 강해야 한다. 이를테면 지갑을 밝은 거실에 두는 사람과 안방 서랍에 깊이 두는 사람은 지출과 소비 패턴이 다르다. 지갑을 밝은 곳, 즉 양陽의 영역에 두게 되면 씀씀이가 헤퍼지고, 수입에 비해 지출이 많아지기 일쑤다. 따라서 지갑을 어두운 곳, 즉 음陰의

▌보라색 수정 구슬에는 살기(殺氣)를 퇴치하는 효과와 동시에 재운(財運)을 높여주는 의미가 담겨 있다.

영역에 두는 습관을 들이면 재정적인 곤란을 겪는 일이 드물다.

풍수의 방위 길흉은 팔괘에 근거하는 여덟 방위를 기준으로 보게 되는데, 이때 음陰의 자리로 대표적인 방위가 서쪽과 동남쪽이다. 서쪽과 동남쪽은 재물을 축적한다는 의미를 지닌 음陰의 영역인 동시에 약간의 차이가 난다. 서쪽은 팔괘에 배속된 육친六親의 의미로 막내딸, 소녀少女의 자리이기에 조금 가볍다고 볼 수 있다. 반면에 동남쪽은 장녀長女, 첫 딸의 자리로 서쪽에 비해 믿음이 가는 든든한 자리다.

따라서 부자가 되기를 원한다면 거실이나 안방 또는 집안 전체에서 동남쪽 방향에 속하는 영역의 힘을 강화시켜야 한다. 바로 이때 쓰는 색상은 녹색과 붉은색이다. 그러므로 녹색과 붉은색의 장식물 또는 소품을 동남쪽에 두면 재운財運이 상승한다. 동남쪽에 녹색 식물을 배치하거나 붉은색 꽃으로 장식한다면 그야말로 생동감이 넘치는 풍수 인테리어가 된다. 사업가로서 매출을 높이려는 사람은 녹색 계열의 식물이나 화분을 영업장의 동남쪽에 배치하는 것이 좋다.

한편 예상치 못한 일로 재정적인 곤란을 겪게 되어 금전의 흐름이 막히게 되면, 서쪽을 노란색으로 장식해서 반짝 융통을 기대하는 게 좋다. 서쪽 벽을 황금색 벽지로 바르거나 프리지아 같은 꽃으로 장식하면 최소한 돈이 마르는 일은 없다. 이와 같이 벽지나 꽃, 그림 등은 훌륭한 풍수 소품으로 활용된다. 꽃이나 꽃이 들어간 그림은 생기生氣를 모아주므로 행운을 부르는 힘이 높아진다. 매란국죽梅蘭菊竹의 사군자 그림이나 물고기, 십장생 등의 동식물이 그려진 민화 등도 풍수 교정에 활용될 때가 많다. 하지만 인물화나 추상화는 생기生氣를 모으는 힘이 없으므로 풍수에서는 특별한 의미를 부여하지 않는다. 집안의 악귀를 물리치고 수맥을 차단한다는 달마도가 유행하기도 하는데, 이 또한 풍수와는 무관하다. 집안이나 생활공간 주변에 생명력이 약화되거나 소멸된 것은 치우는 게 좋다. 가령 시든 꽃이나 드라이플라워는 사기死氣를 내뿜으므로 좋지 않다. 다만 조화造花는 무관하다.

팔괘로 동남쪽은 손방巽方에 해당하는데, 손방의 색상은 보라색이다. 따라서 재물과 가장 밀접한 색은 보라색이고, 보라색은 녹색과 붉은색의 혼합이다. 풍수에서는 보라색을 부귀富貴를 상징하는 고귀한 색상으로 여긴다. 서쪽을 노랗게 장식하고, 보라색 접시에 소금을 담아 두면 재물의 원천이 끊임없이 솟아난다.

12 그릇은 뒤집어 두지 마라

　주방은 가족의 건강과 직결되는 중요한 장소인 만큼 밝고 깨끗해야 마땅하다. 따라서 주방 풍수는 곧 건강 풍수로 일컬어진다. 현관에서 주방이 마주 보이거나 침실과 주방이 연결되는 것은 좋지 않다. 주방은 물水과 불火이 공존하는 곳으로, 물과 불의 관계를 연구하고 응용하는 것이 주방 풍수의 포인트라 할 수 있다. 물과 불이 조화를 이루면 가운家運이 성하고, 재원財源이 끊이지 않는다.

　풍수에서는 물과 불의 상극相剋 관계를 세 가지로 간추려 설명한다. 첫째는 '정조상대井灶相對', 즉 수도꼭지와 부뚜막이 정면으로 마주 놓이면 남녀 사이에 말다툼과 시비가 잦다는 것이다. 둘째는 '조후유정灶後有井', 즉 부뚜막 뒤에 우물 혹은 물 펌프가 있거나 음습한 한기가 들면 여주인의 건강이 악화된다고 했다. 셋째는 '조하견구灶下見溝', 즉 하수도 위에 부뚜막이나 화덕을 두면 재물이 밖으로 샌다는 것이다. 결론적으로 가스레인지와 같은 화火의 연소 기구는 수水의 개수대, 수도꼭지 등과 일렬로 나란히 붙어 있거나 서로 마주 보는 구조를 피해야 한다는 얘기가 된다. 보통 'ㄱ'자 형태로 놓인 싱크대는 개수대와 연소 기구가 마주 보는 구조를 피할 수 있으므로 무난하다.

화火의 기운을 담고 있는 조리 기구는 수水의 기운을 가진 싱크대 아래 두는 것이 좋은데, 이는 '수화기제水火旣濟의 상象'에 연유한다. 즉 솥에 쌀과 물을 넣고 밑에서 불을 때면 밥이 되는 것처럼, 사람도 물이 올라가고 불이 잠복되어 내려가면 정상적이고 건강한 생활을 하게 되는 이치와 같다.

흰색의 도기 제품은 청결을 나타내므로 무난하지만, 오행五行으로 볼 때 수水와 화火의 다툼을 막고 조화시키는 데는 나무그릇과 나무젓가락이 가장 좋다.

▌ 풍수적으로 가스레인지와 개수대가 일렬로 놓이거나 마주 보는 구조는 좋지 않다. 거주인의 애정지수가 낮아지고, 여주인의 건강이 악화될 수 있다.

주방의 수납 상태도 매우 중요하다. 특히 주방에 칼이나 가위 등을 내놓은 상태로 두면 금전과 관계된 고민이 끊이지 않는다. 금속으로 된 수저나 포크 등을 제대로 정돈해 두지 않으면 가족 간의 유대에 금이 가기 쉽다. 그리고 약 먹는 것을 잊지 않으려고 식탁에 약을 두는 경우가 많은데, 식탁에 약을 두면 약 먹을 일이 자주 생긴다. 식탁 위에 놓인 약봉지는 여주인의 건강이 좋지 않다는 반증인 셈이다. 주방에는 지갑을 두지 않는 게 좋은데, 지출이 증가하고 금전운이 나빠지기 때문이다. 식탁 위에 지갑을 두는 주부는 사치와 허영이 심한 경우가 많다.

설거지한 그릇은 엎어 두는 게 아니다. 그릇은 음식도 담지만, 주방으로 들어온 좋은 기운도 담는다. 따라서 그릇은 바로 놓아 두는 것이 좋다. 설거지가 끝나면 곧바로 물기를 닦아 놓는 것이 좋다. 어떤 주부는 먼지가 쌓인다고 행주로 덮어 두는 사람도 있는데, 이러한 행위는 금전운을 방해하는 요인이 된다. 행주는 들어온 운을 덮어버리는 역할을 하기 때문이다.

식탁은 주방에서 분리되는 게 이상적이다. 식탁은 원형이나 타원형이 좋으며, 모서리가 직각인 모양은 피하도록 한다. 모서리가 직각인 식탁은 각을 마모시킨 형태가 좋다. 공간이 협소하다는 이유로 식탁을 집의 중심부에 두거나 벽에 붙이는 것은 바람직하지 않다. 그리고 식탁(식당)을 꽃이나 식물, 풍경화 등으로 장식하면 강한 재운財運을 불러온다. 특히 식당에는 큰 거울이 있으면 좋다. 이것은 식탁 위의 음식과 그릇이 두 배로 커지는 것을 상징하기 때문이다.

중국인들은 때때로 풍수적인 목적에서 창문을 막아 전망을 가리는 경우가 있는데, 대체로 그런 창문들은 서향인 경우가 많다. 서향인 창문으로는 오후의 눈부신 빛이 쏟아져 들어와 작업을 방해하거나 두통을 일으키기 때문이다. 오후의 지는 해에서 발산되는 기운이 요리하는 음식으로 스며들면 가족의 건강을 해치는 요인이 되므로, 풍수에서는 서쪽 창에 노출된 주방을 불길하게 여겼다.

13 가스레인지는 청결하게 관리하라

풍수에서 연소 기구인 가스레인지는 매우 중요하게 취급하는 물건이다. 풍수에서 현관, 안방과 더불어 특별히 주방을 중시한 이유는 한마디로 주방 내에 부뚜막(노조 : 爐灶)이 있기 때문이다. 오늘날 가스레인지나 전자레인지 등이 예전의 부뚜막을 대체한 상황에서 물과 불을 어떻게 조화하고, 그것을 어떻게 해석할 것인지가 관건이다. 여기서 '노爐'는 불火, 즉 오늘날의 가스레인지이고, '조灶'는 불의 입구, 즉 가스레인지의 개폐기에 해당한다. 그러므로 노조는 가스레인지 그 자체라고 봐도 무방하다.

가스레인지는 가족의 영양과 활력소가 되는 음식을 제공하므로, 음식과 돈의 상징적인 연관성은 집안의 기운과 가족의 재산에 영향을 미친다. 먼저 가스레인지의 청결 상태를 유지해야 한다. 풍수에서 더러운 가스레인지는 피곤하게 만들고 우울함을 가중시켜 돈을 벌어들이지 못하는 것으로 본다. 종종 벽에 붙어 있는 가스레인지를 옮겨 구석구석 깨끗하게 청소하는 것이 좋다. 다음으로 중요한 것은 버너를 어떻게 쓰느냐의 문제다. 풍수에서는 모든 버너를 규칙적으로 사용하라고 권한다. 대부분의 사람들은 앞쪽에 있는 두 개의 버너만 사용하는 경우가 많은

벽이 없이 사방이 트인 곳에 위치한 가스레인지는 건강이나 직업적인 문제를 불러일으키는 요인이 된다.

데, 모든 버너들을 규칙적으로 고루 사용하는 것이 재운財運에 유리하다. 버너를 사용하는 방법도 재정적인 상태를 좌우하는 요인이 된다는 얘기다.

가스레인지는 거주인의 생리 기능과 판단력에 영향을 미치므로, 잘못 놓이면 갖가지 부정적인 결과를 가져온다. 주로 부녀자의 질병과 관련이 깊다. 따라서 가스레인지를 설치할 때 주의해야 할 사항들을 따져 어긋남이 없도록 신경을 써야 한다. 주방 풍수가 기피하는 사항은 대개 가스레인지의 위치와 관련되어 있는데, 그 내용을 살펴보면 다음과 같다.

주방 풍수에서 화구火口는 문을 향하면 안 된다고 했다. 화구는 가스레인지의 개폐기를 말하는데, 주방의 가스레인지가 집안의 어느 문에서 보아도 일직선상의 놓이는 구조를 피하는 것이 좋다. 거실과 주방이 트인 구조도 좋지 않다. 집안에서 주방이 환히 들여다보이면 하는 일이 부당하고, 사업이 변동되며, 관운官運이 좋지 않아 승진이 어렵고, 건강에도 해롭다. 또한 부뚜막의 세 면은 뒷받침이 있어야 하고, 한 면으로는 기氣가 들어가야 한다. 따라서 가스레인지의 뒷면에 견고한 벽이 있어서 뒷받침해 주지 않으면 곤란하다.

그리고 주방 구조물의 예리한 모서리나 천장의 대들보가 가스레인지를 향하지 않도록 배치하는 것이 좋다. 또한 가스레인지가 수도꼭지나 개수대, 냉장고와 인접해도 좋지 않은데, 뜨거운 에너지와 차가운 에너지가 서로 부딪쳐서 혼란을 초래하기 때문이다. 특히 가스레인지 위에 있는 창문은 풍수적으로 볼 때 매우 나쁘다. 더욱이 요리를 할 때 창문을 통해 막대기나 배수관, 창살문, 울타리, 벽 같은 것을 마주보게 되면 상황은 더욱 악화된다. 이러한 배치는 거주인에게 노이로제나 빈혈증, 법률 분쟁 등의 문제를 일으키기도 한다. 창문을 없애거나 가스레인지의 위치를 옮기는 것이 곤란할 경우에는 창문에 수정 구슬을 매달아 부정적인 기운을 분산시키는 풍수 교정이 필요하다.

좋은 집터, 좋은 건물

4장

인간의 부귀와 공명은 타고난 운명 외에도 풍수의 배합 여부가 중요하다. 좋은 집터는 부귀공명을 불러온다. 예로부터 동양인들은 주택이 사람의 운명과 매우 밀접한 관계가 있다고 믿어 왔다. 사람은 선천적으로 선택의 여지가 없는 명운을 타고난다. '일명一命'과 '이운二運', 이 단계는 선천운의 영역으로서 개인의 의지나 향상심으로 개선할 수 있다는 주장은 어폐가 있는 말이다. 다만 후천적인 노력이나 의지로 운명을 개선할 여지가 전혀 없다는 것은 아니다. 선행을 쌓거나 학문을 게을리 하지 않고 독서에 힘쓴다면 보다 나은 삶의 영역을 확보할 수 있고, 현상을 변화시킬 수도 있다.

종교계와 교육계에서 가르치는 사상은 '사적음덕四積陰德'이나 '오독서五讀書'의 범위라 할 수 있다. 그러나 선악을 구분해 아무리 가르쳐도 세상에는 '음양陰陽'이라는 사물의 양면이 엄연하게 균형을 이루며 존재한다. 부자가 있으면 가난한 사람들이 존재하고, 행복에는 불행이 따르기 쉽다. 이렇게 인간의 의지로는 접근이 어려운 선천운과 얼마든지 노력으로 개선할 수 있는 후천운의 경계에 '삼풍수三風水'가 자리 잡고 있다. 부귀공명을 바라는 사람들이 풍수에 열광하는 이유는 아주 간단하다. 풍수는 사람의 의지와 노력으로 개선할 수 있는 여지가 무궁무진하며, 그 효용성 또한 선행이나 독서에 비해 훨씬 강력하기 때문이다. 그런데 흥미로운 사실은 운이 강한 자가 좋은 풍수의 입지 요건을 갖춘 공간에 거주하는 경우가 많다는 것이다. 반면에 운기運氣가 저조한 시점에는 풍수상 결함이 있는 주택에 거주하기 쉽다. 따라서 좋은 풍수와 명당도 인연이 닿아야만 내 것이 된다.

01 최적의 건물 터는 산비탈이다

풍수이론은 좋은 터를 잡았을 때 인생이 순조롭게 발전하며, 육체적인 건강과 물질적인 번영을 실현할 수 있다는 사상에서 출발한다. 풍수의 기원은 뚜렷하지 않지만, 아마도 고대인들이 자연의 위력 앞에서 그것을 수용하거나 조화를 추구하기 시작하면서 자연스럽게 정리, 재해석되었을 것이다. 이를테면 암석에 맺힌 이슬을 살펴 습한 땅을 가려내고, 작황의 예측을 위해 주변 식물들의 신선도를 고려하는 식이다. 고대인들은 아마 이런 과정을 통해서 언덕의 중턱이나 남쪽으로 바다나 강을 면한 장소가 가장 이상적인 주거 지역임을 알게 되었을 것이다. 이런 장소는 거센 바람을 막아 주며 홍수의 위험으로부터도 비교적 안전하고, 물과 햇볕이 풍부해 곡식과 가축 또한 잘 자라므로 풍요로운 삶을 유지할 수 있다.

집 앞에는 작은 시냇물이 흐르고, 집 뒤로 산이 있다면 가장 이상적인 집 터가 된다. 산을 등지고 물을 바라보는 곳, 즉 배산임수背山臨水야말로 좋은 풍수의 시발점이다. 일반적으로 산이 있는 곳은 높은 곳이고, 물이 있는 곳은 드넓은 평야라서 시야가 넓고 전망이 좋게 마련이다. 집을 지을 때는 햇볕이 잘 드는 남향 배치도 중요하지만, 더 중요한

▎홍콩의 리펄스베이(Repulse Bay). 배산임수의 산비탈 일대에는 고급 주택이 들어서게 마련이다.

것은 배산임수에 따른 배치다. 사람의 건강에 미치는 영향력으로 본다면 햇빛보다 더 중요한 것은 바람이기 때문이다. 가령 대지의 남쪽에 높은 산이 있고 북쪽이 낮다면 북향집을 짓는 것이 정석이다.

한마디로 최고의 건물 입지는 산비탈이다. 집 뒤에 산이 있어 기댈 수 있으면 사업을 안정시키면서 재물이 모이게 하고, 가정을 평안하게 만든다. 바람이 잠들고 기가 모이는 장풍기취藏風氣聚의 터는 부귀와 건강을 가져다주는 명당의 제일 요건이다. 따라서 산비탈은 앞이 낮고 뒤가 높은 전저후고前低後高의 지형으로서 집 앞의 전경이 트여 시야가 밝아지는 가장 이상적인 집 터라고 하겠다.

02 싱싱한 숲 지대가 명당이다

오늘날의 풍수이론은 기가 땅속을 끊임없이 소용돌이치며 순환한다는 것을 과학적으로 밝히기에 이르렀다. 실제로 기가 지표면 가까이에서 회전하는 지역의 토질이 비옥할 뿐만 아니라 기후도 온화해서 수목과 작물이 잘 자란다는 사실까지 입증했다. 이렇게 식물은 그 지역의 기와 밀접한 관계가 있으므로, 푸른색으로 찬란하게 빛나는 연결선을 추적하기만 하면 좋은 땅의 기운을 짚어낼 수 있다. 이러한 연결선을 따라 지점을 선정하여 건설된 건물은 가장 능동적인 에너지인 최선의 지기(地氣 : 땅의 기운)를 향유할 수 있게 된다.

본질적으로 현대의 풍수 역시 고대의 그것과 다른 게 없다. 이상적인 터를 잡기 위해서는 땅의 기반을 조사하고 기의 흐름을 살펴봐야 한다. 특히 주변 환경을 잘 관찰하는 것이 무엇보다 중요하다. 먼저 주위에 자라는 풀과 나무의 신선도를 살펴본다. 초목이 싱싱한 녹색을 띠고 있으면, 그곳의 기는 건강하고 윤택함을 반영하는 직접적인 증거가 된다. 예를 들어, 갈색이거나 탈색된 나뭇잎 또는 잎사귀에 점이 있을 경우에는 기의 흐름이 지면에서 멀리 떨어져 있다고 보면 된다. 초목이 짙고 우거져 밝은 녹색으로 보이는 지역이 '좋은 터'다. 특히 비탈진 언덕의 싱싱

40대의 나이로 미국 최고의 부자 대열에 합류한 델컴퓨터의 마이클 델(Michael Dell) 회장이 소유한 텍사스주의 오스틴 저택. 싱싱한 숲의 연결선이 인상적이다.

한 숲 지대는 명당일 가능성이 높다. 수목이 잘 자라는 땅은 비옥한 토질임을 반증하는 것이고, 그런 곳에서 자라는 초목은 짙은 녹색을 띠며 밀도가 높다.

따라서 날카로운 가시를 가진 초목이 많거나 나무가 곧게 자라지 않는 지역, 나무의 색깔이 누런 황갈색인 땅은 피해야 한다. 물 빠짐이 좋지 않은 진흙질의 땅이나 사암砂巖이 풍화된 땅은 좋지 않은데, 이런 곳에서는 수목이 제대로 자라지 않는다. 또한 산과 산 사이의 계곡은 바람과 계곡물이 흐르는 통로이기 때문에 완만한 경사라도 피해야 한다. 산중에 있는 택지의 경우 진입로가 있을 때는 산중턱 이상의 지점이 적합하고, 산 정상 부근은 좋지 않다.

최근 상하이에 건설되고 있는 상하이즈위엔上海紫園은 세계적인 수준의 고급 주택단지로서 풍치지구風致地區로 유명한 위산餘山 주변에 조성되고 있다. 호화 주택단지로 알려진 이곳은 중국 최초의 부동산 개발 기업이 20억 위안을 투자해 개발 중이며, 세계적으로 명성이 높은 건축사들을 초빙해 설계와 시공을 진행하고 있는 것으로 알려졌다. 상하이즈위엔은 세계적인 부촌인 뉴욕의 롱아일랜드 비치, LA의 비벌리힐스, 프랑스의 파리 16구 등을 모델로 하여 공사를 진행하고 있다. 실제로 상하이즈위엔은 상하이 고속도로에서 30km 이내에 위치하고 있으며, 주변에서 유일하게 산과 강이 있는 위산의 풍치지구는 세계적인 수준의 부촌 조성에 이상적인 곳으로 평가를 받고 있다. 위산은 상하이에서 유일하게 자연경관 명승지역으로 지정된 곳이다.

03 반듯한 땅은 복의 원천이다

사람도 외관이 중요하듯 택지와 건물의 모양도 매우 중요하다. 풍수에서는 대개 규칙적인 모양의 택지와 건물을 길상吉相으로 본다. 규칙적인 모양으로는 직사각형·정사각형·원형·팔각형 등이 있는데, 이러한 모양은 균형이 잡혀 조화로운 삶을 촉진시킨다고 본다. 반면에 비대칭적이고 불규칙한 모양은 미관상 특이하고 디자인적인 측면에서 사람들의 이목을 끌 수는 있겠지만, 삶의 불균형을 겪을 수 있기 때문에 풍수적으로는 좋지 않다. 흥미로운 감상물이 될 수는 있지만, 사람이 직접 생활하는 공간이 된다면 문제가 있다는 말이다. 이러한 이유 때문인지는 몰라도 고대 중국에서는 저주咀呪를 나타내는 문구 중에 "흥미로운 곳에 살아라!"라는 말이 있을 정도다.

따라서 사각형 모양의 대지나 건물을 매입하게 되었다면 대단히 기뻐할 일이다. 특히 대지를 구입하려는 사람이라면 대지의 모양이 직사각형이나 정사각형인지를 살펴보는 것은 필수다. 울퉁불퉁하지도 않고 경사가 없는 4개의 직선과 90도 각도로 이뤄진 4개의 코너가 있어야만 진정한 사각형이라 할 수 있다. 물론 이러한 원칙이 절대적인 것은 아니다. 예외는 있다. 불규칙성이 긍정적일 수도 있다는 얘기다.

일반적으로 풍수에서는 택지나 건물이 방정方正한 상태에서 적당하게 돌출된 영역이 있으면 길격형상吉格形象으로 간주한다. 반면에 택지나 건물이 불규칙한 모양새로 심하게 과다 돌출되거나 요결요함凹缺凹陷하면 흉격형상凶格形象이 된

워싱턴 주 메디나 시에 있는 빌 게이츠(Bill Gates)의 저택.

다. 여기서 말하는 '적당한 돌출'은 측면 전체의 길이를 기준으로 할 때 튀어나온 부분의 길이가 전체 길이의 절반보다 적은 것을 가리킨다. 돌출된 부분이 전체 길이의 절반을 넘는다면 나머지 부분이 함몰됐다는 의미여서 좋지 않게 본다. 세계 최고의 부자 빌 게이츠Bill Gates의 저택 대지 형상은 직사각형이다. 삼성그룹의 이건희 회장이 2001년에 승지원을 리모델링할 때 빌 게이츠의 저택을 벤치마킹했는데, 승지원의 집터도 직사각형이어서 길상吉象이다. 그런데 의외로 한남동에 있는 이건희 회장의 가족타운 집터는 불규칙한 모양새를 띠어서 좋다고 보기 어렵다.

04 꿈을 실현하려면 집 앞 전경을 살펴라

집은 가족 구성원들의 편안한 안식처이고, 아이들에게는 성장의 요람이 되는 보금자리다. 그러므로 집의 구조 못지않게 집 앞의 주변 전경도 중요하다. 잘 가꾸어진 공원이나 경지 정리가 잘 된 논밭을 집안에서 바라볼 수 있다면 이상적이다. 우리나라의 전통적인 가옥 배치를 보더라도 뒤로는 산을 끼고, 앞으로는 넓은 들판이 있어 탁 트인 시야를 확보하는 것이 원칙이었다.

집 앞의 전경이 확 트여 있으면 좋은 집터로 볼 수 있다. 콘크리트 건물이 빽빽하게 들어선 도심지라도 집 앞에 녹지가 조성되어 있다면 매우 좋은 조건이라고 할 수 있다. 시야가 트이면 마음 또한 트이고, 기운氣運도 원활하게 소통되므로 주택의 구조가 나쁘지만 않다면 원대한 계획을 자신의 뜻대로 펼칠 수 있다. 사람이 공간적인 환경인 기장氣場과 조화를 이루면 지기地氣의 보완이 이루어지지만, 조화를 이루지 못하면 경제적인 손실이나 신체상의 해를 피하기 어렵게 된다. 집의 위치를 중심으로 남쪽에 공원이나 개활지가 있다면 더 없이 좋다. 하지만 집 앞에 있는 공터나 공원이 황폐하여 잡초가 무성하다거나 험악한 산, 거센 물살 등이 보인다면 흉하게 된다. 거주인이 집안에 머물 때 시끄러운 소리가 들려도 마찬가지로 좋지 않다.

성북동 일대는 빌라나 아파트가 거의 없어서 집 앞 전경이 매우 좋은 편이다.

서울에서 풍수가 좋다는 성북동 집값이 비싼 이유로는 시내가 가까우면서도 공기가 맑고 조용하며, 혐오시설이 없어서 주변 환경이 좋다는 점을 들 수 있다. 사실 이러한 것들은 누구나 아는 사실이고, 진짜 이유는 따로 있다. 성북동 주택가에는 걸어 다니는 사람과 대중교통 외에도 없는 게 또 하나 있는데, 그것은 바로 4층짜리 주택이다. 이곳은 지역 주민들의 요청으로 '1종 주거 전용 지역'으로 지정되어 있다. 따라서 고도 제한으로 인해 3층 이상의 건물을 찾아보기 힘들다. 조망권을 확보하기 위해 주민들 스스로 규제를 한 셈이다. 성북동 부촌의 주택들은 집 앞 전경이 아름답기로 소문이 나 있을 정도다.

05 풍수의 최고 입지는 배산임수의 남향집이다

풍수의 문외한인 사람에게도 좋은 땅을 고르라고 하면 양지陽地바른 곳을 떠올리기 쉽다. 양지란 밝고 따뜻한 터를 말하며, 만물은 양지에서 생동生動한다. 집이 남향이나 동남향이면 겨울에는 햇볕이 오랫동안 비추어 따뜻하고, 여름에는 햇빛이 들지 않고 동남풍이 불어서 시원하다. 반대로 북향이나 서북향이면 겨울철에 햇볕이 잘 들지 않고, 서북풍이 불어서 춥다. 또한 여름에는 햇볕이 집안 깊숙이 들어와서 매우 덥다.

사람은 생기生氣를 땅에서만 받는 것이 아니라 태양으로부터도 받는데, 풍수에서는 같은 햇볕이라도 아침 햇볕은 이로운 반면에 저녁 햇볕은 이롭지 않다고 본다. 남향 또는 남동향인 발코니나 정원에는 화초가 잘 자라는 데 반해, 북향이나 서북향인 정원에는 화초는 잘 자라지 못하는 이유가 바로 거기에 있다. 이러한 원리나 이치는 인체에도 그대로 적용된다. 따라서 집터의 남향 배치는 평탄하거나 북쪽이 높고 남쪽이 낮아야 한다. 남향이라고 해도 대지의 남쪽이 높고 북쪽이 낮으면 안 된다. 남쪽으로 높은 산이나 건물도 없어야 한다. 비록 남향집이라 해도 동북방이 막혀 있고, 서북방이 열려 있으면 겨울에 춥다. 반대로 북향일

지라도 동남방이 열려 있고, 서북방이 막혀 있으면 비교적 춥지 않은데, 이는 모두 지형지세에 따라 기氣가 모이고 흩어지는 원리에서 비롯된다.

집의 좌향坐向을 정할 때 유의할 점은 대문의 방향을 근거로 삼아야 한다는 것이

독일의 라인 강 주변에 늘어선 주택. 배산임수 배치에서 남향집은 가장 이상적인 주거 환경이다.

다. 창문이나 발코니가 남쪽으로 나 있어서 남향집인 것이 아니라 집의 대문이 남쪽을 향해야 남향집이 되는 것이다. "남향집에 살려면 3대가 음덕을 쌓아야 한다"라는 말이 있듯이 진정한 남향집과 인연을 맺기란 어려운 일이다. 풍수적으로 거실의 창 또는 발코니가 남쪽으로 나 있는 집의 대문(또는 현관)이 남쪽이나 남동쪽에 놓이면 가정에 부귀영화를 불러들이는 최상의 주택이 된다. 반면에 집터에서 북동쪽으로 대문이 놓이면 건강에 문제가 생기고, 사업에도 실패가 따르는 최악의 배치가 된다. 최근에는 도심지 외곽에 강을 끼고 있는 지역 중에서 배산임수에 남향집을 지을 수 있는 터가 높은 인기를 얻고 있다. 실제로 그런 지역에 일찍 투자한 사람들은 엄청난 시세 차익을 얻기도 했다.

06 양쪽에 있는 건물은 귀인

최근에 차세대 고급 주거 형태로 단독주택의 쾌적성과 공동관리의 편리성을 두루 갖춘 전원형 빌라가 부상하고 있다. 특히 판교 일대에는 20억 원을 호가하는 고급 빌라가 대거 쏟아지고 있다. 판교는 강남권과 가까울 뿐만 아니라 개발에 따른 수혜도 점쳐지면서, 이 지역 내의 고급 빌라에 대한 수요자들의 관심이 높아지고 있는 것이다. 판교 신도시 초입에는 린든 그로브, 컬리넌 포스힐 등 고급 빌라촌이 집중적으로 건설되고 있다. 판교와는 다소 떨어져 있지만 용인 구성과 죽전에도 상대적으로 저렴한 가격의 빌라가 선보이고 있다.

아시아태평양경제협력체 APEC 정상 회담이 열렸던 부산 해운대 우동 일대는 전국 최대 규모의 주상복합촌으로 탈바꿈하고 있다. 20년 전만 해도 평범한 어촌 관광지에 불과했지만, 지금은 입주했거나 공사가 진행 중인 주상복합 아파트만 3,800여 가구에 달한다. 앞으로 분양할 예정인 초고층 단지까지 포함하면 단일 지역으로는 최대 규모의 주상복합촌이 형성될 전망이다. 이렇게 규모가 큰 건물에 입주할 때는 건물의 좌우 양쪽에 큰 건물이 인접해 있어야 좋다. 이러한 입지를 '좌우유고左右有靠'라고 하는데, 한마디로 기댈 언덕이 있어서 좋다는 얘기다.

건물의 입지를 볼 때 사방에서 막아 주는 건물이 없거나 나홀로 우뚝 서 있는 외로운 건물을 풍수에서는 부정적으로 본다. 이런 건물에 거주하는 사람은 오만이나 독단을 범하기 쉽다는 것이다. 도심지에 초고층 빌딩이 나란히 있으면

부산 수영만 일대의 마린시티 주상복합촌. 단지 가운데 건물의 거주자가 유리하다.

비교적 좋은데, 이러한 배치는 기氣를 주고받거나 기의 흐름이 평형을 이루므로 풍살風殺이 발생하지 않는 것으로 본다. 양쪽에 나란히 선 건물은 귀인貴人을 나타내기 때문에, 이런 건물에 살게 되면 조력자의 적극적인 후원을 받거나 생존 경쟁에서 별다른 어려움을 겪지 않는다. 또한 좌우의 건물이 앞으로 약간 튀어나오면 마치 팔걸이의자에 편안하게 앉은 형상이라고 해서 가운데 있는 건물은 특히 길한 것으로 본다.

한편 건물 앞의 전경이 트여 있는 데다 건물 뒤에 산이나 높은 건물이 있는 배치이고, 건물의 내부 구조까지 나쁘지 않다면 도시에서는 가장 좋은 입지의 주택이라 할 수 있다. 밖에서 건물을 바라볼 때 건물의 왼쪽은 청룡靑龍이고, 오른쪽은 백호白虎가 되어 이들이 조화를 이루면 더할 나위 없이 좋은 주택이다.

07 현관 방향과 주변 산수(山水)의 관계

풍수의 작용은 건강과 재운에 강한 영향을 미치기 때문에, 좋은 집터와 방향에 의해 풍수의 길흉이 정해진다. 좋은 집터의 요건은 배산임수가 기본이라는 점은 앞에서 여러 번 언급했다. 즉 건강은 산이, 재운은 물이 관련되어 있다는 것이 바로 풍수학의 원리다. 따라서 풍수에서는 산이 험악한 형상이라면 건강이 나빠지고, 물이 오염되거나 세차게 흐르는 곳이라면 금전운도 사라진다고 본다.

보통 북쪽에 산이 있고, 남쪽으로 대문이 향하거나 이와 반대로 남쪽에 산이 있고, 북쪽으로 대문이 향하는 건물의 구조는 산이나 물의 조건만 잘 맞으면 매우 길하게 여겨 복운(福運)의 혜택을 많이 입는다고 한다. 하지만 그러한 입지의 건물이라 해도 최소한 20년 이상 아무런 조치를 취하지 않으면 계속해서 복운을 누리기 어렵다. 이를테면 적절한 시기에 리모델링을 해야 하는데, 그렇다고 부적절한 시기에 건물을 개조하는 것도 좋지 않다.

따라서 큰 공사를 벌이지 않고 현관(대문)의 방향을 적절히 바꾸는 것은 매우 효과적인 풍수 요법이다. 간혹 주변에 이사를 하고 나서 재난을 당하는 사람들이 있는데, 이때는 현관의 방향이 잘못되어서 그런 경우가 많다. 원래 돈복을 타고난 사람도 사무실을 바꾸면 갑자기 손실을 보게 되는 경우가 있다. 그런 사람들에게는 사무실 내의 가구 배치나 건물의 주변 환경에 문제가 있든지, 혹은 현관의 방향이 사용하는 사람에게 적합하지 않은 경우에서 원인을 찾기 쉽다. 풍수에는 지운地運의 주기가 있다.

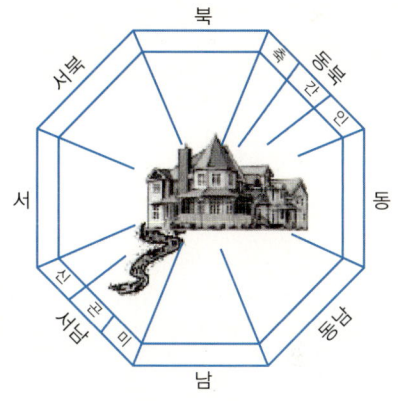

집의 뒤쪽이 동북쪽의 축(丑)을 보고, 집의 현관이 서남쪽의 미(未)를 향하면 축산미향(丑山未向)에 해당하는 건물이 된다. 이때 서남쪽으로 물을 보게 되면 향후 40년간 재운(財運)을 발하게 된다.

이러한 주기에 따라 가장 적합한 현관의 방향과 주변 산수山水의 배치로 길흉을 따지는 풍수론이 가장 발전된 이론 체계라 할 수 있다.

용산구 일대는 서남쪽 대문이 복가福家이다

지운의 주기는 180년을 기준으로 각 20년 주기마다 1운에서 9운으로 구분한다. 1864년부터 1883년 사이가 1운에 해당하므로, 현재는 2004년부터 2023년의 8운에 해당한다. 이 시기에는 건물의 뒤쪽이 서남쪽을 향하고, 현관이 동북쪽을 향하면서 서남쪽에 산이 있으면 향후 40년간 매우 건강하고 자식 복이 있는 복가福家가 된다(미산축향 : 未山

용산 일대에 위치한 건물이 동북쪽 뒤편으로 남산에 기대고, 현관이 서남쪽을 향하면 재복이 넘치는 축산미향(丑山未向)의 복가(福家) 배치가 된다.

丑向). 또한 건물의 뒤쪽이 동북쪽이고, 현관이 서남쪽을 향하면서 물을 보게 되면 40년간 엄청난 재운이나 경사가 넘치게 된다(축산미향 : 丑山未向).

축산미향(丑山未向 : 현관이 서남쪽)의 건물이면서 서남쪽에 물이 있는 입지는 1984년부터 2003년 사이의 7운부터 길운吉運이 도래했으므로 60년간의 발복發福이 보증되는 최적의 입지라고 할 수 있다. 가령 용산구 일대는 동북쪽에 남산이 위치하므로, 이 일대의 건물이 서남쪽으로 현관을 배치하고 한강을 바라보게 되면 최상의 풍수 입지를 갖추게 되는 셈이다. 한남동 일대의 재벌 타운은 대체로 축산미향의 주택에 속하는 경우가 많다.

서초구와 강남구는 서북쪽 대문이 최상

8운에는 건산손향(乾山巽向 : 현관이 동남쪽), 해산사향(亥山巳向 :

현관이 동남쪽)에 해당되는 건물이면서 서북쪽에 산이 있으면 40년간 건강을 유지하고 명석한 자녀를 갖게 된다. 반대로 손산건향(巽山乾向 : 현관이 서북쪽), 사산해향(巳山亥向 : 현관이 서북쪽)인 건물이면서 서북쪽에 물이 있으면 40년간 큰 재복이나 경사가 넘친다.

▌ 방배동 일대에 위치한 건물이 동남쪽 뒤편으로 우면산에 기대고, 현관이 서북쪽을 향하면 재복이 넘치는 손산건향(巽山乾向)의 복가(福家) 배치가 된다.

이를 염두에 두고 서울의 지도를 살펴보면, 먼저 우면산牛眠山이 위치하고 있는 서초구가 눈에 들어온다. 이곳은 '꾸벅꾸벅 졸던 소(牛眠)'가 눈을 뜨면 배불리 먹을 수 있는 좋은 풀(서리풀)이 지천에 널렸다고 해서 '서초瑞草'라고 불렸다. 소가 풀을 만났으니 '와우적초안臥牛績草安'이라는 형국론(形局論 : 땅의 모양을 동식물이나 물형에 비유하여 길흉을 해석하는 풍수이론)이 성립된다. 서초구에서 방배동方背洞의 '배背'는 배산임수의 '배산背山'을 뜻하고, 그 산은 바로 우면산을 가리킨다. 따라서 방배동은 곧 배산임수를 갖춘 명당임을 의미한다.

강남구 일대에 위치한 건물이 동남쪽 뒤편으로 대모산에 기대고, 현관이 서북쪽을 향하면 재복이 넘치는 손산건향(巽山乾向)의 복가(福家) 배치가 된다.

방배동 아래쪽에는 반포동 盤浦洞이 있는데, 이곳은 한강이 개발된 이후 1987년에 한 차례의 침수 사태를 겪기도 했다. 그래도 지금은 반석 盤石처럼 견고하다. 우리나라에서 최초로 조성된 아파트 단지를 분양한 이래 지금까지 강남불패의 신화를 이어온 지역이다.

서초구와 함께 강남구는 모두 우면산계에 속한다. 우리 풍수에는 소 牛와 관련된 복을 기원하는 정서가 깃들어 있다. 소는 위장이 4개여서 풍성한 먹을거리를 상징하니, 소가 실컷 먹고 잠자는 우면 牛眠의 명당에서 굶어 죽는 일은 없을 거란 기대가 있었다. 서초동은 소가 한가로이 풀을 뜯는 명당이다. 우면산의 저력은 서초구와 강남구의 부촌을 만들었고, 이곳은 여전히 재력 財力이 넘치는 부촌의 터전이 되고 있다. 동쪽으로는 구룡산 九龍山이, 서쪽으로는 우면산 牛眠山이 둘러싸고 있다. 구룡산이라는 명칭은 옛날에 임신한 여인이 용 열 마리가 승천하는 것을 보고 놀라 소리치는 바람에 한 마리는 떨어져 죽고 아홉 마리만 하늘로 올라갔다고 해서 붙여진 이름이다.

한편 양재동良才洞은 지금까지도 '말죽거리'로 불리는데, 예전에 제주도에서 올려 보낸 말을 서울로 보내기 전에 이곳에서 마지막으로 손질하고 말죽을 쑤어 먹였기 때문에 붙여진 것으로 전해진다. 다른 설로는 조선 인조 때 '이괄의 난'을 피해 공주로 피난을 가던 인조 일행이 이곳에 이르러 말 위에서 팥죽을 먹어 말죽거리가 됐다는 이야기도 있고, 병자호란 때 인조가 청나라 군의 침입을 피해 남한산성으로 들어가자 청나라 기마병들이 병참기지였던 이곳으로 물러나 말에게 말죽을 쑤어 먹여 말죽거리가 됐다는 설도 있다.

양재동에서 '방아다리마을'로 불리는 고급 빌라촌은 전두환 정권 시절이던 1980년대 초에 택지로 조성됐다. 당시 전두환 전 대통령은 퇴임 후 이곳에서 여생을 보낼 요량이었다는 게 정설이다. 유명한 지관까지 동원해서 명당을 찾았고, 조성된 택지의 모양도 거북이 등 형태로 조성했다. 그러나 전두환 전 대통령이 퇴임한 후 양재동 빌라촌으로 들어가려고 시도했지만, 주민들의 반발로 무산되었다고 한다.

08 습한 기운은 건강의 적이다

주택 외부의 풍수를 볼 때 고려해야 할 점이 무척 많은데, 이때는 가장 먼저 집 터부터 살펴보아야 한다. 하지만 좋은 집 터를 구하는 게 쉽지 않고, 운運도 따라야 풍수가 좋은 집을 만날 수 있다. 사정이 그렇다 하더라도 최소한 풍수상 결격 사유가 되는 집 터는 피해야 마땅하다. 일반적으로 매립지나 수맥, 단층 지대, 화산 지대 등 견고하지 못한 지층에 세워진 건물은 언제든 무너질 가능성이 있으므로, 이런 곳은 모두 피해야 한다.

최근에는 수맥水脈과 관련해서 일반인들의 관심이 높아지고 있다. 과연 수맥이 풍수와 밀접한 관련이 있는지에 대해서 결론을 내리기에는 이르지만, 수맥이 갖는 자체의 힘을 무시할 수 없는 것도 사실이다. 그것은 지표로부터 일정한 양의 물을 유인하려는 힘이다. 흙과 흙 틈새로 수분을 공급받으려는 힘은 상상하는 것 이상으로 강한데, 이 과정에서 유인을 방해하는 물체를 파괴하기까지 한다. 심지어 수맥의 힘은 철근 구조물에 금이 가거나 아스팔트 도로가 갈라질 정도로 강하다고 한다. 그런 만큼 수맥의 힘이 사람의 건강에도 막대한 영향을 미친다고 보는 견해가 우세하다. 하지만 임산부의 원인 모를 유산이나 기형아 출산, 자녀의 학습 부진에 이르기까지 광범위하게 수맥 탓을 하는 것은 지나친 측면이 있다. 또한 시신 밑에 수맥이 있으면 그 영향이 자손에게도 미친다고 하여 몹시 흉하게 보는 경우가 많은데, 이래저래 수맥은 신경이 쓰이는 일이다. 산소 자리의 잔디가 잘 자라지 않는 대신 물풀이 무성하거나 봉분이 자주 무너지는 곳은 수맥이 흐를 확률이 높다.

해변이나 강변, 호수에 인접한 주택은 특별한 풍경을 즐길 수는 있어 휴가를 보내거나 단기간 거주하기에 적합하지만 장기간 거주하기에는 좋지 않다.

몇 해 전 명동에 있는 국민은행 본점 건물에서 수맥이 지나가는 것으로 확인된 행장실을 다시 배치한 일이 화제에 오른 적이 있다. 당시 장기간 투병생활을 하던 김정태 행장의 좌석을 출입구에서 몇 걸음 뒤로 옮겼고, 좌석의 방향도 남향에서 서향으로 바꿨다는 것이다. 은행 관계자는 과거에도 은행장을 지낸 이들이 관운이 잘 안 풀리거나 중병에 걸리는 등 불운을 겪은 사례가 많아 수맥 검사를 하게 되었다고 그 배경을 설명했다.

풍수에서 물은 재물의 원천으로 보지만, 물이 오염되거나 습하면 좋지 않게 본다. 또한 대문 앞의 물살이 거세면 오히려 건강과 재운財運에 불리하게 작용한다. 폭이 넓으면서 물살이 급하면 '무정수無情水'라고 해서 재물이 빠져나간다. 흐르는 물소리도 오랫동안 들으면 마치 곡성哭聲처럼 들려서 근심거리가 생기기 쉽다. 물은 천천히 여유롭게 구불구불 흘러야 정情이 있고 재복을 안겨 준다. 그러므로 배산임수의 입지라 해도 큰 강은 집에서 100m 이상 떨어져 있는 게 안전하다. 고층 건물에 거주하는 경우에는 조금 더 근접해 있어도 무방하다. 한편 산업화 된 현대 풍수에서는 도로를 강물에 비유하므로, 차들이 고속으로 지나가는 대로변은 거센 강물과 같은 것으로 해석한다. 일적선의 대로는 자칫 재운財運을 쓸어 가는 형국이 되기 쉽다.

09 꺼림칙한 장소는 일단 피하라

집 터의 히스토리도 중요하다. 이를테면 화재가 발생했던 땅이나 과거에 쓰레기 매립지, 묘지로 쓰였던 땅, 대규모 참사가 일어났던 장소가 좋을 리 만무하다. 화재가 발생한 후에는 토양이 변질되어 지기(地氣)가 손상되었을 가능성이 높다. 만일 화재가 발생한 땅에 건물을 세우려면 지표면을 파낸 후에 건축해야 한다. 가령 도자기를 굽던 도요지(陶窯地) 터에 집을 지으면 집안의 운세가 펴지 않는다. 불의 기운을 머금은 땅은 기가 손상되었을 뿐만 아니라 주변의 진흙을 모두 파낸 탓에 땅의 기운이 쇠하기 쉽다. 쓰레기 매립지에는 악취와 세균이 많으므로 땅을 깊이 파내고 다시 새로운 흙으로 메우지 않았다면, 그런 곳에 건물을 짓는 것은 피해야 한다. 상한 지기가 재운(財運)과 건강에 악영향을 미치기 때문이다.

묘지 터 역시 오랜 시간이 지나 땅이 완전하게 깨끗해지지 않은 이상 음기(陰氣)의 영향을 받게 마련이다. 그런 땅은 가운(家運)과 건강에 모두 좋지 않으므로 일단 피하는 게 좋다. 예전에 죄인을 처형했던 형장이나 도살장 터도 집을 짓고 살기에는 부적합하다. SC제일은행은 지금의 종로 2가 본점 터를 놓고 각종 풍문에 휩싸인 적이 있다. 제일은행이 해외 매각 1호 은행으로 거론될 때 형장의 이슬로 사라진 이들의 원혼이 서린

1995년에 엄청난 인명 피해를 냈던 삼풍백화점 붕괴 사고 현장에 들어선 주상복합 아크로비스타 건물. 전체 3개 동 중 붕괴된 삼풍백화점 터에 들어선 A동, B동과 이를 피해간 주차장 터인 C동은 여전히 가격과 선호도에서 차이를 보이고 있다.

곳이란 얘기가 나왔다. 이곳은 과거 조선 시대 의금부 자리였으며, 일제 치하에서는 종로경찰서가 위치했다. 옛 서울은행 본점 터도 6.25 동란 당시 인민군이 애꿎은 시민들을 총살한 현장이라는 얘기가 나돌았다. 마찬가지로 화재나 지진, 산사태, 교통사고 등이 발생했던 곳이나 병원 등의 장소에도 원혼과 영살靈煞이 존재하므로 좋지 않게 본다.

대규모 참사가 일어났던 장소에 집을 지으면 이상하거나 불길한 일들이 발생하기 쉽다. 이런 곳은 오랜 시간이 흐른 후 지기地氣가 정화되어야만 무난한 택지가 된다.

집터에 대한 정보를 알 수 없다면 이전 입주자들의 내력을 살피는 일 또한 중요하다. 사업이 위축돼 규모를 줄였거나 불의의 사고를 당한 경우라면 입주를 다시 한 번 고려해 볼 일이다. 최근 홍콩 풍수에서 말하는 '역사의 에너지'는 이런 측면에서 간과할 일이 아니다. 왠지 모를 꺼림칙한 기분이 드는 장소는 피하는 것이 좋다.

10 비좁은 골목은 발전을 가로막는다

집 앞의 경관이 좋으면 명당일 가능성이 높다고 했다. 좋은 경관은 그 집에 사는 사람이 원대한 계획을 펼칠 수 있도록 돕는다. 하지만 집 앞으로 마주 향해 오는 직충直沖의 도로가 놓여 있다면 몹시 불리하다. 이는 건물이 무형無形의 기류에 부딪치는 것과 같아서 건물의 1층이 특히 심한 영향을 받는다. 주택의 입지로는 반드시 피해야 할 형세다. 또한 막다른 골목의 맨 끝에 위치하는 주택도 몹시 흉하다. 이런 곳에 살면 생각이 좁아지는 것은 물론 건강이 나빠지고, 사업에서 실패할 가능성이 높아진다. 매사에 걸림돌이 생기게 되고, 파산이나 관재官災 등을 겪기 쉽다.

비좁은 골목도 좋지 않다. 거주하는 주택의 골목이 비좁은데다 골목 양쪽으로 건물이 들어서 있으면 시야도 확보되지 않고, 빛이 들지 않아 탁한 기운이

집 앞의 경관이 확보되지 않으면 거주인의 발전에 한계가 따르게 된다. 가능한 한 시야가 트인 곳으로 주거지를 옮기는 게 좋다.

쌓여 모든 일이 정체된다. 심리적으로 압박감이 들고, 사적인 비밀이 지켜지지 않으며, 발전하는 데도 한계가 따르게 된다. 주로 활동하는 장소나 거주지를 다른 환경으로 옮기지 않으면 오랜 기간 운세가 호전되기 어렵다.

    대문 앞에 빈집이 있어도 음기陰氣가 쉽게 발생하므로 가운家運에 좋지 않은 영향을 미친다. 게다가 빈집이 파손되기까지 했다면 더욱더 심각하다. 또한 빈집이 보이는 주택에 살면 건강이 나빠지고, 좋은 소식을 접하기 어렵다. 아파트 같은 경우에도 옆집이 오랜 기간 비어 있는 것은 좋지 않다. 잡다한 물건이 문 앞에 놓여 있거나 자동차가 집 앞을 가로막고 있으면 복신(福神 : 좋은 소식)을 문 밖으로 밀어낼 뿐만 아니라 재운財運을 가로막는 형국이 되어 좋지 않다.

11 숨겨진 화살은 거울과 화분으로 막아라

풍수에서는 뾰족한 모양이나 물체를 기피한다. 오행 五行 상 화기 火氣 에 속하는 뾰족한 물체를 마주 보게 되면, 성격이 나빠지고 뜻밖의 화 禍 를 당하기 쉽다. 대개 모서리는 불길한 구조로 인식되는데, 그 모양새가 마치 날카로운 칼끝이나 누군가를 저주하는 손가락 끝을 닮았기 때문이다. 당장은 인식하지 못하더라도 뾰족한 물건이나 모서리는 사람들의 잠재의식에 남아 지속적으로 좋은 기운을 저하시키고, 부정적인 영향력을 행사하게 된다.

오래 전부터 민간에서 밥상에 모로 앉지 말라거나 손가락으로 사람을 가리키는 행위를 금기시해 온 것도 같은 맥락에서 비롯된 것이다. 기분을 좋지 않게 만드는 뾰족한 형상의 구조물은 실제로도 기의 원활한 흐름을 방해하는 요인이 되며, 이러한 환경에 무방비로 노출되면 이른바 살기 殺氣 에 노출된다. 이와 같은 상황은 주거인을 위협할 뿐만 아니라 해악을 가져다주며, 또한 뻗어 나가야 할 기세를 꺾어버리는 것이므로 일단은 피하는 게 상책이다. 평소에 가장 많이 생활하는 공간에서 무엇인가 불쾌한 기분이 든다거나 위협 내지 방해를 받는 기분이 든다

한 면이 뾰족한 형태의 건물. 모서리 부분은 살기(殺氣)를 띠므로 이곳에 위치한 사무실이나 마주 보는 건물은 살기의 상해를 심하게 받는다.

면 한 번쯤 주변을 살펴볼 일이다. 혹여 책상의 뾰족한 모서리 부분이 당신을 정면으로 향하고 있는 것은 아닌지, 또는 벽의 들보가 등 뒤를 겨냥하는 형세는 아닌지 관찰해 보라.

풍수에서 실내의 기둥 역시 어느 정도의 기능을 담당하는데, 사각형 기둥보다는 원통형이 기의 흐름을 원활하게 유도한다. 사각형 기둥은 기의 흐름을 방해할 뿐만 아니라 첨예한 모서리가 주거인들에게 위협감을 준다. 사교 모임이나 회의석상에서도 이러한 모서리를 등지고 앉으면, 왠지 모르게 불안해지고 주목받기 어려우므로 신경을 써야 한다. 한마디로 풍수에서는 뾰족한 형상의 구조물이 주변에 나쁜 영향을 야기하고, 건강과 발전에 위해를 가한다고 본다.

기氣는 벽을 타고 흐르다가 양면이 모이는 뾰족한 부위로 몰려 응집되면서 강한 힘을 형성하는 특성이 있는데, 이처럼 두 개의 선이 한 지점으로 모이면서 강한 살기를 띠는 현상을 두고 '숨겨진 화살Hidden arrow'로 표현하기도 한다. 좁게는 실내의 구조물에서부터 넓게는 주변 건물에까지 숨겨진 화살이 형성될 가능성은 대단히 많다.

또한 대형 건물의 그림자 주변에 있는 건물들은 알게 모르게 기가 약한 것을 경험할 수 있는데, 이러한 현상은 여기에서 말하는 숨겨진 화살과는 영역이 다르지만 같은 차원에서 이해할 수 있다. 이러한 경우에는 실내의 구조물이나 건축물은 위치를 옮기기가 어려우므로, 부득이 기의 흐름을 변경해 줄 수 있는 보정물補正物의 설치가 필요하다. 실내 구조상 모서리의 돌출을 피할 수 없다면 돌출 양쪽 면 또는 한쪽 면에 거울을 달아 가장자리를 부드럽게 하거나 벽에 덩굴식물 등을 길러 눈에 띄지 않게 하는 방법이 있다. 또한 뾰족한 모서리의 맞은편에 거울을 부착하여 살기를 반사시키거나 모서리 부분에 화분 같은 것을 두어 기운을 약화시키는 풍수 교정을 실행하면 무방하다. 만약 거주인의 집 대문이 맞은편 주택의 담장 모퉁이를 마주 보고 있다면, 뜻밖의 사건이 발생하거나 사업에 장애를 겪는 일이 빈번하게 되므로 속히 대문의 위치를 바꿔야 한다.

12 고속도로는 운기運氣를 가로막는다

건물 앞에 고가도로가 있으면 경관이 가로막힐 뿐만 아니라 지나는 차량들로 인해 소음과 배기가스가 증가하기 때문에, 기장氣場이 문란해져 신경이 쇠약해진다. 또한 사업도 잘 풀리지 않는다. 특히 '겸도살(鎌刀殺 : Curved blade shar)'이 불리한데, 겸도살은 고가도로에서 모퉁이를 돌아가는 외반궁(外反弓 : 바깥으로 굽은 곳) 근처에서 발생한다. 그 모양이 마치 낫과 같아서 좋지 않은 느낌과 암시를 준다.

따라서 고가도로 근처에는 가급적 건물을 세우지 않는 것이 좋지만, 부득이 이러한 곳에 건축할 수밖에 없다면 고가도로 쪽으로는 창문을 내지 않는 것이 좋다. 만약 창문을 낼 수밖에 없는 상황이라면 반드시 반사유리를 사용해 살殺을 반사시켜야 하고, 창문은 될수록 작게 만들어야 한다. 특히 겸도살이 미치는 쪽에는 CEO의 집무실이나 책상을 두어서는 안 된다. 마찬가지로 침대를 두거나 침실로 사용하면 몹시 해롭다. 그만큼 '굽은 날 모양'은 직접적인 위해를 가한다는 암시가 짙기 때문이다. 가령 고가도로에 인접한 건물의 3층 높이에서 굽어 지나가는 고가도로가 보인다면, 특히 2~4층 입주자들의 건강이 나빠지거나 재물 측면의 손해를 보는 경우가 많다. 이러한 경우에도 고층으로 올라갈수록 비교적 영향을 덜 받게 되기는 하지만, 풍수에서는 뜻밖의 참혹한 사고를 당할 수 있다고 여기므로 무시해서는 곤란하다.

▌방콕 시가지의 고가도로 전경. 고가도로는 교통로로서 중요한 역할을 수행하지만, 풍수에서는 이로움보다 폐단이 많다고 지적한다.

한남대교를 건너 경부고속도로로 접어드는 길에 리버사이드 호텔이 있는데, 앞에 놓인 고가도로로 인해 마치 건물이 절단된 것처럼 느껴질 때가 있다. 그런 연유인지는 몰라도 그동안 이 호텔은 다섯 번이나 소유자가 바뀌면서 숱한 우여곡절을 겪었다. 특히 호텔을 인수한 기업마다 줄줄이 부도가 나는 바람에 업계에서는 '기업 잡는 호텔'이란 불명예를 안고 있다. 지난 1981년 12월에 처음 문을 연 리버사이드 호텔은 서울 시내 특급 호텔 중 유일하게 한강변에 있어 뛰어난 야경夜景을 자랑했다. 지난 1990년대 초에는 강남 나이트클럽의 대표주자로 유명세를 떨치기도 했다. 경매에 나온 지 꼭 10년 만에 다시 여섯 번째 주인을 맞이한 비운의 징크스가 깨질 것인지가 관심이다.

13. 삼각형 택지는 구설과 시비를 부른다

택지가 삼각형을 띠면서 도로가 여러 갈래로 갈라진 경우에는 땅의 기운이 분산되어 지기(地氣)가 약하고 혼탁하므로 교통사고가 자주 발생한다. 도시에서 종종 눈에 띄는 불길한 터와 건물들 중에 전도구(剪刀口)에 위치한 건물이 있다. 전도구란 두 갈래의 길이 갈라지는 곳을 일컫는 말로, 마치 가위의 양 날이 세워진 것처럼 보이는 형세를 말한다.

이런 곳에는 쉽게 살(煞)이 끼므로 교통사고, 시비, 송사 등 뜻밖의 사건들이 발생하기 쉽다. 사업장으로는 말할 것도 없고, 주택으로도 모두 적당하지 않다. 재물이 모이지 않고 시비가 잦을 게 뻔하기 때문이다.

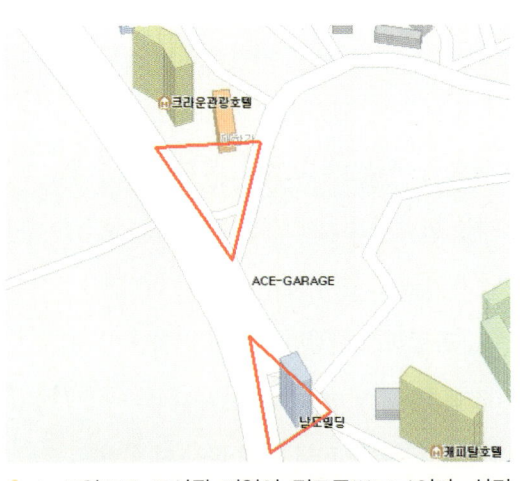

△ 모양으로 표시된 지역이 전도구(剪刀口)이다. 삼각형 택지의 건물에 거주하면 뜻밖의 사고를 많이 겪게 된다.

따라서 양 도로가 교차하는 입구가 삼각형 지형에 속할 경우에는 공원이나 주차장으로 사용하는 게 제격이다. 이미 거주하고 있는 건물이나 신축 중인 건물이 전도구에 해당한다면, 그 해결책으로 두 갈래의 길이 합류하는 지점에 돌담을 세우거나 나무를 심어도 좋고, 집을 약간 뒤로 물러나게 짓는 것도 대안이 될 수 있다. 일단 모서리 지역의 날카로운 기운을 피하면 살기殺氣가 경감되기 때문이다. 삼각형 택지에는 긴장감을 유발시켜 심신을 불안하게 만들거나 대인 관계를 해치는 기운이 담겨 있다.

14 전자파는 행운의 천적이다

풍수에서는 정상적인 자장磁場을 교란하는 전자파가 방출되는 지역을 매우 꺼리는데, 이는 건강과 직결되기 때문이다. 특히 고압선이 지나가는 철탑이나 변전소에서 방출되는 전자파는 주변에 거주하는 사람들의 정서나 건강에 큰 피해를 입히기 쉽다. 지붕 위로 고압선이 통과하는 것 또한 마찬가지다. 따라서 이러한 터에 둥지를 틀면 쉽게 불화가 생기고, 사업이나 재운에 좋지 않은 영향을 미친다. 일반 주택일 경우에는 가족 모두에게 좋지 않으며, 자녀의 학업 성적이나 심리적 정서에도 악영향을 미친다.

일단 나침반의 자침이 쉽게 정렬되지 않는 지역은 위험 지대로 간주하는 게 좋다. 철로나 지하도도 자장을 문란하게 하는 것들 중의 하나인데, 대문 앞에 철로나 지하도가 있으면 기장氣場이 흐트러져서 건강과 생육生育, 작업 등이 불안정해지고, 인사 분야에 영향을 미쳐 승진 운도 잘 따르지 않는다. 많은 양의 전파를 방출하는 변전소나 변전기, 전파 송출탑, 방송국 안테나, 위성 안테나 등도 신체와 정신 건강에 악영향을 끼쳐 부부 관계와 가정의 화목을 깨는 요인이 된다. 또한 이런 구조물이 주택 앞에 있으면 시야가 가로막혀 정수리에 일침을 가하는 것처럼 압박감을 준다.

따라서 고압선 철탑 같은 구조물은 적어도 주택과 100m 이상은 떨어져 있어야 한다. 시내 지하철역 인근 주택가 일부에는 전철이 지나갈 때마다 땅의 울림이 전해지는 경우도 있는데, 특별한 방책이 없으므로 이때는 속히 이사를 가는 게 현명하다.

한편 전자파와는 무관하지만 대형 굴뚝에서 배출되는 나쁜 에너지도 고압선 철탑과 마찬가지로 좋지 않다. 게다가 굴뚝에서 배출되는 매연은 낙태나 눈병 등을 일으키는 원인이 되기도 한다. 따라서 대형 굴뚝은 주택가에서 최소한 200m 이상은 떨어져야 한다. 다만 집에서 대략 500m 범위 내에 있는 대형 굴뚝을 보게 되면 '문필성文筆星'이라 하여 문학이나 기예 방면에서 두각을 나타낸다는 긍정적인 의미도 있다.

▮ 대문에서 볼 때 멀리 붓과 같은 대형 굴뚝이 보이면 시험운이 좋아져 고시 등에서 합격을 기대해 볼 수 있다.

15 재물이 빠져나가는 경사진 터를 피하라

대문을 열었을 때 아래로 경사진 길이 보이면 재운財運 또한 땅의 형세를 따라 쓸려 내려간다. 특히 길 양쪽의 높이가 고르지 않아 한쪽이 낮을 경우, 낮은 쪽에 지어진 건물은 더 나쁘므로 담장을 높여 맞은편의 건물과 높이가 같도록 해야 한다. 건물이 비탈길을 따라 지어졌을 경우에는 비탈길이 가파를수록 더욱 불리하다. 이때는 평평한 앞마당을 조성해야 나쁜 영향을 덜 받게 된다.

계단도 마찬가지다. 중국인들은 오래 전부터 흘러내리는 기氣는 돈을 굴러 나가게 한다고 생각했기 때문에, 계단이 현관으로 곧장 향하는 것을 극도로 기피했다. 풍수에서는 현관을 열자마자 곧장 아래로 내려가는 계단이 보이는 경우를 '권렴수捲簾水'라고 해서 패망의 전조로 본

경사진 땅에 지어진 집. 대문을 열면 곧바로 비탈길이 보이므로 돈이 새어 나가기 쉽다.

다. 권렴수란 명당 터가 평평하지 않고 마치 멍석이 퍼지듯이 아래로 기울어 재물이 같이 흘러 나가는 형세를 말한다. 권렴수가 있으면 다른 사람이 집에 들어와 안방을 차지하는 격이 되어서 항상 수입보다 지출이 많은 어려움을 겪는다.

아파트의 경우 현관문을 열었을 때 바로 마주 보이는 계단이 올라가는 계단이면 무방하지만, 내려가는 계단이 보이면 기氣가 밖으로 새어 나가는 형국이어서 좋지 않다. 아파트의 현관이 엘리베이터를 마주 보고 있어도 흉한 것으로 본다. 이른바 직충살直沖殺이 심해 기氣의 공격을 받는 형상이기 때문이다. 엘리베이터는 항상 오르내림을 반복하고 문이 열렸다 닫혔다 하는데, 이는 마치 호랑이가 입을 벌렸다 닫았다 하는 상과 흡사하다. 거주인이 이런 구조에 놓이면 시비가 잦아지고, 재물을 지키기 어렵다.

16 정원의 큰 돌은 혼사를 방해한다

　딱딱한 돌은 그 성질이 음陰에 속하므로 정원이나 앞뜰에 큰 돌을 놓아 두는 것은 좋지 않다. 특히 현관 앞에 큰 돌을 놓아 두면 재운財運을 가로막고, 사건이나 사고를 야기하는 요인이 된다. 그러나 뒤뜰이나 집의 측면 쪽에 두는 것은 괜찮다. 그리고 돌의 모양이 사람이나 동물의 형상을 하고 있다면 불리하다. 행여 몰락한 사람이 사는 집의 돌을 옮겨다 놓는 일은 반드시 피해야 할 일이다.

　정원석으로 수경(水景 : 돌에 물이 흐르는 조형)을 만들면 보기 좋다. 이때 가장 바람직한 설계는 '일파삼절一派三折'이라 하여 정원석의 모양이 마치 계단과 같아서 물을 부으면 곧장 아래로 떨어지는 게 아니라, 돌의 모양을 따라 고였다가 넘쳐흐르는 식이다. 다만 정원석을 고를 때 검은 돌은 피해야 한다는 점이다. 검정색은 음기陰氣가 강하기 때문이다. 그리고 아주 드물기는 하지만 화火의 양기陽氣가 몹시 센 터에는 돌을 가져다 놓아 기氣의 조화를 도모할 때가 있다. 하지만 이것은 위험한 처방이기 때문에 권할 만한 방법은 아니다.

　요즘은 정원을 설계할 때 큰 돌이나 기이한 돌을 배치하는 게 추세이다. 정원석 배치와 관련해서 몇 가지 주의할 점을 살펴볼 필요가 있다.

우선 큰 돌을 주택 앞에 놓아
서는 안 된다. 별 탈이 없는
것처럼 보이다가도 언젠가 한
번은 치명적인 사고를 당할
우려가 있기 때문이다. 만약
정원에 큰 돌 몇 개가 띄엄띄
엄 놓여 있다면 뇌락살磊落煞
이 형성되어 마치 쏟아져 내
리는 돌무더기에 깔리는 형국

기이한 형상의 정원석이 보기만 해도 기분이 좋다면 굳이 말리고 싶지 않으나, 현관에서 마주 보이도록 배치하는 것은 반드시 피해야 한다.

이 된다. 그로 인해 눈병 혹은 머리 쪽에 질환이 자주 발생한다. 또 기이한 돌이 많으면 자녀에게 좋지 않다. 특히 혼인이나 결혼 생활이 순조롭지 않으므로 가급적 정원에 돌을 두지 않는 게 좋다.

정원에 석조石彫나 돌로 만든 조형물을 놓는 것은 좋지만, 현관 앞에 놓는 것은 피해야 한다. 그리고 석조의 형태는 둥글고 부드러운 게 좋으며, 뾰족하거나 기이한 모양새를 띠면 해롭다. 만일 기이한 모양의 석조를 정원에 놓으면 오히려 화를 자초하는 결과를 낳기 쉽다. 또한 골동품인 돌절구나 석조를 함부로 문 입구에 방치해서는 안 된다. 연대가 오래된 물건은 음기陰氣가 강하므로 문 앞에 놓지 말고 뒤뜰에 옮겨 놓는 것이 좋다.

17 세찬 물줄기는 재물이 흩어지게 한다

풍수에서 물은 곧 돈을 의미한다. 한마디로 물이 좋으면 재운財運 또한 상승한다는 얘기다. 그런데 물은 배를 띄울 수도 있고 뒤집을 수도 있기 때문에, 주택의 정원에 수영장이나 연못을 조성할 때는 매우 신중해야 한다. 또한 모양새와 방위를 고려해야 하므로, 자신의 믿음이 확고하지 않으면 차라리 계획을 취소하는 게 낫다. 물을 잘못 쓰면 재산상의 손실이나 재앙의 정도가 매우 크기 때문이다.

정원에 조성하는 수영장이나 연못은 가급적 둥근 모양의 원형을 피해야 하는데, 이는 어느 방위方位든 연못가의 곡선이 마치 예리한 칼날 형태가 되어 주택을 향할 수 있기 때문이다. 그리고 정원에 있는 연못에는 비단 잉어를 키우는 것이 좋다. 홍색의 비단 잉어는 좋은 기운이 가득한 것을 나타내고, 황색의 비단 잉어는 부귀富貴를 상징한다. 잉어의 수는 특별히 고려하지 않아도 되지만, 아홉 마리가 가장 상서로운 숫자라는 점을 기억해 두자. 한편 정원에 조성한 연못의 물은 항상 맑고 깨끗해야 한다. 풍수적으로 맑은 물은 이윤을 남기거나 매우 결백함을 뜻하지만, 탁한 물은 옳지 않은 수법으로 돈 버는 것을 의미한다.

건물의 현관 밖에 분수대를 설치하면 길하다고 보지만, 건물 내부에 분수대를 설치하면 좋지 않은 경우가 더 많다. 분수보다는 위에서 아래로 흐르는 폭포의 활수活水 형태가 최적이다. 최근에는 건물 앞에 설치한 인공 폭포나 워터스크린 Water screen 등을 자주 볼 수 있는데, 가장 좋은 배치는 현관에서 마주

물이 계단을 타고 흘러내리는 활수(活水)형 연못은 재물이 넘쳐나도록 하는 좋은 풍수 처방이다.

볼 수 있도록 하는 것이다. 특히 계단식으로 물이 고였다가 흘러넘치는 방식이 가장 좋다. 계단식 인공 폭포는 물이 위에서 아래로 흘러내려 연못으로 들어가는데, 연못에 물이 가득 차면 다시 높은 곳으로 물을 올려보내는 식으로 순환하게 된다. 이런 방식으로 물이 위에서 아래로 끊임없이 순환하면 재물의 원천이 끊이지 않는다.

백화점이나 호텔에는 복福을 구한다는 의미에서 인공 수조를 설치하는 경우가 많은데, 이때는 방위方位에 주의해야 하므로 반드시 풍수 전문가의 자문을 받는 것이 좋다. 과거 삼풍백화점 1층 내부 중앙에는 원형으로 된 인공 연못을 배치했는데, 건물 중심부에 연못이나 분수대를 설치하는 것은 위험하다. 그리고 분수의 물기둥이 너무 강하게 치솟으

면 물보라가 생기는데, 이것은 오히려 재물을 분산시킨다. 따라서 정원에 조성된 연못의 물은 반드시 적당히 차서 넘치는 일출溢出 혹은 용출湧出의 모양새로 설계되어야 한다. 재원財源이 샘솟거나 가득 차서 넘치는 모양은 흐름이 완만하며, 맑고 조용한 물소리를 낸다. 물이 세차게 치솟거나 소리가 크면 사나운 기상이 되어 급작스럽게 재산을 잃을 우려가 크다.

18 부자 되는 건물은 따로 있다

　동양 술학術學의 모든 영역은 음양陰陽, 오행五行, 팔괘八卦, 구성九星의 원리로 이루어져 있다. 그 가운데 음양과 오행은 개인이나 가옥의 기氣를 분석하고 조화를 도모하는 중요한 요소이자 일반인들에게도 꽤 친숙한 테마라 할 수 있다. 보통은 사물의 형상을 두고 오행으로 구분하는데, 가령 산이나 건물의 모습은 '목木·화火·토土·금金·수水'의 다섯 가지 형태로 분류한다. 이러한 원리는 아주 작은 인테리어 소품에 이르기까지 다양하게 적용된다.

　기氣의 흐름을 눈으로 파악하는 것은 어려운 일이지만, 자연이나 사물의 외모에 오행의 기가 그대로 나타난다고 보면 어렵지 않게 파악할 수 있다. 아무튼 풍수風水에서는 내실 못지않게 외관을 중시한다. 한마디로 건물의 모양이 좋아야 돈도 잘 벌린다는 얘기다. 전통적으로 풍수는 정방형이나 직사각형의 대지에 반듯하게 높이 지어 올린 '목형木形'인 건축물을 길하게 여겼다. 건물의 대표적인 길상吉相은 꼭대기까지 건물 전체가 직사각형 형태 그대로 반듯하게 올라간 외관을 말한다. 또한 되도록이면 들어가고 나온 부분이 없어야 한다. 그리고 부속 건물을 붙여서 지으면 좋은 가상家相이 될 수 없다. 따라서 건물은 외형이 반듯하고, 실내가 직사각형일 때 가장 좋다.

　　미국의 부동산 재벌 도널드 트럼프는 풍수 마니아로 알려져 있으며, 사업과 관련해서 정기적으로 풍수 자문을 받는다고 한다. 그는 정규직으로 풍수 컨설턴트를 채용했을 정도다. '트럼프 월드 타워Trump world tower'는 2001년에 완공된 목형木形의 건물로서 전통적인 풍수 개념이 적용된 것으로 알려져 있다. 앞서 1983년에 건축된 '트럼프 타워Trump tower'는 외장을 청동색 유리로 장식하여 고급스런 분위기를 연출하는 68층짜리 빌딩이다. 최상층에는 영화감독으로 유명한 스티븐 스필버그가 산다고 해서 호사가들의 입에 오르내렸고, 황금빛이 감도는 로비와 대리석으로 장식된 벽면, 인공 폭포 등으로 아주 화려하게 꾸며져 있다. 1층에서 5층까지만 일반인에게 개방되고 있으며, 고급 상점과 아름다운 폭포가 인상적이다. 트럼프 타워의 외형은 층을 이루고 있기 때문에 7층 높이의 폭포를 보는 것이 가능하다. 건물 외관에 투영되는 도심의 빌딩숲, 내부의 아름답고 조용한 폭포수, 황금색 내장재로 장식한 인테리어에는 모두 풍수가 반영되었다고 한다.

　　트럼프 타워에서 찾아볼 수 있는 옥의 티라면 각진 층의 형상을 들

목형(木形)의 트럼프 월드 타워 (Trump World Tower).

수 있다. 풍수에서는 톱니 모양의 외관을 지닌 건물은 이성간의 마찰이나 불화, 언쟁, 애정 문제 등을 불러일으킨다고 해서 좋지 않게 여겼다. 이를테면, 톱니 모양을 한 아파트에 살면 주로 가정에 불화가 많고, 미혼 남녀가 거주하는 가정은 혼사가 잘 이루어지지 않는다. 부부간에 서로 언쟁을 벌이기 쉽고, 감정적으로 대립하게 되어 불행해지기 쉽다는 것이다. 때문에 일단의 풍수가들은 건물이 톱니 모양을 띠면 방마다 채광採光이 좋다고 말하는 매매인의 말을 그대로 믿지 말라고 경고한다. 그래서인지 빌딩이 톱니 모양을 띠면 직원들이 화합하지 못하고, 각 부서 간에 협조가 이루어지지 않는다고 전해진다. 또한 직원과 상사 사이에 애정 행각이 쉽게 벌어지기도 하고, 구성원들이 서로 자기 생각대로만 행동하려는 개인주의적 성향을 보이기 쉽다는 것이다.

▌뉴욕의 트럼프 타워(Trump tower). 5번가와 56번가의 모퉁이에 위치하고 있다.

그런 이유 때문인지는 몰라도 트럼프 월드 타워는 트럼프 타워를 반듯하게 잘라낸 두부 같은 모양으로 지어졌다. 각이나 층이 지지 않은 목형木形의 건물은 안정감이 드는 부상富相의 전형이라 할 수 있으며, 풍수로 보자면 흠잡을 데가 없다는 것이다. 반면에 톱니 모양의 형상이라 해도 창조적인 업무 분야나 무한 경쟁 체제에서는 단기간에 괄목할 만한

▎톱니 모양의 블룸버그 타워(Bloomberg Tower). 성희롱 문제로 종종 도마 위에 오른다.

성취를 이룰 수 있다는 이점도 있다. 톱니 모양의 블룸버그 타워에 본사를 둔 블룸버그Bloomberg 사는 독특한 기업문화를 바탕으로 안정적인 경영이 이루어져 세계 정상의 미디어 그룹으로 발돋움했다. 물론 성취욕이 강한 블룸버그의 기업문화는 개인을 인정하지 않으려는 단점도 가지고 있다.

블룸버그 사의 지분 72%를 지닌 마이클 블룸버그 회장은 현재 뉴욕시장으로 재직 중이다. 그는 전형적인 일 중독자로 알려져 있으며, 1993년에 부인과 합의 이혼을 했다. 이후 자신을 '수십 억 달러를 보유한 맨해튼 최고의 독신남'이라고 표현한 탓인지, 그에겐 여성과 관련된 스캔들이 끊이지 않는다. 또한 미국 증권업계의 뿌리 깊은 여성 차별 문화가 블룸버그 사에도 퍼져 있어 성차별 문제로 사회적 비난을 받기도 했다.

안정된 형태의 목형木形 건물과 달리 건물의 외형에 모서리가 많아 고르지 않은 불꽃 모양을 띠면 좋지 않은 가상家相으로 여겼다. 외관이 뾰족하거나 각진 모양, 그리고 삼각형(△) 형태를 띠면 화형火形의 건물로 분류되는데, 화火의 특성은 충동이나 무절제, 불화, 투기, 파산 등의 불리한 의미를 담기 때문에 일단 꺼리게 된다. 예를 들면, 20세기의 대표적인 건축물로 인정받고 있는 호주의 시드니오페라하우스The Sydney Opera House는 모난 각을 이루는 화형火形으로 인해 이곳 스태프들 간에 의

▎20세기의 건축물을 대표하는 호주 시드니오페라하우스 전경.

견 일치가 잘 안 된다는 지적이 나돌기도 했다. 또한 건물이 수면 위에 떠 있어 물水과 불火이 다투게 되므로 좋지 않다고 보는 견해가 있다. 그러나 호주의 풍수가들 중 일부는 시드니오페라하우스의 역동적인 건물 외관은 예술과 창작의 완벽한 조화를 이루게 한다고 설명한다.

홍콩의 상징으로 불리는 중국은행Bank of China 건물에는 풍수와 관련된 중국인들의 인식이 스며들어 있다. 이 건물은 정면이 아닌 모서리가 바다를 향하도록 설계됐는데, 이는 앞에 놓인 바다의 좋은 기운을 혼자 빨아들이기 위한 것이라고 한다. 바다에서 불어오는 기운이 중국은행 건물을 만나면 좁은 모서리 때문에 두 갈래로 나뉘어 더 이상 뒤로 흘러가지 않고 이 건물에 머문다는 것이다. 중국은행의 주변 건물에 입주하면 사업이 잘 풀리지 않는다는 인식이 홍콩인들 사이에서 널리 퍼져 있

▎홍콩에 소재한 중국은행 빌딩. 홍콩에서 풍수와 관련해 논쟁의 대상이 되는 빌딩이다.

다고 한다. 중국은행의 날카로운 '삼각형 형상 Triangular in shape'으로 인해 주변의 낮은 건물들은 자연적으로 첨살(尖殺 : Sharp edged shar)의 위협에 노출되어 있다는 것이다. 이처럼 화형火形인 건물은 주변 건물에 미치는 악영향도 적지 않다.

홍콩 사이드의 맞은편에 위치해 있는 총독 관저는 사진에서 볼 수 있는 것처럼 날카로운 칼날 모양의 중국은행 건물을 마주보고 있기 때문에, 불리한 영향을 받는다고 생각했다. 패튼 전 총독은 중국은행 빌딩이 완공되고 나서 얼마 지나지 않아 급성 심장 질환으로 수술을 받아 이 같은 풍수설을 뒷받침하기도 했다. 초대 행정장관 둥젠화董建華는 이 건물에 거주하지 않을 것이며, 귀빈용 숙소나 연회장으로 사용하겠다고 고집을 부려 적잖은 파장을 일으켰다. 총독 관저 입주를 거부한 채 따로 사택에 거주했음에도 불구하고, 2004년에 사스가 창궐해 고위 관리들이 사임하고, 둥젠화 자신도 건강 문제를 들어 행정장관 직을 사임했다. 그는 저조한 인기와 리더십 부재로 임기 내내 좋은 평가를 받지 못했다.

홍콩의 풍수가들은 맞은 편 중국은행의 뾰족한 살기가 마치 거대한 칼로 총독부를 내리치는 형세를 취한다고 입을 모았다. 그러나 화형火形인 건물은 금융기관이나 문화, 예술, 유흥, 오락 업종과 궁합이 잘 맞는 편이다. 즉 건물의 외형이 암시하는 길흉은 업종과 무관하지 않다는 얘기다. 세계적으로 유명한 고층 건물의 꼭대기 층이 뾰족한 피라미드 형태거나 삼각형인 건물, 또는 상층부로 갈수록 협소해지는 화형火形인 빌딩은 금융업이나 예술 창작 업종

체이스 맨해튼 은행 본사가 있는 메트로테크 센터(Four MetroTech Center). 화형(火形)인 건물의 외관은 화(火)의 색상인 붉은 색이 좋다.

과 인연을 맺을 경우 대개 탈 없이 융성했다. 이와 같이 풍수의 진정한 의미는 사물 자체의 길흉吉凶보다는 조화와 부조화가 빚어내는 현상을 귀납적으로 분석하고 교훈을 얻는 데 있는 것이다.

한편 싱가포르에도 중국은행이 입성하면서 이 지역의 경제를 흡수하자는 발상으로 여지없이 예리한 칼 모양의 고층 건물을 세웠다. 이에 맞

▎메이은행과 중국은행 건물 전경. 메이은행 건물을 확 낮추어 지으니까 중국은행 건물이 어색해 보인다.

대응한 빌딩이 말레이시아의 최대 은행인 메이뱅크Maybank다. 더 높은 빌딩을 올린 게 아니라 오히려 평평하게 몸을 낮춰 마치 도마 같은 형상으로 건물을 지었다. 풍수가들은 메이은행이 중국은행의 기세에 맞서 칼로 아무리 두들겨도 꿈쩍하지 않는 도마로 맞대응하겠다는 호기를 품은 국면이라고 해석했다. 그러나 실은 불火의 온기溫氣가 도움이 되는 토土의 형상으로 건물을 지은 것이다.

　토형土形인 건물은 대지가 넓고 건물은 크되 층수가 높지 않아 중후하게 보이는 건축물로서 포용과 인내, 강직함을 의미하며, 주변의 화형火形인 건물로부터 피해를 입지 않는다는 장점이 있다. 토土는 포용·과묵·인내·양보·저축 등의 의미를 담고 있는데, 목木과 같이 쭉쭉 뻗어 나가는 기상은 아니지만 안정감에서는 제일로 친다.

　하지만 전경이 트인 메이은행과 달리 도심지의 개발로 사방에 고층 빌딩이 들어서면서 건물 앞의 전경을 가로막는 상황이 벌어진다. 이렇게 되면 이전에 지어진 낮은 건물들은 새로운 고층 건물의 위세에 눌리게 된다. 간혹 풍수가 좋게 변하기도 하지만, 대부분은 불리한 상황이 연출된다. 자신이 거주하거나 속한 건물 앞에 새로 지어진 건물이 더 고층이면 노기주奴欺主의 형상이라고 해서 손님이 주인을 이기는 형국이 된다. 마치 굴러온 돌이 박힌 돌을 빼내는 식이 되어 해롭기 짝이 없다. 이는 좁은 계곡 사이에 지어진 집과 같아서 음기陰氣와 살기殺氣가 엄청난 힘으로 짓누르는 격이다. 이런 곳에서는 뜻을 펴기 어렵고, 사업을 해도 번창하기 힘들다. 따라서 건물의 현관 앞으로 고층 빌딩이 들어서면 한마디로 숨이 막히는 상황이 되어 이보다 더 나쁠 수가 없는 것이다.

주변에 초고층 빌딩이 들어서면 기존의 건물에는 예전에 없던 풍수적 결함이 발생하기 쉽다. 비록 전망이 가려지지 않아도 새롭게 들어 선 초고층 빌딩의 고압적인 위용에 주도권을 뺏긴다는 것이다. 상식적으로 생각해도 새로운 명물이 등장하면 지금까지 누리던 랜드마크Landmark로서의 지위는 빼앗긴다. 과장된 면이 없지 않지만 일단은 풍수가들

사진의 가운데 건물은 좌우로 고층 빌딩의 기압세(氣壓勢)에 눌린 형국이다.

맨해튼 동쪽에서 바라본 59층 시티콥 센터 (Citicorp Center)의 위용.

은 UN 본부 United Nations Building 건물도 인근의 고층 빌딩인 시티콥 센터 Citicorp Center 의 기에 눌려 고통을 받는 형국이라고 입을 모은다. 시티콥 센터는 시티뱅크의 모회사인 시티콥의 본사 건물로서 1977년에 완공된 초고층 빌딩이다. 외벽이 반짝이는 알루미늄과 유리로 되어 있어서 햇빛이 비치면 눈부시게 빛난다는 점과 빌딩의 정상 부분이 편평하지 않고 45도 각도로 되어 있다는 점이 특징이다. 시티콥 센터의 기에 눌려서인지 유엔은 국제 사회의 중요 이슈를 처리할 때마다 지지부진한 모습을 보인다는 지적이 일기도 했다. 아무튼 이후에 트럼프 월드 타워까지 가세하면서 UN 본부 빌딩의 입지는 더 좁아진 셈이다.

시티콥 센터와 UN 본부 빌딩의 관계와 마찬가지로 트럼프 타워로 인해 곤란을 겪는 인근의 빌딩도 생겨났다. 1983년에 건설되었으며, 미국 최대의 전화 회사인 AT&T의 본사가 있는 40층 높이의 소니 빌딩 Sony Building 이 대표적인 예다. 인근에 지어진 트럼프 타워의 한 귀퉁이가 마치 소니 빌딩을 찌르듯이 뻗어 있는데, 이 문제로 풍수 전문가의 조언을 받아 개선시켰다는 얘기가 있다. 건물 외형상 모서리의 각으로 인해 형성되는 살기殺氣는 화火의 성질을 띠므로, 이러한 불의 기운은 물水로 제압하는 게 가장 효과적이라는 것이다. 화火의 형상은 삼각형(△)인데, 원형(○)의 수水 형상을 인위적으로 만듦으로써 주변의 초고층 빌딩에서 발산되는 풍수 공격을 막는다는 것이다. 이와 같이 공격적인 풍수 방책을 가리켜 '진압鎭壓 풍수'라고 한다.

소니 빌딩 전경. 건축 당시 정상의 뾰족한 삼각형 모양을 둥근 모양으로 변형시켰다.

빌딩 꼭대기가 수水형의 돔 모양을 띠게 되면 원천적으로 고층 건물의 위압에서 해방될 수 있다. 풍수에서 상서롭게 여기는 이상적인 천장의 형상은 돔형이다. 중심 부분이 둥글고 높은 천장에는 자연스럽게 생기生氣가 모이기 때문에 재운과 승진운을 만들어낸다. 미래의 도시는 돔형 지붕의 고층 건물로 채워질 것이라는 예언이 나돌기도 했다. 피라미드 형상의 꼭대기처럼 뾰족한 지점에는 너무나 강력한 기가 응집되어 자칫 살기殺氣로 변하기 쉽지만, 내부의 오목한 반원형의 천장에는 부드러운 기가 모이고, 외부의 볼록한 반원형은 주변의 살기殺氣가 흩어지게 하는 힘을 지닌다. 전 세계 금융

세계금융센터 빌딩 전경. 4동의 빌딩 지붕은 피라미드형, 계단형, 돔형, 잘린 피리미드 형상을 띠고 있다.

시장의 중심지인 미국 뉴욕의 세계금융센터 World Financial Center 에는 돔형의 건물이 하나 있다. 이곳은 다우존스, 오펜하이머, 메릴린치, 아메리칸익스프레스, 월스트리트저널 등 세계 금융계의 리더들이 모두 몰려 있다. 네 개 건물의 지붕은 모두 강력한 기를 응집시키며 세계 금융시장을 쥐락펴락 한다.

어쨌든 인근 건물의 날카로운 모퉁이에서 발생하는 살기殺氣는 그냥 지나칠 문제가 아니다. 주변에 뾰족한 형태의 건물을 마주보고 있는 건물은 살기殺氣로 인한 상해를 심하게 받는다. 가령 입원한 병실의 창이 다른 건물의 모서리에 노출되어 있다면 병세가 호전되지 않고, 심할 경우에는 수술이 실패하는 결과를 초래하기도 한다. 일단은 두꺼운 커튼으로 가리거나 거울 등을 이용해서 풍수 교정을 해야 한다. 특히 주변 건물의 외형이 삼각형 혹은 뾰족한 형태의 화형火形에 속하면 뜻밖의 사건이 발생하는 경우가 있고, 눈병을 앓기 쉽다. 풍수가들은 되도록 한 면이 뾰족한 형태의 건물을 짓지 말라고 경고한다.

좁은 공간을 두고 주변 건물의 담이나 벽에 지나치게 붙어 있어서 시각적으로 다른 건물에 의해 절단되는 듯한 느낌을 가질 수 있다. 어떤 경우에는 정면에서, 또 다른 경우에는 측면이나 후면에서 잘리기도 한다. 이러한 상황을 절각살(折角殺 : Peeping shar)이라고 하는데, 이런 상황에 노출되면 불상사를 겪기 쉽다. 다른 건물에 의해 아래 면에서 잘리는 경우도 있다. 가령 건물 정면 앞으로 낮은 건물이 들어서면서 새 건물의 네모반듯한 옥상에 의해 기

한 면이 뾰족한 건물의 날카로운 모서리에 노출된 주변 건물은 끔찍한 사건이나 뜻밖의 장애를 겪기 쉽다.

존 건물의 몸통이 잘리는 느낌을 받을 수 있다. 이것을 평두살(平頭殺 : Flat top shar)이라고 하며, 여기에 해당하는 층에 거주하면 불운을 겪게 된다. 이때는 창문을 막거나 거울 등을 이용해서 반사시키면 불운을 막을 수 있다.

한편 막다른 골목에 놓인 건물도 좋지 않다. 풍수에서는 도로를 수룡水龍으로 보는데, 길이 막혔다면 이것은 기氣가 막힌 것으로 탁기濁氣가 쌓여 좋지 않게 된다. 주거지로는 반드시 피해야 할 형세다. 이처럼 일

스위스 네슬레(Nestle) 사옥. 양 건물 사이에 붉은 띠로 절각살이 형성된다. 왼편의 건물이 유선형의 수형(水形)으로 피해를 최소화할 수 있다.

막다른 길목에 놓인 듯한 메트라이프 빌딩(MetLife Building). 건물의 원래 주인이었던 팬암 사는 1981년에 이 건물을 메트라이프에 매각했고, 결국 1991년에 문을 닫았다.

방통행로의 노충路沖에 노출되면 백해무익하다. 또한 산과 산 사이에 깊숙하게 파인 골짜기나 빌딩과 빌딩 사이로 부는 바람은 차고 강하므로 막다른 골목에 건물의 현관이 놓이면 건강이나 운기運氣에 악영향을 미치게 된다. 이러한 살기殺氣로부터의 위협을 차단하는 방책은 비교적 간단하다. 정문 입구에 볼록 거울을 부착하거나 둥근 화단을 조성해서 살기殺氣를 반사 내지는 흡수하거나 흩어지게 하는 것이다.

뉴욕 42번가에 위치한 구 팬암 빌딩PanAm Building은 마치 도로의 막다른 입구에 위치한 것처럼 보이는데, 뉴욕에서 가장 조망이 좋은 파크 애비뉴Park Avenue의 중간을 막아버림으로써 풍경을 망친 건물이란 악평을 받고 있다. 이 건물은 과거 항공 회사 팬암의 사옥이었다가 1981년에 보험 회사인 메트라이프에 매각되었고, 최근에는 부동산 개발 업체 티시먼 스페이어가 주도하는 컨소시엄에 매각되어 주인이 두 번이나 바뀌었다.

9.11 테러로 연기에 휩싸인 세계무역센터(WTC). 지금 이곳에는 세계에서 가장 높은 프리덤 타워 공사가 진행 중이다.

2001년에는 미국 본토에서 테러가 발생해 대규모 참사를 겪었다. 뉴욕의 110층짜리 세계무역센터 쌍둥이 건물에 테러범들이 납치한 여객기 두 대가 충돌해 화재가 발생했으며, 이후 두 건물은 30여 분 간격으로 2차 폭발이 이어지면서 완전히 붕괴되고 말았다. 풍수에서는 두 산 사이에 깊숙이 파인 골짜기나 빌딩과 빌딩 사이로 부는 바람은 차갑고 세다고 해서 몹시 흉하게 여긴다. 이를 천참살(天斬殺 : Crack from the sky)이라고 하는데, 해당 건물은 물론 틈새 앞뒤로 자리 잡은 건물도 입주자의 건강이나 운기運氣에 악영향을 미치게 된다. 두 건물의 높이가 높을수록 천참살의 살기殺氣는 더욱 강해진다. 만일 천참살이 보이는 사무실에 입주했다면 발전을 기대하기 어려우므로, 속히 풍수 교정을 해야 한다. 교정 방법으로는 창문을 가리거나 창가에 수정구Crystal Ball 등을 놓아 두는 게 좋다.

각종 살기殺氣나 주변의 여러 가지 풍수 공격에 대항하는 효과적인 방책Feng Shui Cure은 빛을 이용한 교정법인데, 대표적인 수단으로 거울을 들 수 있다. 거울은 풍수의 만병통치약으로 회자될 정도로 다양한 풍수 문제의 교정에 이용된다. 홍콩의 거울 공장은 풍수가들이 먹여 살린다는 말이 있을 정도다. 이를테면

고층 건물의 위세와 살기 등에 대항하기 위해 건물 외벽에 부착한 볼록거울(Convex Mirror).

건물 밖에 부착된 거울은 도로나 거대한 규모의 인근 빌딩 혹은 영안실 등에서 발산되는 외부 환경의 위협적이고 불길한 기氣를 반사시킴으로써 내부를 보호한다. 또한 거울을 적절히 부착해서 옥외의 물 흐름이나 정원의 모습을 비추게 되면, 그것을 실내로 끌어들이는 효과를 보기도 한다. 풍수에서 물을 끌어들인다는 의미는 곧 재물을 불러온다는 뜻이다.

답답한 느낌을 주는 좁은 실내에 거울을 활용함으로써 기의 흐름을 촉진시키고, 공간의 상징적 확장, 그리고 밝은 분위기를 연출할 수 있

다. 또한 문을 등지고 부착된 거울은 실내로 들어오는 사람들의 모습을 비추어 주기 때문에 집안에 있는 사람의 심리적 불안감을 없애 준다. 때로는 급작스런 사람의 방문으로 깜짝 놀라는 일을 미연에 방지해 주기도 한다.

최근에는 외관이 매끄럽고 수려한 수형水形의 건물들을 심심찮게 볼 수 있다. 둥근 모양의 수형 건물은 북쪽에서 남쪽을 바라보는 감택坎宅일 경우가 가장 적합한 것으로 보는데, 풍수에서는 현관이 남향南向이 아닌 이상 둥근 모양의 건물을 바람직하지 않다고 본다. 수형 건물

▎수형인 립스틱 빌딩(Lipstick Buil ding). 주변 건물과 조화가 되지 않아 뉴욕 시민들은 싫어한다지만, 풍수로는 안전한 형상이다.

의 가장 큰 장점은 인근 건물의 모퉁이에서 발생하는 살기殺氣나 노충路沖, 천참살天斬殺 등으로부터의 피해를 잘 입지 않는다는 것이다. 또한 주변 건물에 위해를 가하지도 않는다. 둥근 건물을 지을 때 유리나 타일 등의 광택이 나는 건축 자재를 사용하면 풍수 효과가 더 좋은데, 외부의 살기가 건물에 닿는 순간 반사되어 흩어지기 때문이다. 풍수에서는 수형인 빌딩을 제외하고 외벽이 유리로 된 건물은 주거지로서 부적합하다고 보는데, 외부로부터 들어오는 빛이 너무 밝으면 기氣가 쉽게 모이지

않아서 임신이 잘 안 된다고 한다.

　풍수에서는 평면이 정방형正方形이거나 3 대 5 미만의 정사각형 평면 형태를 이뤄야 가장 안정적인 형상이라고 하며, 그래야만 생기生氣가 모이고 많은 고객을 확보할 수 있다고 본다. 따라서 L자 형의 사옥社屋이나 건물의 중심 부분이 좁으면 불리한 가상家相이 되기 쉽다. L자 형 건물은 직원들의 애정 행각이 잦고, 직원들 간의 협조가 잘 이루어지지 않으며, 그로 인해서 경영권이 남의 손으로 넘어가기 쉽다. 이러한 문제점을 개선하기 위해서는 건물을 둘로 나눠서 사용하는 게 상책이다. 이를테면 출입문을 두 개로 분리해서 마치 각각의 개별 건물로 쓰는 식이다. 이처럼 한 건물로 통하지 않게 되면 모양이 정방형을 이루게 되어 근무하는 사람들에게 나쁜 영향을 미치지 않게 된다.

　상가 건물에서 중심이 되는 부분이 좁으면 흉한 모습이 된다. 지난 1995년에 붕괴된 삼풍백화점이 그러한 형태로 양쪽에 큰 건물이 A동과 B동으로 나뉘어 있었다. 건물을 위에서 보면 A동과 B동으로 연결된 형태는 마치 아령과 같은 형태였고, 기운이 중심에 모이지 않고 양쪽으로 분산되는 공工 자 형태의 가상家相이었다. 풍수에서는 기운이 분산되는 건물에서는 흉사가 발생한다고 경고했다.

　한편 폭이 좁고 긴 건물에 입주하면 계획적으로 자리를 배치하기 어렵다. 사업체의 성장이나 확장을 기대하기 어렵고, 경영자의 능력도 퇴보되기 쉽다. 이러한 건물에서 개업하면 영업을 장기간 계속하기 어려울 뿐만 아니라 중간에 불의의 재난을 당하기도 한다. 2002년에는 이탈리아 밀란 시의 한 고층 건물에 경비행기가 충돌하는 사고가 발생했다. 그 건물은 1950년대에 지어진 32층짜리 피렐리 타워였는데,

▌폭이 좁고 긴 피렐리 타워(Pirelli Tower). 우측 사진은 사고 당시의 모습이다.

유럽에서 가장 유명한 마천루 중 하나로 폭이 좁은 건물이었다.

과거의 풍수에서는 초고층 빌딩을 대개 기피했다. 지기地氣가 닿지 않고 저기압권이라서 건강에도 해로우며, 뜻하지 않은 사건사고를 당하는 등 불리한 형상으로 여겼다. 건설 회사들도 가급적 고층을 피하는 경향이 있었을 정도였다. 건물이 홀로 하늘을 찌를 듯이 높이 솟아 있고, 사방에 막아주는 건물이 없으면 오만이나 독단을 범하기 쉽다는 부정적인 인식이 많았다. 하지만 건축 기술이 획기적으로 발전한 오늘날에는 초고층 빌딩이 갈수록 많아지는 추세다. 지금은 오히려 상징적이고 역동적인 이미지를 더 중시한다. 이왕이면 주변 지역의 랜드마크로 부상하기 위해서라도 웅장한 외관을 갖추는 것이 유리하다는 입장이다. 위

압 풍수가 곧 이런 것이다.

오늘날에는 건물의 외관에 대해 보다 다양한 풍수 견해가 쏟아지면서 과거의 고답적인 태도나 풍토는 점차 사라지고 있다. 결론적으로 일반 주택이 아닌 기업이라면 초고층 빌딩을 마다할 이유가 없다. 더욱이 주변의 산수山水와 잘 어울리면 초고층 건물의 위세가 더 당당해지고 주변의 기세氣勢를 응집시키는 긍정적인 효과를 볼 수 있다. 시대가 달라지면 풍수의 패러다임도 변하게 마련이다. 그러나 원론은 무시할 바가 아니다. 따라서 반듯한 외관의 건물에는 권위와 보수, 안정성을 강조하는 집단이나 업종과 궁합이 맞다. 그리고 일반 주거 용도라면 반듯하고 안정된 가상家相이 최적이다. 반면에 IT, 패션 분야 등 첨단 기술과 유행에 민감한 업종이라면 동적動的인 형태의 첨단 빌딩이 더 좋은 것이다. 한마디로 말하면 오늘날에는 개성이 강하고 고급스러운 첨단 빌딩에 돈이 모인다고 볼 수 있다.

상하이의 진마오 빌딩은 마치 하늘로 오르는

상하이의 푸둥(浦東) 지구에 세워진 진마오(金茂) 빌딩. 이름도 '무성한 돈나무'다.

계단 모양의 형상을 갖추고 있다. '하늘로 오르는 사다리' 즉 '천제 天梯'라 하는데, 천제는 황제만이 걸어 오를 수 있다. 풍수에서는 천제와 같은 외관을 갖추면 진취적인 기상이 있는 것으로 본다. 중국의 경제 성장을 상징하는 진마오 빌딩의 형상을 보면 마치 주변의 산룡 山龍과 수룡 水龍을 다 불러 모을 기세다.

진마오 빌딩과 달리 겉이 매끈한 형상으로 뾰족하게 솟은 미사일 모양의 화형 火形인 건물은 아무래도 불리한 가상 家相이다. 특히 주변에 기댈 언덕도 없이 홀로 우뚝 솟아 있으면 외로운 형상이 되어 우여곡절을 겪기 쉽다. 따라서 처음에는 곡절을 겪다가도 주변이 개발되면서 좋은 건물로 탈바꿈하는 수도 있다. 이런 경우를 두고 건물도 임자가 따로 있다고 말한다. 북한에는 유경호텔이 있다. 평양시 보통강구역 서장 언덕에 위치하고 있으며, 지금까지도 완공되지 않은 채 방치되어 있는 105층짜리 피라미드형 고층 호텔이다. '유경 柳京'이라는 말은 평양을 달리 부르는 명칭이다. 먼 옛날 평양에 도읍한 '기자 箕子'가 산천이 순탄하지 못하고 풍속이 억센 것을 보고, 버들가지처럼 부드럽고 유연해지기를 바라는 뜻에서 모든 민가에 버들을 심게 했다고 한다. 그래서 평양에는 버드나무가 많아 버들의 도읍이란 의미에서 '유경 柳京'으로 일컫게 되었다고 한다. 이 호텔은 1987년 8월 28일에 착공되어 1992년 4월에 완공될 예정이었으나, 1989년 5월 31일에 외부 골조 공사가 완료된 이후 더 이상 공사가 이뤄지지 않고 있다. 1996년에 홍콩의 엠퍼러스 그룹이

❙ 평양 시내 전경. 사진 오른편에 유경호텔의 모습이 보인다. 건물의 외관이 전투기 형태로 모난 각이 둔각이 아니라 예각의 형태로 좋은 형상이 아니다.

유경호텔을 정밀 검사한 일이 있는데, 이때 콘크리트의 강도가 약해 건물이 유지되기 어려운 상황이므로 허물어야 한다는 결론을 내렸다. 유경호텔은 군인들이 등짐을 지고 오르내리면서 지은 건물로, 철제 빔을 사용하지 않고 손가락 굵기의 철골을 썼다는 것이다. 지난해에 안상수 인천시장이 평양을 다녀와서 유경호텔 재건을 지원해 주겠다고 해서 물정을 모른다는 비난을 받기도 했다.

건물의 외형이나 내부 모습이 특이해서 풍수가의 도마에 오른 경우는 수도 없이 많다. 일례로 HSBC가 홍콩에서 가장 길지吉地를 얻고, 중국인들로부터 높은 평판을 누리고 있는 것은 널리 알려진 사실이다. 그러나 정작 이 건물이 완공되었을 때는 풍수적으로 길하지 못하다는 소문이 돌면서 분양 신청자들이 계약을 철회하는 소동을 겪기도 했다. 세계에서 가장 비싸다는 빌딩 중의 하나를 설계한 건축가 노만 노스터는 설계 단계에서 이미 풍수 전문가와 충분한 협의를 나누었음에도 불구하고, 건물 내에 상승하는 에스컬레이

▌영국계 자본 HSBC가 세운 80층짜리 조립식 건물 HSBC 빌딩. 위에서 누르면 접힐 것 같은 형상이다.

터보다 하강하는 에스컬레이터가 더 많다는 이유 때문에 예금이 문밖으로 빠져나갈 것이라는 소문에 휩싸였다. 지난 1997년 홍콩의 중국 반환을 앞두고는 홍콩인들 사이에 반환식 날 영국인들이 홍콩의 상징인 HSBC 빌딩을 접어서 배에 싣고 떠날지 모른다는 우스갯소리가 나돌기도 했다.

이 외에도 홍콩의 부둣가에서 바라보면 52층 높이에 외관 전체가 둥근 유리창으로 이루어진 흰색의 고층 빌딩을 볼 수 있다. 그 건물이 바

콘노트 센터(Porthole Building). 35층에 홍콩관광협회(HKTA) 본부가 있다. 근래에 강남에도 이런 모양의 건물이 들어섰다.

로 콘노트 센터다. 이 건물은 타일이 외벽에서 떨어져 나가고, 중심 수도관이 파열되는 바람에 네 번씩이나 물난리를 겪었다. 엘리베이터도 여러 차례 고장을 일으켜 승객을 가두는 사고가 빈발했다. 금융가에서는 이 빌딩을 '동양의 핸콕'이라 불렀을 정도다. 보스턴에 위치한 핸콕 보험사 건물이 끊임없이 말썽을 일으킨 것에 비유한 것이다. 사람들은 콘노트 센터의 구조적 결함을 불량 자재나 부실 공사에서 원인을 찾지 않고, 건물 외관의 총알구멍처럼 생긴 둥근 유리창 모양에 의한 풍수적 결함을 지적하는 경우가 더 많다. 이 건물은 '수천 개의 멍텅구리 소굴'이라는 별명이 붙어 있다. 이 외에도 돈이 붙으라는 의미에서 건물 외관을 온통 황금색으로 도배한 '원동금융중심Far East Finance Center 빌딩'이 있는데, 홍콩 주재 한국 총영사관도 이곳에 있다. 코알라가 나무에 매달려 있는 형상을 본 딴 것으로 전해지는 리포 센터도 유명하다. 홍콩의 풍수가들은 이 건물의 외관이 손목에 수갑을 찬 형상이라고 해서 불길하게 여겼다. 이곳에서 굴지의 금융사가 부도 처리된 비운을 겪기도 했고, 입주한 회사들이 대개 5년을 넘기지 못한다는 소문이

나돌기도 했다. 이 건물은 두 개의 팔각형 타워로 구성되어 있으며, 타워 높이는 36층과 40층으로 되어 있다. 호주 사람이 설계했다는 설이 있으나 실제로는 미국인이 설계했다.

런던 시청 건물의 외관도 매우 독특하다. 이 건물을 측면에서 보면 얼핏 번데기나 술통을 연상시키는 형상인데, 풍수가들은 코인을 쌓아 둔 모양이어서 금융산업에 기여한다고 주장한다. 어떤 사람들은 이곳의 템스 강변과 잘 어울린다고 평하기도 한다. 일각에서는 모양이 엄지손가락 끝을 닮아 '으뜸'을 상징한다는 우스갯소리가 나돌기도 했다. 또한 일부에서는 금속 자재의 건축물은 도시 중심부에 위치해야 복합적인 기능과 역할을 하는데, 강변 외곽으로 밀려나 아쉽다는 사족을 붙이기도 한다. 마치 치켜세우고 깎아내리기를 통해 서구인들을 조롱하는 것 같은 풍수 잡설이 재미있게 느껴진다.

특이한 외형을 지닌 리포 센터(Lippo Center). 우리나라의 관광공사 홍콩사무소가 입주해 있다.

런던 시청. 풍수로 후한 점수를 줄 만한 건물 외관은 아니다.

자연과 건축물이 조화를 이룬 아랍에미리트의 두바이 야경.

자연 경관과 조화를 이루는 관점에서 보면 중동 지역에 있는 아랍에미리트의 두바이Dubai 풍수를 최고로 꼽을 수 있다. 이곳의 주메이라 비치 호텔과 바다에 바람을 안은 요트의 돛 모양을 닮은 버즈 알 아랍 호텔이 있는 아라비안 타워는 자연과 건축물이 완벽한 호흡을 이룬 최상의 풍수로 손색이 없다. 걸프 만의 인공섬 위에 만들어진 이 호텔의 높이는 호텔 가운데 세계 최고 높이인 321m에 달하고, 전 세계에 두 곳밖에 없는 별 일곱 개짜리 초특급 호텔이다. 디자인과 건축 기술면에서 세계 최고 수준이고, 롤스로이스 8대와 헬리콥터가 호텔로 들어가는 이동 수단으로 쓰인다. 결국 좋은 풍수란 자연과의 조화에서 해답을 구할 수 있다. 주변 경관과 잘 어울리는 아름다운 건물은 보는 이로 하여금 자연스럽게 좋은 기분이 들게 하고, 그것이 곧 좋은 풍수가 된다.

다양한 형태의 건물 외관만큼 난무하는 온갖 풍수 견해를 모두 진지하게 받아들일 필요는 없다. 더구나 올바른 근거도 없이 퍼져 나가는 풍수 괴담이라면 더욱더 그러하다. 사실 드러난 현상을 두고 왈가왈부하는 풍수 견해는 그다지 신뢰할 바가 못 된다. 우리나라의 수도 서울에서도 명품 빌딩들의 우아한 자태는 어렵지 않게 구경할 수 있다. 국내에 진출한 외국계 증권사는 광화문과 시청을 중심축으로 한 전통적인 서울의 중심가를 선호한다. 이들 증권사가 많이 모여 있는 빌딩은 도이치증권, UBS증권, 노무라증권 등이 위치한 종로구 서린동의 영풍빌딩, 골드만삭스와 씨티그룹 글로벌마켓증권 등이 있는 종로구 신문로의 흥국생명 빌딩, 메릴린치를 비롯해 맥킨지, 딜로이트컨설팅, 스탠다드차타드, 바클레이즈 등이 입주한 중구 태평로의 서울파이낸스센터 등이다.

서울 중구 태평로1가에 위치한 서울파이낸스센터. 입주한 회사의 40%가 다국적 기업인 만큼 건물을 휘감은 분위기도 국제적인 감각이 배어난다. 스타 타워, 아셈 타워와 함께 강북을 대표하는 3대 명품 빌딩으로 회자된다.

　이들 건물은 인왕산의 물줄기와 남산의 물줄기가 합세를 이루면서 이 지역 일대에 수세水勢를 이룬 것과 연관이 깊다. 한마디로 물이 좋다는 것이고, 이는 곧 재물이 모이는 자리임을 뜻한다. 청와대에서 바라본 세종로와 태평로 좌측 일대는 아직까지 외국인들이 득세하는 국면인지 미국 대사관을 위시해 유난히 많은 외국계 금융기관들이 포진해 있다. 한마디로 좌의정 행세를 한다는 얘기다.

광화문의 서울파이낸스센터는 지난 2000년에 싱가포르의 외환 보유액을 운용하고 있는 싱가포르 투자청 GIC이 매입했다. GIC는 이어 지난해에는 광화문 코오롱 빌딩, 무교 빌딩, 2001아울렛 분당·중계점 등을 잇달아 사들인 바 있다. 싱가포르 투자청 산하 부동산투자전문회사 GIC RE의 식니후앗 사장은 서울에 장기적인 자산 포트폴리오를 유지하려는 투자 목표에 따라 스타타워를 매입했다고 밝히기도 했다. 현재 GIC는 서울, 도쿄, 샌프란시스코 등 30여 개 국가의 주요 도시에 수백 억 달러 규모의 부동산 자산을 소유하고 있다.

광화문의 서울파이낸스센터와 강남구 역삼동 테헤란로의 53층짜리 초고층 빌딩 스타 타워는 이전의 국내 소유자들이 부도를 맞고 외국인에게 소유권이 넘어가면서 건물이 완공되었다. 스타 타워는 2002년에 미국계 부동산

강남 지역에서 성공한 기업을 상징하는 랜드마크로 자리 잡은 스타 타워의 야경. 강남 일대의 사무실 가운데 임대료가 가장 비싼 곳 중 하나이다. 또한 테헤란벨리의 중심인 역삼역 사거리에 우뚝 서 있어, 한때 이곳에 입주하는 것 자체가 '잘 나가고 있다'는 말로 통했다.

회사인 론스타에 매각되었다. 이후 론스타는 싱가포르 투자청에 1조 원 상당에 되팔아 수천 억 원대의 차익을 거뒀지만, 세금은 한 푼도 납부하지 않았다는 얘기가 나돈다. 그러자 한때 풍수가들 사이에서는 불火의 기운이 강한 터는 물水의 기운이 강한 외국인들과 좋은 인연을 맺는다는 말이 나돌기도 했다. 내용인즉 스타 타워의 터는 엄청난 화기火氣가 응집된 곳으로, 그 열기熱氣를 감당하지 못하는 사람이 터를 소유하거나 입주하면 기가 약해져 쇠락한다는 것이다. 실제로 이 터를 소유했던 국내의 재산가들이 줄줄이 부도 신세를 면치 못했고, 입주 업체들이 불운을 겪기 시작하자 불을 제압하는 수기水氣가 강한 외국 기업이 인수해서 재미를 보았다는 것이다.

NHN은 경기도 성남시 분당구 정자동의 분당벤처타운으로 이전했고, 그래텍도 높은 임대료를 감당하지 못해 강남구 대치동 사옥으로 사무실을 옮겼다. 한때 지하 아케이드에 입주한 식당가는 절반이 문을 닫은 실정으로 썰렁한 기운이 감돌았다. 지금 이곳에는 BAT코리아, ING생명, 메트라이프생명, 조흥은행 PB, 삼성증권, 삼정KPMG, 다임러크라이슬러 등 국내외 유명 기업들이 입주해 있다. 38층에는 서울대병원 강남건강검진센터가 위치해 있는데, 300만 원이 넘는 프리미엄 건강 진단을 하는 것으로 유명하다. 스타 타워를 관리하고 있는 부동산 자산관리 기업 KAA는 IT 기업들이 빠져나간 자리에 금융 회사를 대거 유치해 강남의 금융 중심지로 재도약할 방침이라고 밝혔는데, 향후 스타 타워에는 더 많은 금융기관이 입주하게 될 것으로 예상된다. 오행五行에 의할 때 수水의 업종으로 분류되는 금융기관을 위시해 자금력이 탄탄한 새로운 임자들로 채워진다면 소문으로 떠돌던 풍문은 자연스럽게 사라질 것이다.

예전에 국내 최대의 인터넷 음악 사이트로 한참 잘 나가던 벅스뮤직이 스타 타워에 입주한 후 쉴 새 없이 송사에 휘말리면서 고사 위기에 처하자 흉흉한 소문이 나돌기 시작했다. NHN도 스타 타워 징크스를 벗어나지 못한 전력이 있다. 입주한 지 일주일 만에 음란물을 사이트에 게시했다는 혐의로 압수수색 영장과 함께 대표이사 등에 대해 체포 영장이 발부되는 등 한 동안 고초를 겪었다. 이 외에도 소프트웨어 개발사인 그래텍은 자사가 서비스하는 웹 폴더 서비스가 음란물의 유통 경로가 되고 있다는 구설수에 올라 곤욕을 치르기도 했다. 이처럼 스타 타워에 입주하는 업체들이 호된 신고식을 치르면서 소문은 더욱 그럴싸해졌다.

하지만 이러한 설명은 별반 의미가 없다. 수도 서울에 화기火氣가 센 터가 비단 어디 한두 곳에 불과할까. 그런 곳마다 반드시 외국인들이 주인이 되어야 좋다는 말은 어불성설에 지나지 않는다. 원래 명당에는 제각각의 임자가 있는 법이다. 명품 건물은 소유자나 입주자 각각의 상황에 따라 비운悲運의 터가 될 수도 있고, 발복發福의 터가 될 수도 있다. 따라서 국내에 진출한 세계 유수의 업체들과 주로 펀딩에 의존하는 체제를 완전하게 탈피하지 못한 국내 IT 업계의 흥망을 견주어 논하는 것

▎테헤란로의 야경. 사진 위로 스타 타워가 보이는 지점에서부터 화살표를 따라 서쪽에서 동쪽으로 내리막길을 타며 일직선으로 빠져나간다. 지금 이곳은 재벌 그룹들의 사옥 이전 러시로 IT 업체가 빠져나간 자리를 메우고 있다.

자체가 의미가 없다. 오히려 화기火氣가 너무 강한 터나 건물에는 업종별로 화火의 업종인 IT 업계보다 수水의 업종인 금융업이나 유통업 등이 궁합이 맞을 것으로 보는 견해가 더 설득력이 있을 법하다.

사실 IT 기업들이 부침을 겪는 현상은 테헤란로의 풍수와 관련이 깊다. 테헤란로는 강남구 역삼동 825-15번지인 강남역 사거리에서 송파구 잠실동 50번지의 삼성교에 이르는 가로를 말한다. 이 도로는 동서東西로 놓여 있는데, 서쪽은 높은 언덕이고 동쪽은 아래로 터져 있는 지세

4장 좋은 집터, 좋은 건물 **209**

▌아셈 타워. 코엑스(COEX)를 사이에 두고 트레이드 타워와 절묘한 조화를 이뤄 낸다. 트레이드 타워가 무역을 기반으로 초고속 성장을 거듭하는 한국 경제의 모습(그래프)을 형상화했다면, 아셈 타워의 실루엣은 상품을 가득 실은 초대형 상선을 상징한다.

다. 따라서 서쪽에서 동쪽으로 흐르는 청계천淸溪川의 흐름과 같이 재화 財貨가 넘쳐난다는 서출동류西出東流의 물줄기다. 그런데 정작 문제는 물의 흐름이 구불구불한 길한 모양이 아니라 일직선의 도로 흐름에 있는 것이다. 이와 같은 직류수直流水는 재물을 급히 퍼다 버리는 격이 되어 속성속패하는 흉한 작용을 야기한다. 이런 까닭에 이 일대의 빌딩에 입주하는 업체들은 탄탄한 자금력을 보유하지 않는 한 견뎌내기 어렵다는 얘기다. 그래서인지 스타 타워와 IT 업체는 궁합이 잘 맞지 않았다. 이곳에 입주한 업체들은 반이라도 건져 나가는 게 상책일 수도 있다. 이 건물의 지하 아케이드에 자리 잡았던 초기의 식당들은 비싼 임대료를 감당하지 못해 큰 손실을 보고 폐업하거나 이전한 경우가 많다.

스타 타워의 괴담 이전에도 유사한 괴담이 있었다. 벤처 거품이 빠지던 지난 2001년에 성공한 벤처기업들의 상징이던 삼성동 아셈 타워에 입주한 업체가 한꺼번에 실패하면서 '아셈 타워 괴담'이 떠돌았다. 그러나 이러한 풍문은 근거가 없는 풍수 괴담의 일종으로 볼 수 있다. 한국 무역의 1번지 서울 삼성동 무역센터에 있는 두 개의 초고층 빌딩 중 하나가 바로 아셈 타워다. 1988년 올림픽이 열린 해에 완공된 것이 트레이드 타워이고, 2000년 아시아유럽정상회의 ASEM를 대비하여 새로 지어진 건물이 바로 아셈 타워다. 이곳은 국내 최고 수준을 자부하는 IT 인프라 덕분에 IT 관련 기업들에게 가장 인기 있는 오피스 빌딩이다. 아셈 타워의 명성은 공실률 0%를 자랑한다.

연면적은 44,500평으로 스타 타워보다는 적지만 28,000평인 교보 강남 타워보다는 크다. 또 소유주가 공익적 성격이 강한 한국무역협회여서 스타 타워보다 상대적으로 임대료가 저렴한 편이다. 외국계 기업으로는 소니코리아, 시스코시스템즈코리아, 한국썬, 한국IBM BCS 등이 있고, 국내 기업으로는 네오위즈, 삼성네트웍스, 로커스, 모빌리언스 등 이른바 꽤 잘 나간다는 IT 기업들이 대거 포진해 있다. 아셈 타워가 자리 잡은 터나 건물의 가상家相은 풍수적으로 별반 흠잡을 데가 없다.

강남 교보 타워. 아셈 타워, 스타 타워와 함께 강남 신 메카 3인방으로 불린다. 강남역의 상권을 팽창시켰고, 부근 상권의 중심이 교보 타워 사거리로 이동하는 추세다.

스타 타워가 규모로 테헤란벨리 일대의 빌딩들을 압도한다면, 교보 타워는 우선 건축 미학적인 측면에서 시선을 잡아끈다. 교보 타워가 자리 잡은 곳은 서초구 서초동 구 제일생명사거리다. 그 상징성 때문에 최근 거리의 명칭도 교보타워사거리로 바뀌었다. 환경친화적 소재인 붉은색 벽돌로 된 외관은 멀리서 보기에도 품격이 느껴진다. 유리로 된 외벽 고층 건물이 주는 가벼움 대신 좌우 대칭을 기조로 한 벽돌 재질은 위압적이기까지 하다. 건축업계에서는 높이가 100m 이상인 25층 건물에 벽돌을 사용하는 것 자체를 하나의 실험으로 여길 정도다. 이곳에 터전을 잡은 기업들은 교보생명과 우리신용카드, SKC 본사, 두산중공업 본사 등 굵직굵직한 기업들이고, 인터넷 경매업체 옥션을 비롯해 G모바일, 그리곤엔터테인먼트, 스토리지텍 등 IT 기업들도 상당수 입주해 있다. 건물 자체가 하나의 예술 작품인 덕에 입주사의 직원들이 큰 자부심을 느끼는 것으로 알려져 있다.

언젠가 필자가 몸담았던 회사의 대표가 두산중공업의 본사가 교보 타워에 입주할 때 사무실 배치와 관련해서 풍수 컨설팅을 한 적이 있다. 사실 개인적으로는 미학적인 측면을 떠나 쌍둥이 건물 형태에서 중간에 발생하는 갭(틈새)과 工 자형의 구조가 별반 마음에 들지 않았다. 풍수에서 工 자형 건물이라고 해서 반드시 흉상凶相으로 간주하지는 않지만, 대체로 거주인들의 화합 면에서 불리한 측면이 있는 것으로 알려져 있다. 특히 건물 내부의 임원실과 주요 부서를 배정하고 나서 책상 등의 집기를 배치할 때는 수월치 않았던 기억이 있다. 이 일이 있고 나서 얼마 지나지 않아 교보 타워에 입주해 있던 한국까르푸 본사의 이전에도 관여하게 되었다. 당시 경기 시흥동에 위치한 까르푸 시흥점(지금은 홈플러스 시흥점)을 증축해 본사를 이전하게 되었고, 7층 본사의 사무실을 배치할 때 풍수에 따라 위치시켰다. 당시 까르푸의 본사 이전은 대외적으로 현장감이 반영된 마케팅 전략 수립 및 일선 점포와의 커뮤니케이션을 보다 원활하게 하기 위한 것이었지만, 내면적으로는 본사 이전으로 매달 엄청난 액수의 임대료를 절약하게 되는 만큼 내실을 기하겠다는 뜻이었다. 까르푸의 경우 교보 타워보다는 이전한 본사 위치가 훨씬 더 궁합이 잘 맞아 보였다.

국내의 인터넷 대표 업체들이 하나 둘 속속 테헤란밸리를 떠난 표면적인 이유는 제 각각이지만, 내면을 들여다보면 극심한 불황 속에서 비싼 임대료를 감당하지 못했기 때문으로 추정된다. 이렇게 탈脫 강남, 테헤란벨리 엑소더스 Exodus 현상이 가속화 되는 상황에서 묵묵히 IT 산업의 대표임을 자부하며 국내 IT 기업의 상징인 테헤란벨리를 수호하는 네오위즈, 옥션 같은 기업들도 있다. 다른 기업들이 경기 위축의 여파 속에서 고전을 면치 못하고 있지만, 이들 기업의 사무실이 있는 빌딩은 테헤란벨리의 랜드마크로 자리 잡으며 웅장한 위엄을 과시하고 있다. 대개 한 기업의 운세인 사세社勢는 CEO의 운세가 절대적인 작용을 한다. 명당에는 임자가 따로 정해진다는 말이 있는데, 결국 운運이 강한 사람이 좋은 방향이나 터에 정착하기 쉽다는 얘기가 된다. 같은 건물에서도 흥하고 망하는 업체는 상존하게 마련이다. 그 원인을 다각도로 진단할 수 있겠지만, 풍수의 시선으로 보자면 결과적으로 터와 건물의 번성 주기, 그리고 입주자와의 궁합 여부로 길흉을 설명하는 게 옳을 것이다.

부자들은 돈이 모이는 터에 모여 산다

5장

01 대한민국 대표 부자촌 '한남동'

풍수風水에서는 산山이 바람風을 막고 물水을 바라보는 땅의 모양을 길하게 여겼다. 풍수의 고전인 『장경葬經』에 따르면 '기는 바람을 타면 흩어지고 물을 만나면 멈춘다'라고 했다. 풍수란 글자 그대로 바람과 물을 말하는데, 바람은 기를 흩어지게 해서 건강을 해롭게 하며, 물은 기를 모아 재물이 유입되게 한다는 것이다. 즉 풍수에서 바람은 건강을, 물은 재물을 주관하는 것이다. 이런 까닭에 바람을 막는 산은 건강을 유지하는 기반이고, 앞에 놓인 물은 부자의 삶을 기약하는 동기가 된다. 주택이나 건물을 지을 때도 산을 등지고 물을 향하도록 건축하는 방법이 배산임수背山臨水에 따른 이상적인 배치법이다.

따라서 이와 같은 지형지세를 갖춘 곳에 거주하게 되면 건강해지고, 부자가 될 가능성이 그만큼 높아진다. 부자들은 거의 예외 없이 생기生氣가 감도는 터에 모여 거주하게 마련이다. 부자들이 자연스럽게 모여들면 그곳이 바로 부촌富村이 된다. 이러한 현상은 비단 우리뿐만 아니라 전 세계 어느 곳이든 마찬가지다. 부자들은 일반인들에 비해 재물에 대한 욕구와 축재蓄財에 대한 의지가 매우 강렬하다. 그런 사람들이 건강해지고 부자가 되는 좋은 터를 가만히 놓아 둘 리가 없다.

남산 자락에 위치한 한남2동 부촌가. 명실상부한 국내 최대의 부자촌이다. 마을은 사진에서 오른편으로 남산에 기대고, 왼편으로는 한강을 바라보는 배산임수(背山臨水)의 전형이다.

그래서인지 서울의 한남동 부촌에는 재벌들이 이웃해 모여 산다. 큰 부자들이 많이 모여 산다는 얘기다. 국내 10대 재벌 총수 가운데 다섯 일가가 이곳에 둥지를 틀고 있다. 삼성그룹의 이건희 회장과 LG그룹 구본무 회장, 현대자동차그룹 정몽구 회장 등 이른바 '빅3'는 모두 한남동 일대에 살고 있다. 현재 이곳에는 그들이 보유한 주식으로만 따져도 우리나라의 10대 부자 중 7명이 거주하므로, 그야말로 최고의 부자 동네인 셈이다.

한남동은 남쪽에 한강이 흐르고 서북쪽으로는 남산이 있다고 해서 한강과 남산의 머리글자를 따 '한남동漢南洞'이라 부르게 되었다는 속설이 있다. 한남2동에는 삼성, LG, 현대자동차 등 3대 그룹의 총수들과 이름만 대면 다 아는 대기업 오너들의 저택이 자리를 잡고 있다. 신격호 롯데그룹 회장, 박삼구 금호그룹 회장 등이 남산 아래 한남2동에 모여 있다. 이건희 회장을 비롯해 이명희 신세계그룹 회장 등 삼성가 오너들이 거주하는 삼성타운도 일찌감치 이곳에 자리 잡았다. 따라서 남산의 하얏트 호텔 바로 밑은 삼성 이씨의 집성촌이라 해도 손색이 없을 정도다.

한남로를 건너면 한남1동이다. 한강변 언덕에 있는 UN빌리지는 국내 최대의 외국인 거주지로 불리며, 주한 외교관 및 외국 기업인들이 모여 산다. 내국인으로는 김준기 동부그룹 회장, 최원석 전 동아그룹 회장, 이헌재 전 재경부장관 등이 살고 있다. 제프리 존스 주한 미국상공회의소 AMCHAM 전 회장도 이곳에 둥지를 틀었다. 사상 처음으로 공시된 전국 표준 단독주택 가운데 가장 비싼 주택은 UN빌리지 내 2층 주택으로 알려져 화제가 되기도 했다.

독일어로 '귀족의 집'을 의미하는 UN빌리지 내 헤렌하우스(Herren Haus). 옛 러시아공사 관저가 있던 자리다. 이곳의 한강 조망권은 정말 매력적이다.

남산을 베개 삼아 한강으로 다리를 곧게 쭉 뻗은 이곳은 한눈에 복록 福祿과 자손 복이 넘치는 전형적인 배산임수의 명당 터임을 느끼게 한다. 북쪽으로 남산이 병풍처럼 둘러쳐져 있고, 남쪽으로는 한강이 넉넉하게 흐르는 한남동의 고급 주택가는 배산임수의 명당 터로 호사가들의 입에 오르내린지 오래다. 이렇게 한강 물이 감싸 도는 데다 남산에서 서

UN빌리지가 위치한 한남1동 앞으로 수도 서울의 젖줄 한강이 어머니의 치마폭처럼 포근하게 감싼 모양이다. 중랑천을 맞아들인 한강은 한남동을 감싸고 흐르다가 보광동 부근에서 급히 빠져나간다.

빙고동으로 연결되는 산줄기가 일대를 품은 형국이라서 더욱 좋다. 남산에서 뻗어 나온 산줄기의 기운이 응집되는 곳이 바로 한남동이다. 특히 이곳은 한강 전면 및 압구정 일원, 그리고 잠실 일대까지의 완벽한 한강 조망권이 장점이다.

한남동의 또 다른 특징은 '외교 1번지' 라는 점이다. 이곳에는 30여 개 국가의 대사관 및 영사관이 즐비하다. 한남동이 '대사관동' 이라 불리는 이유를 짐작케 한다. 남산에서 내려다보면 한남2동에는 쿠웨이트·아르헨티나·이집트 대사관이, 한남1동에는 말레이시아·인도 등의 대사관이 있다. 북한남고가차도 근처에는 스페인·터키·이란·브라질 대사관이 자리 잡고 있다. 한편 외교통상부장관 공관과 인접해 육군참모총장 공관이 있는데, 1980년 당시 전두환 보안사령관이 이끄는 신군부가 정승화 계엄사령관을 체포했던 역사적 비화를 간직한 곳이기도 하다. 당시에는 M-16 소총 총성과 화약 냄새, 피비린내가 진동했던 현장이다.

한남동은 용산구에 속하는데, 남산쪽 용산구의 특성을 잘 나타내는 동명洞名은 이태원동梨泰院洞이다. 이 지명은 임진왜란 직후부터 '이태원'으로 불렸다. 선조 25년(1592년), 평양에서 조·명(朝·明)연합군에 밀리던 고니시 유키나가小西行長의 부대와 가토 기요마사加藤淸正의 부대가 용산에 주둔한 뒤 이태원동에 있는 운종사雲鍾寺를 습격해 비구니들을 겁탈하는 만행을 저질렀다. 왜군이 퇴각하고 다시 서울로 돌아온 조정에서는 운종사 비구니들처럼 왜군의 아이를 낳은 부녀자들을 벌하지 않고, 그곳에 보육 시설을 지어 아이들을 기르게 했다고 한다. 한마디로 '이태원異胎院'이라는 지명에는 '태어난 배가 다른 이방인의 집'이라는 의미가 담겨 있는 것이다.

▎풍수에서는 물을 재물로 본다. 마포구와 더불어 한강 물줄기의 70%를 접하고 있는 용산구는 반월형으로 감싸 도는 수체(水體)의 형태가 가장 이상적이다.

풍수로 보자면 이태원은 곧 '외인外人의 땅'이 된다. 그래서인지 임진왜란을 거쳐 구한말과 일제 강점기에는 일본군의 주둔지였고, 6.25 동란 이후에는 미군의 주둔지가 되었다. 무력武力의 본산이 된 이태원은 5.16 혁명 주체 세력의 인연도 이곳 육군본부에서 맺어졌고, 신군부의

12.12 군사 쿠데타의 주요 거점도 이곳이 무대였다. 1980년대에 육군본부가 대전의 계룡대로 이전하면서 이곳의 기세는 빠져나간 셈이다. 더불어 주한 미군 기지가 평택으로 이전되면, 용산은 이제 서울의 새로운 중심지 역할을 하게 될 것이다. 그 이유는 용산 일대를 감싸고 도는 한강 물의 흐름이 워낙 좋기 때문이다.

02 전통 부자촌의 상징 '성북동'

성북구 성북동城北洞은 이름 그대로 성城의 북쪽에 자리 잡은 마을이다. 서울의 4대문 중 북대문인 숙정문肅靖門이 일반에 공개되었는데, 숙정문은 청와대 뒤쪽 북한산 동쪽인 성북구 성북동 계곡의 끄트머리 부분에 위치해 있다. 문화재청은 그동안 보안상의 이유로 폐쇄되어 있던 숙정문을 일반에 공개한 것이다. 개방된 구간은 숙정문에서 서쪽으로 이어지는 성곽과 숙정문에서 삼청터널 북편의 진입로까지 1.1km에 이른다.

1396년, 조선을 건국한 태조 이성계는 서울의 도성을 축조하면서 정남에 숭례문(남대문)을, 정북에 숙정문을, 정동에 흥인문(동대문)을, 정서에 돈의문을 세웠다. 그런데 숙정문은 대문 밖에 삼각산이 앞을 가로막고 있어 이용할 필요가 적었다. 이렇게 별 쓸모가 없던 북문은 1413년(태종 13년)에 경복궁의 지맥을 해친다는 풍수적 견해를 담은 최양선의 상소를 계기로 폐쇄되었다. 풍수상으로는 좌청룡의 지맥을 보존하기 위한 조치였고, 속설에는 북문을 열어 두면 부녀자의 풍기 문란이 심해진다는 이유로 폐쇄했다는 설이 있다. 과거에 북문 밖에는 뽕나무가 많았는데, 이로 인해 조선 시대 사대부집 부녀자들의 해방구解放區가 되었

▎개방된 숙정문과 성곽. 1504년(연산군 10년)에 풍수를 고려해 약간 동쪽인 지금의 자리로 옮겨 석문만 세웠으며, 1976년 북악산 일대의 성곽을 복원하면서 문루를 마저 짓고 '숙정문'이라는 편액(扁額)을 걸었다. 37간 사람의 발길이 끊긴 후 지금까지 보존된 소나무 숲이 서울의 시가지와 어우러져 아름다운 경관을 이룬다.

다는 것이다. 사실은 풍수에서 북쪽은 음陰으로, 남쪽은 양陽으로 본다. 그래서 가뭄이 들면 양기가 많은 남대문을 닫고, 음기가 서린 북문을 열어 우기雨氣를 맞아들이려고 한 것이다. 그래서인지 북문을 개방하면 장안에 음풍陰風이 일어 강북 일대의 유흥업소가 호황을 누리게 될 것이라는 풍수설이 나돌기도 했다.

이곳 삼청공원 옆의 가파른 2차선 도로를 지나 삼청터널을 빠져나가면 '부촌 1번지'로 통하는 성북2동에 이른다. 이곳의 왼편 언덕배기에 큼지막하게 둥지를 튼 고급 주택가가 한눈에 들어온다. 북한산을 배경 삼아 넓은 정원을 낀 고풍스런 한옥과 양옥들이 어우러져 풍족함과 정갈함이 절로 느껴진다. 인적이 드문 탓인지 성북동의 정서는 한가롭게 여겨질 정도다. 성북동은 한마디로 아름다운 마을이다. 한남동 풍수처럼 드러난 물은 많지 않아도 풍광과 운치 면에서는 훨씬 앞선다고 볼 수 있다. 성북동 부촌의 주민들은 성북동 풍수에 강하게 집착하는 경향이 있다. 한마디로 성북동은 평창동과 비교가 안 될 정도로 풍수가 좋다는 믿음을 갖고 있으며, 그것이 생활 속의 자신감으로 연결되기도 한다.

넉넉한 산자락에 자리 잡은 성북동 주택가. 기운이 밝고 따뜻해서일까. 맑은 날에는 유난히 화창한 양명(陽明)의 기운이 감돈다.

성북동이 대한민국 부촌의 상징으로 자리 잡은 것은 1970년대에 접어들면서부터다. 성북동은 1960년대까지만 해도 부촌이라기보다는 권력 실세들의 집결지였다. 박정희 정권 시절 청와대에서 가까워 차지철 전 경호실장 등 정·관계 인사들이 처음으로 이곳에 자리를 잡았다. 청와대에서 가까운 성북동이 부촌으로 탈바꿈한 이유는 개발독재 시절 권력 주변으로 자연스레 돈이 모여들었기 때문이다. 고도 성장기를 거치면서 대기업 총수를 비롯한 부자들이 생겨났고, 그들도 성북동에 둥지를 틀었다. 박용성 전 상공회의소 회장을 비롯해 조양래 한국타이어 회장, 김상하 삼양그룹 회장, 김영준 성신양회그룹 회장, 박용곤 두산그룹

명예회장, 윤덕병 한국야쿠르트 회장, 이병무 아세아그룹 회장, 김영대 대성그룹 회장, 임충헌 한국화장품 회장, 박승주 미륭상사 회장, 김각중 경방 회장 등 이름만 대면 알만한 기업인들이 모두 이곳 주민이다.

성북동 풍수는 밝은 달빛 아래 비단을 널어 놓은 서울 성곽과 북악 스카이 능선이 동네를 감싸는 형상의 명당이라는 설, 그리고 남으로 향하는 북한산 지맥地脈을 제대로 받지 못하므로 온전한 명당 자리가 못 된다는 부정적인 견해가 있다. 정작 성북동 풍수의 핵심은 비보裨補에 있다. 한마디로 일각에서 나도는 하늘이 내린 명당이 아니라 가꾸어진 명당이라는 얘기다. '비보'란 풍수지리적인 결점을 인위적으로 보완하는 구조물을 뜻한다. 고려 말기의 문헌에 의하면 비보의 개념에 대해 다음과 같이 설명하고 있다.

"만약에 사람이 병이 들어 위급할 경우에는 곧장 혈맥血脈을 찾아 침을 놓거

조선 시대의 '보토소'는 암반이 드러날 정도로 흙이 두텁지 못해 지세가 공허한 성북동 지역 일대에 흙으로 둔덕을 쌓는 보토(補土) 공사를 주관한 곳이다. 우리 풍수는 옛날부터 '찾는' 명당론에서 '가꾸는' 비보론으로 이미 진화했다.

나 뜸을 뜨면 곧 병이 낫는 것과 마찬가지로, 산천의 병도 역시 그러하니 절을 짓거나 불상, 탑, 부도 등을 세우면 이것은 사람이 침을 놓거나 뜸을 뜨는 것과 같다. 이를 가리켜 말하기를 '비보神補'라 한다."

조선 시대의 한양漢陽에도 여러 가지 비보적인 방책이 있었다. 땅 속의 정기를 순환시키기 위해 궁궐 주위의 산에 소나무를 심어 가꾸는 한편 금산禁山정책을 취했으니, 이는 곧 지금의 그린벨트와 유사하다. 그 당시 삼각산으로부터 백악에 이르는 지맥의 중요한 지점인 현재의 북악 터널에 보토소補土所를 두어 총융청이라는 담당 관청에서 국가적으로 관리했다. 또

광화문 앞 해태상은 경복궁에서 마주 보이는 관악산의 화기(火氣)를 수신(水神)의 힘으로 막고자 세운 조형물이다.

한 도읍의 지기地氣가 빠져나가는 곳인 청계천 수구(水口 : 명당에서 물이 흘러 나가는 곳) 부근 양쪽에 인공으로 산을 조성해 활발한 기운이 빠져나가지 않고 보존되도록 했다. 한편 관악산의 험악한 모양새인 불기운을 다스리기 위해 '해태' 뿐만 아니라 남대문 앞에 '남지'라는 못을 파기도 했다.

비보의 형식과 원리로는 오행五行의 상생과 상극, 풍수적 형국론과

수구론 등이 있는데, 이들은 주로 진압풍수(鎭壓風水 : 풍수를 위협하는 존재에 대처하는 방책을 세움)의 의미를 담는다. 예컨대, 마을 앞에 화기火氣를 띠는 산이 있을 경우 마을 앞에 못을 조성하였으니, 이는 오행의 수극화(水克火 : 물로 불을 제압한다) 원리 현상으로 설명될 수 있다. 형국 비보의 사례로는 경북 선산을 들 수 있다. 이 고을의 진산은 비봉산飛鳳山인데, 봉황은 알을 품는 형세가 되어야 명당 형국을 이룰 수 있다 하여 인위적으로 다섯 개의 봉황 알을 상징하는 흙무지를 조성하였던 것과 같은 경우다. 즉 조화를 통해서 완전함을 꾀한다는 의미다. 그리고 수구 비보가 있는데, '수구水口'란 마을 가장자리로 둘러 흐르는 물이 마을 어귀에서 하나로 모여 흐르는 지점을 말한다. 수구 부위는 잠기어야 마을의 지기地氣가 빠져나가지 못한다. 이러한 지형 조건을 갖추지 못한 마을에는 숲이나 돌탑 혹은 장승 등의 신앙 구조물을 통해 인위적인 수구막이를 조성했다.

이 외에도 비보와 관련된 사례는 무척 많다. 경북 청도에는 속칭 '떡절德寺'이라는 옛 사찰이 있는데, 고을 앞에 있는 주구산走狗山이 이름대로 개가 달아나는 형국으로서 고을의 지기地氣가 빠져나가는 형세였기 때문에 개의 입에 해당되는 위치에 절을 짓고 기운을 누르고자 했다. 이는 개가 떡을 먹느라고 달아나지 못하게 하려는 뜻이었다. 이렇게 지리적인 동기와 기능을 목적으로 창건된 절을 '비보사찰'이라 한다.

경남 함안의 동촌리 '서촌'이라는 곳에는 마을 앞까지 이르지 못하고 뚝 끊긴 좌청룡 산세의 자락에 연이어 숲이 조성되어 있다. 이는 숲으로 산줄기의 정기를 이어 마을을 감싸게 하고, 차가운 북서풍을 막고자 조성한 인공림이다. 이러한 마을 숲을 '비보림'이라고 한다. 명당이란 사방으로 산이 병풍처럼 둘러싸여 바람을 막는 입지를 갖추어야 하는데, 어느 한 곳이 비게 되면 그곳에 인공적으로 숲을 조성해 산의 기능을 대체하는 식이다.

03 한국판 비벌리힐스 '평창동'

조선 시대의 한양漢陽은 서쪽에서 동쪽으로 흐르는 청계천을 명당수(明堂水 : 산줄기가 흘러 내려온 방향과 반대 방향으로 흐르는 물. 즉 생기가 응집된 명당 속으로 흘러드는 물줄기)로 삼아 북촌과 남촌으로 구분되었는데, 이것은 오늘날의 종로구와 중구의 구분이기도 하다. 당시에는 북촌과 남촌에 거주하는 사람들의 신분이 달랐다. 한양 북촌은 적어도 정3품 이상의 당상관은 되어야 살 수 있는 곳이었다. 이러한 전통은 지금도 종로구에 그대로 남아 숨을 쉰다. 종로구는 북한산의 산남山南에 있고, 청계천 물줄기의 수북水北에 자리한다. 이곳은 배산임수의 명당 터로 산남수북지위명당(山南水北之謂明堂 : 산 아래와 물 위에 자리 잡은 명당)임을 자부한다.

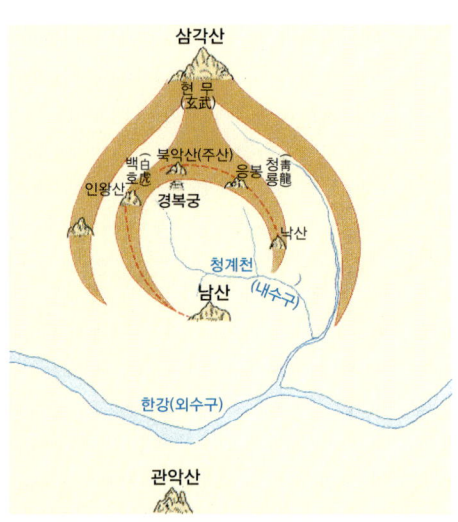

■ 서울 명당도. 경복궁 혈지를 중심으로 북쪽은 북악산(342m), 서쪽은 인왕산(338.2m), 동쪽은 낙산(111m), 남쪽은 남산(262m)이 둘러싼 지역이 본래 한양의 명당이다.

강북의 부촌으로 종로구 평창동平倉洞을 빼놓을 수 없다. 평창동은 조선 시대 선혜청宣惠廳의 평창平倉에서 유래된 지명이다. 원래는 곡물을 저장하던 창고와 군사 훈련장이 있었던 산동네였다. 인근의 구기동舊基洞 부촌의 규모가 작은 것에 비해 평창동의 규모는 크고 거주자들의 성분이 다양하다. 평창동은 지난 1968년에 있었던 무장간첩 남파 사건을 계기로 박정희 전 대통령이 주택단지로 개발하라는 특별 지시를 내려 1974년부터 개발된 곳이다. 이곳은 정치인들과 함께 유명 문화예술인들이 많이 모여 산다. 평창동이 강북 최고의 권력촌으로 자리 잡은 것은 김영삼 정권 시절이다. 최형우 전 국회의원이 지근거리에서 대통령을 보좌하기 위해 여기에 터를 잡은 이후 서석재 전 의원과 이원종 전 정무수석이 평창동으로 이사했고, 마지막으로 김현철 씨가 구기동으로 이사를 오면서 권력촌의 위상을 갖추게 되었다. 그리고 문재인 전 청와대 정무수석이 평창동에, 노무현 전 대통령의 오른팔로 거론되던 이광재 전 국회의원은 구기동에 살고 있다.

그런데 평창동의 풍수는 말이 많다. 평창동은 가파른 산기슭에 자리한 배산背山의 형국이지만, 사방으로 산을 보므로 마치 함지박 속에 들어 있는 형상이다. 이런 지형은 일조량이 적고, 깊은 계곡에는 항시 찬 계곡물이 흐르면서 산과 계곡의 기온 차에 의해 낮에는 바람이 계곡에서 산 쪽으로 불고, 밤에는 산바람이 계곡 쪽으로 불어 내려와 세찬 바

▎평창동과 구기동은 한마디로 강북의 녹색 지대에 자리 잡고 있다. 초목이 싱싱한 녹색을 띠고 있으면 일단 그곳의 기(氣)는 건강하고 윤택하다는 것을 증명하는 근거가 된다.

람을 잠재우지 못한다. 게다가 계곡은 깊어 물은 많은데, 수구水口가 좁아 통풍에 지장이 많으니 안개와 같은 음습한 기운이 한낮에도 머무는 단점이 있다. 『택리지擇里志』에서는 '무릇 사람은 양명陽明한 기운을 받아서 태어나는데, 하늘은 양명한 빛이니 하늘이 조금만 보이는 곳은 결코 살 곳이 못 된다' 라고 했다. 이렇게 보면 평창동은 풍수적으로 결점이 있는 동네다. 온통 바위투성이여서 사람에게 이로운 생기生氣보다는 살기殺氣와 영기靈氣가 세다고 한다. 그래서 평창동은 장사하는 사람들이나 정치하는 사람들이 살 만한 곳이 못 되고, 예술가들이 살기에 알맞은 터라고 전해진다.

반면에 구기동은 비봉에서 북한산성을 따라 남진南進한 두 산줄기 사이에 펼쳐진 편평한 지형 위에 자리 잡았다. 구기동은 굳게 닫힌 수구水口 안으로 들어서면 갑자기 공간이 넓어 보이는데, 서쪽을 남북으로 가로막은 북한산성의 형세가 마치 누에의 머리와 같은 잠두형蠶頭形

이다. 누에고치에서 실을 뽑아 비단을 짜게 되면, 벼슬이 높은 관리만이 비단을 입을 수 있다. 땅을 살아 있는 생명체로 인식하게 되면 그 성격에 맞게 땅을 이용할 때 지덕地德이 발동하며, 사람에게 복을

북한산의 서북부 끝자락 보현봉 아래 산기슭에 들어선 서울 종로구 평창동의 주택가. 서울에서 보기 드문 도심 속의 안식처다.

가져다준다는 발상을 할 수도 있다. 따라서 공직자나 정치인은 구기동이, 작가와 예술가에게는 창작의 열정을 높여 주는 평창동의 풍치가 더 적합해 보인다.

평창동의 지세를 두고 작고한 김윤환 전 국회의원은 "평창동은 기가 세서 정치인에게는 좋지 않다"라고 말할 정도였는데, 이곳에 자리 잡은 상당수의 권력가들이 실제로 불운을 겪었다. 최형우 전 국회의원은 뇌졸중으로 쓰러졌고, 서석재 전 국회의원은 설화舌禍로 장관직에서 물러난 뒤 정치적으로 좌절을 겪었다. 국민의 정부 시절 최고 실세로 꼽혔던 권노갑 전 최고위원은 정권 교체를 이룬 영광의 시기에 한보그룹 사건에 연루되어 옥고를 치렀고, 계속해서 시련을 겪으며 이사했다. 한때 이곳으로 이사를 검토했던 이회창 자유선진당 총재도 풍수를 이유로 포기했다는 얘기가 있었다. 정몽준 한나라당 대표가 지난 16대 대선에서 대

통령 후보로 출마했을 때 당시 노무현 후보를 문전박대했던 곳도 바로 평창동이다.

정치인들의 불운과 달리 평창동의 산세는 문화예술인과는 궁합이 잘 맞는 듯하다. 예술 창작의 감성을 자극하기 때문인지는 몰라도 이곳에는 현재 유명한 문화예술인이 다수 살고 있다. 이어령 현 중앙일보 고문을 비롯해 소설가 박범신과 양귀자, 화가 김홍수, 세계적인 지휘자 정명훈 등 많은 예술인들이 둥지를 틀었고, 여기에 연예인까지 더하면 줄잡아 400여 명 이상이 산다고 한다. 그들 중에는 아주 호사스럽게 실내를 장식하는 자유분방한 이들도 적지 않다. 기업인으로는 조양호 대한항공 회장과 신준호 푸르밀 회장 등이 살고 있지만, 한남동이나 성북동처럼 기업인들이 두텁게 형성되어 있지는 않다.

현재 평창동은 계류인 세검정 길을 따라 상가와 호텔 등이 들어서 있고, 산기슭에는 호화스러운 저택들이 밀집한 한국판 '비벌리힐스'로 불린다. 이곳의 인구는 약 2만 명(7,000여 가구)으로 그 중 대략 10%(700여 가구)의 주민이 보현봉 아래 풍치 좋은 자리를 차지하면서 상류 사회를 형성하고 있다. 이곳은 주택을 남향으로 지을 수 있고, 앞쪽으로는 북악산과 연결되는 수려한 연봉의 경관을 즐기기에 알맞으며, 북향인 북안산의 북쪽 사면보다는 일조량이 많아서 좋다.

04 물 좋은 신흥 부촌 '청담동'

'맑고 깊은 못'을 가리키는 지명 그대로 청담동淸潭洞은 물이 좋은 동네다. 각종 신문의 주말 섹션 면에는 종종 청담동 일대의 고급 레스토랑 지도가 등장하고, 서울의 미인들이 넘쳐나는 곳이다. 명문으로 알려진 경기고교가 청담동 바로 옆으로 이전했고, 영동고교 등이 신설되면서 이른바 '좀 있다' 하는 사람들이 몰려들어 자연스럽게 부촌 대열에 합류했다. 이곳 일대의 반경 2km 내에서는 모든 게 '돈'으로 통한다. 권력이나 명예로 자신을 드러낼 장소가 아니라는 얘기다. 청담동의 이미지는 명품과 소비문화의 1번지로 대표된다. 샤넬, 구찌, 아르마니 등 유명 브랜드숍과 고급 외제차가 늘

강남구 청담동과 압구정동이 만나는 갤러리아 백화점 야경. 네덜란드 건축가에 의해 40일 간의 외관 공사를 마친 뒤 '명품관 WEST'라는 이름으로 선을 보였다. 초록빛으로 휘감았다가 다시 붉은 색과 보라색으로 변하는 건물의 외관은 지나는 이들에게 시각적 재미를 안겨 준다. 색상도 풍수 교정의 중요한 재료 중 하나다.

청담동 빌라촌. 이곳의 로얄카운티는 도곡동의 힐데스하임, 서초동의 서초가든스위트와 함께 고급 빌라 리스트에 항상 등장하는 브랜드다.

어선 거리를 걷다 보면 이국적인 분위기가 느껴지기도 한다. 아무튼 청담동에 가면 문화와 음식, 제품 면에서 최고의 것을 가까이에서 보고 즐길 수 있다.

과거 청담동에는 맑은 못이 있었다. 풍수에서는 생기生氣가 응집된 곳에 자연스럽게 고여 있는 샘이나 연못을 '진응수眞應水'라고 해서 재물이 쌓이는 명당으로 간주한다. 따라서 이 동네는 '호의호식하며 잘 사는 길한 터'라는 뜻을 담고 있다. 또한 이 일대의 한강변은 유난히 맑아서 '청숫골'이라 불리기도 했다. 그래서 붙여진 지명이 청담동이다. 1973년 당시 영동대교가 놓이기 전만 해도 전형적인 강촌江村 마을로, 농업을 주업으로 삼던 이곳 주민들은 한강에서 쏘가리, 붕어 등을 잡아 강북 지역에 내다 팔았다. 그러다가 1970년대 후반부터 건축 붐이 일기 시작하면서 상전벽해桑田碧海가 시작됐다. 전답과 초가집은 모두 사라지고 상가와 아파트, 고급 주택들이 속속 들어섰다. 그러한 과정을 거쳐 1980년대 이후 청담동은 화려하게 시작된 강남 시대를 대표하는 동네가 되었다.

영동대교 남단의 한강변은 청담1동, 갤러리아 백화점 건너편 명품숍 거리 뒤쪽은 청담2동이다. 청담1동은 강변을 따라 늘어선 아파트 뒤로 고급 빌라와 상업 지구가 뒤엉켜 있는 모양새다. 청담2동의 경우 8년 전까지만 해도 고급 빌라가 대부분이었던 전형적인 주택가였지만, 지금은 많이 변했다. 명품숍 뒤에서 도산대로까지는 이른바 '청담동 문화'의 근간이라 할 수 있는 화랑, 퓨전 레스토랑, 카페 등이 속속 들어선 것이다. 청담사거리 대로변을 따라 늘어선 화려한 명품숍 뒤로 들어서면 이국적인 호화 빌라들이 자리를 잡고 있다. 그 중심부에 로얄카운티, 이니그마빌, 효성빌라 같은 고급 빌라들이 이웃해 있다. 강북의 부촌에는 이렇다 할 고급 빌라가 나타나지 않고 있는데, 단독 주택지와 고급 빌라촌은 서로 양립할 수 없는 주거 형태라는 해석까지 등장했다.

현재 이곳에는 우리나라 100대 주식 부자 중 10명이 거주하는 것으로 조사됐다. 재벌가의 경우 창업 2세대나 3세대, 1990년대 말 이후 부상한 정보기술 분야 창업자 등이 이에 속한다. 구본준 LG필립스LCD 부회장, 박병엽 팬택 계열 부회장, 우석형 신도리코 회장, 김정식 대덕전자 회장 등이 청담동에 둥지를 틀었다. 청담동은 고위 공직자나 명망가는 드물지만, 기업가와 전문직 종사자 등 남의 눈을 의식하지 않고 재미있게 사는 알짜 부자가 많은 곳으로 알려져 있다. 이름만 대면 알 만한 거부巨富보다는 신흥 부자들과 주로 연예인들이 많이 거주한다. 여타의 부촌과 달리 상당한 재산가들이 현금을 보유하며 유가증권이나 부동산

▎압구정동을 감싸 안으며 흐르는 한강 물줄기. 마치 허리띠를 찬 모양의 금성수(金星水) 물줄기는 부귀와 세인의 존경을 가져다주는 복된 형상이다.

등에 투자하는 일이 빈번하므로, 한마디로 돈이 도는 곳이다. 최근에는 마땅한 투자처를 찾기 어려워 보석과 그림에 투자하는 사람도 늘어나는 추세라고 한다.

청담동은 주거 환경이 좋다지만 전통이 짧은 부촌인데다 주변이 시끄러운 소비문화의 중심지이다 보니 기존의 품격이나 품위와는 또 다른 패러다임이 형성되었다. 청담동 주민의 한 축은 의사, 변호사 등 전문직 종사자들이다. 부유한 가정에서 자라 화려한 학력을 자랑하는 이들은 청담동의 새롭고 세련된 문화를 이끄는 주류로 볼 수 있다. 하루가 다르게 변하면서 늘어가는 청담동의 와인 바, 퓨전 레스토랑, 재즈 카페 등을 운영하는 이들도 대부분 젊은 세대들이다. 1990년대 초반 압구정 로데오 거리의 '오렌지'들이 성장해 청담동 '여피족'이 된 셈이다.

청담동은 강남 개발의 발원지라는 압구정동狎鷗亭洞과 한강을 바라보며 이웃하고 있다. 주목할 점은 이 지역이 용산구 일대와 더불어 한강 물의 흐름이 가장 좋다는 것이다.

아직까지 세간에 우리나라의 부촌 3위로 꼽히는 동네는 압구정동이다. '강남 부촌 1번지', '강남 지존' 등의 수식어로 회자되는 이곳은 조선 시대 세조 때 영의정을 지낸 한명회가 '압

압구정동 현대아파트는 강남의 문화를 최초로 이끈 고급 주택의 산실이었다. 압구정동 1세대들은 대부분 이곳을 빠져나갔다.

구정'이라는 정자를 한강변에 지어 놓아 생긴 지명이다. 계유정난癸酉靖難을 통해 세조의 등극을 도운 그는 두 딸을 예종과 성종의 원비로 책봉시켜 2대에 걸쳐 임금의 장인이 됐다. 한명회는 한 손에 권력을 움켜쥐자 사신을 접대하는 등 자연을 벗 삼아 여유로운 여생을 보내고자 이곳에 정자를 지었다. 갈매기와 친하게 지내겠다는 의미인 '압구狎鷗'는 한명회의 호號다. 그러나 차고 넘치면 문제가 된다고 했던가. 오늘날의 압구정동은 정치자금 수뢰 공방, 노부부 피살 사건 등 말도 많고 탈도 많은 동네로 변해 갔다. 철없고 무분별한 젊은이들을 가리켜 '압구정 오렌지'라고 불렀을 정도니까 말이다. 결정적인 사건은 갑술甲戌년이던 1994년, 즉 청구(靑狗 : 갑술甲戌을 동물에 비유하면 '푸른 개'가 됨)가 갈매기를 덮치던 그 해에 성수대교가 무너지면서 압구정동은 강남의 지존 자리를 대치동에 내주기 시작했다.

05 강남의 일등 주자로 부상한 '대치동'

강남불패의 신화는 절대로 떨어지지 않는다는 대치동大峙洞의 집값으로 대변된다. 그런데 여기는 언제 보아도 특별히 부자 동네라는 느낌이 나지 않고, 길 하나 건너에 위치한 도곡동道谷洞의 위압적인 마천루에 비하면 한물 간 게 아닌가 싶은 생각이 들 정도다. 특히 강남 지역 아파트 값 상승의 진원지로서 20년 이상 된 대치동의 삼총사 선경아파트, 우성아파트, 미도아파트의 외관이나 내부는 오히려 초라해 보일 지경이다. 그래도 이곳의 집값은 변함없이 천정부지로 치솟고 있으며, 압구정동을 따돌리는 저력을 보였다. 더욱이 서울의 주부들이 가장 살고 싶은 지역 1순위로 당당히 이름을 올렸을 정도다.

진학률 1위의 8학군을 따라 형성된 대치동은 재벌도 졸부도 없는 평범한 중산층들이 모여 산다. 대치동이 부촌으로 부각되기 시작한 것은 불과 10여 년 전의 이야기다. 원래는 대단지 아파트인 은마아파트와 청실 아파트에 이어 중형 아파트 단지로 구성된 우성아파트, 미도아파트, 선경아파트가 차례로 들어설 때까지도 그저 그런 아파트촌에 지나지 않았다. 이렇게 평범한 아파트촌의 가격 폭등을 주도한 요인들 중에서 가장 큰 프리미엄은 이 지역에 자리를 잡은 명문 고등학교와 유명 학원들이다. 명문대 진학률 1위를 차지한 대치동은 입소문이 퍼지는 만큼 집값도 뛰었다. 인플레이션을 고려한다고 해도 20년 동안 최소 30배 이상 올랐다고 하니 '강남불패'라는 말이 나올 법도 하다.

대치동 집값 폭등을 주도한 대치동 개포우성아파트. 뒤로 타워팰리스가 보인다. 이곳은 아침마다 주차 전쟁을 치러야 할 정도로 열악한 환경이지만, 강남에서 가장 비싼 아파트로 상징된다.

대치동은 원래 주위로 쪽박산이 둘러싸고 있어 답답한 지역이었고, 비라도 내리면 탄천과 양재천이 범람하여 농사마저 제대로 지을 수 없는 마을이었다. 그런데 1970년대 중반에 대규모 주택단지가 들어서면서 당시의 쪽박산은 흔적도 없이 사라졌다. 이 점이 바로 풍수가 변한 좋은 사례라 할 수 있다. 이것은 과거에 중국인들이 풍수가 나쁘다고 여긴 상해, 천진 등의 저습지低濕地가 후대에 건설된 고층 빌딩들에 의해 금싸라기 땅으로 바뀐 경우와 같다고 볼 수 있다.

과거에 서구 열강들이 중국 땅에 몰려와 개항지開港地를 요구했을 때 중국의 황제와 관료들이 내 준 땅은 풍수가 열악한 도시였다. 그런데 평

▌남향에 일자형으로 길게 늘어선 선경아파트, 미도아파트, 우성아파트 전경. 대치동의 빅3 아파트로 불린다. 한마디로 대치동은 아파트 풍수라 할 수 있는데, 일렬로 반듯하게 늘어선 배치는 안정적이고 보수적이며, 권위적인 기운이 담겨 있다.

평하고 단조로운 평야 지대에 고층 빌딩이 들어서는 바람에 개선된 풍수는 후대의 중국인들을 경악하게 만들었다. 홍콩도 마찬가지다. 1842년에 1차 아편전쟁이 끝난 후 중국은 풍수가 좋지 않은 홍콩을 영국에 할양했다. 그곳은 유익한 기(氣)라고는 전혀 찾아볼 수 없고, 해적선에 의해 침탈당하는 불모지나 다름없었다. 하지만 지금의 홍콩은 번영의 상징이 되었고, 상서로운 땅으로 변모했다.

항간에는 대치동의 아파트 값이 떨어지지 않는 요인으로 부동산정책을 결정하는 건설교통부 공직자들 상당수가 이 지역에 살고 있기 때문이라는 말이 돌기도 했다. 건설교통부 차관을 비롯해 도시국장, 건설경제심의관, 토지국 지가제도과장, 수송정책실 공학계획과장 등이 우연하게도 모두 대치동 주민이다. 산업자원부 장관과 전 건설교통부 장관, 정보통신부 장관 등 상당수의 고위 관료들도 대치동에 살고 있다. 또 다른 요인으로 교육 인프라를 거론하지 않을 수 없다. 우성아파트 단지 내에

는 특목고 진학률 전국 1위
를 자랑하는 대청중학교가
있고, 선경아파트에는 명문
으로 알려진 대치초등학교
가 있다. 대치초등학교와
대청중학교로 이어지는 학
군은 명문고와 명문대로 가
는 지름길로 인식된다. 이
곳에 사는 학부모들은 자녀

| 최근에 테헤란로 일대가 중심 상업 지구로 부상하면서 이곳의 남동방인 대치동 일대가 주거 타운의 중심으로 급부상했다. 대치동 신드롬의 동기는 테헤란벨리라는 얘기다.

들이 명문대로 진학하지 못
할 것으로 판단되면 아예 조기 유학을 보낸다. 그러다 보니 이곳에는
'기러기 아빠'들이 유난히 많다.

한편 업무용 시설과 주거 타운의 관계를 풍수적으로 해석하는 시각
도 있다. 가령 강북 중구 일대에 다운타운이 집중되면 출근하는 인파로
인해 그곳은 아침에 사람이 모이는 곳이 된다. 따라서 상업 지구는 아침
에 사람이 모이고, 주거 지역은 저녁에 사람이 모이게 된다. 이렇게 되
면 아침에는 해가 동남쪽에 있기 때문에, 아침에 사람이 모이는 상업 지
구를 중심으로 서북쪽에서 다운타운을 향하게 되면 해를 정면으로 마주
보므로 불편하다는 것이다. 따라서 상업 지구가 먼저 형성되면 일대의
동남쪽 부근이 주거 지역으로 각광받게 된다는 논리다. 이러한 논리는

동쪽으로 양재천을 바라보며 우뚝 솟은 도곡동 타운. 1990년대 말까지는 초고층 아파트가 땅의 기운을 받지 못한다는 풍수 결함을 이유로 건설업체들이 기피하는 현상이 있었다. 그러나 탁 트인 전망이 기분을 좋게 한다는데, 그러면 풍수적으로 문제될 게 없다.

부촌의 이동 축을 설명하는 근거가 되기도 한다. 일부에서는 대치동 일대가 부촌으로 급상승한 이유는 상업지구로 형성된 서북쪽의 테헤란벨리에 연유한다는 견해도 있다.

대치동 인근의 양재천 옆 도곡동 道谷洞 일대를 단숨에 신흥 부촌으로 올려놓은 타워팰리스는 대치동 주민들의 반발과 외환 위기라는 장애를 넘어 탄생한 곳이다. 이곳은 당초 삼성물산이 102층짜리 초대형 사옥을 짓기 위해 서울시로부터 매입한 터다. 그러나 일조권과 공사로 인한 소음, 교통 정체 등에 대한 우려로 부근 주민들의 반대가 심해지자 건축허가가 2년 넘도록 지연됐다. 유동성 확보를 위한 부지 매각에 실패한 삼성은 사옥 건립 계획을 포기하고 계획을 전면 수정하여 고층 주상복합아파트를 세웠다. 이로 인해 지금의 신흥 부촌으로 도곡동이 떠오르게 된 것이다. 청계산 북쪽의 구룡산으로 내려온 기운이 뭉쳐진 도곡동은 매봉산을 베개 삼아 양재천을 바라보는 전형적인 배산임수의 길지 吉地로 소문이 나 있다.

06 세월에 따라 변하는 부촌

 사람들은 끼리끼리 모이게 마련이고, 부자들은 자신들만의 공간에서 비슷한 수준의 사람들과 모여 살기를 선호한다. 이렇게 부자들이 한곳에 모이면 부촌이 되고, 이러한 현상은 동서양을 막론하고 거의 동일하게 나타난다고 했다. 사람들이 풍수가 좋은 땅을 골라 집을 짓고 살기 시작하면 다른 사람들도 그곳으로 몰려들어 자신들의 집을 짓게 된다. 그리고 주택이 너무 많이 들어서면 어쩔 수 없이 서로 간에 영향을 미치게 된다. 어떤 집은 더 크고 더 높아서 다른 집의 일조권이나 조망권을 침해하기도 한다. 처음에 자리 잡은 집은 주위가 변해 평화로움과 안정성을 잃게 된다. 균형은 깨지고 일부 주민들은 그로 인해서 고통을 받게 된다. 이렇게 시간이 흘러 주변 경관이 변하게 되면 자연스럽게 기존의 명당은 퇴색되고, 새로운 명당이 개척되기 마련이다. 또한 자고 나면 변하는 개발지의 경우 흉지凶地가 길지吉地로 변하는 예는 셀 수 없을 정도다. 따라서 우리나라 부촌의 변천사를 읽어 내면 미래의 부촌을 예측하는 것도 얼마든지 가능하다.

 보통 지운地運의 주기는 20년씩 구분되지만, 발복發福의 기운은 40년간 보존되므로 30년 정도를 평균으로 잡으면 무난할 듯싶다. 사람의 정

부촌이 형성된 동선을 따라가면 판교(板橋)가 주목된다.

서도 보통 30년간 유지된다고 한다. 1960년대 이후 한국의 부촌은 강북에서 한강으로, 그리고 동남東南 축을 따라 강남으로 남하南下하는 흐름을 보였다. 이러한 맥락에서 최근에 부촌이 성북城北에서 성남城南으로 이동하는 시나리오는 꽤 설득력이 있는 편이다.

우리나라의 전통적인 부촌이었던 성북동이 지금은 비록 한남동에 '재벌가 1번지'의 자리를 내줬지만, 부촌의 명성은 여전히 건재하다. 지금은 작고한 정세영 현대산업개발 명예회장을 비롯해 두산그룹의 박용성 전 회장, 한국타이어 조양래 회장 등 이름만 대면 알만한 기업인들이 아직도 성북동에 뿌리를 내리고 있다. 이 외에 한진그룹 조양호 회장과 한화그룹 김승연 회장도 각각 강북 지역인 종로구 구기동과 가회동에 오래 전부터 터를 잡았다. 이러한 현상은 여전히 이곳의 풍수가 좋다는 사실을 증명한다. 강북의 고급 주택가에 사는 사람들은 1960년대부터 1970년대 사이에 정착했던 이들이

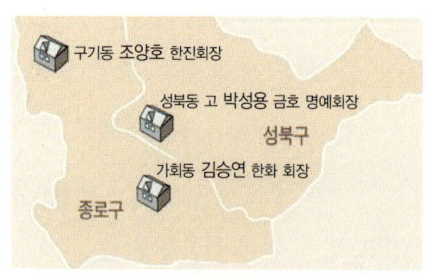

강북 재벌 총수 거주 지역.

대부분으로, 전통 재벌 집안이나 과거 정권의 고위 관료 출신들이 많다.

몇 해 전 민주당 권노갑 전 최고위원은 옥고를 치르면서 강북에서 이촌동으로 이사했다. 동부이촌동은 1970년대 초 당시 신진 정치 세력과 부자들, 그리고 연예인들이 대거 몰려든 곳이다. 한강의 수룡水龍이 거대한 돈줄을 상징하기 때문일까. 이곳은 유난히 각양각색의 부자들이 많이 산다. 기업인에서부터 고위 관료, 학자, 변호사, 의사 등 전문직 종사자를 비롯해 유명 연예인, 일본 대기업의 고위 임원에 이르기까지 다양하다.

동부이촌동의 아파트촌은 최고의 한강 조망권을 자랑한다. 이곳의 GS한강자이 아파트는 삼성동의 아

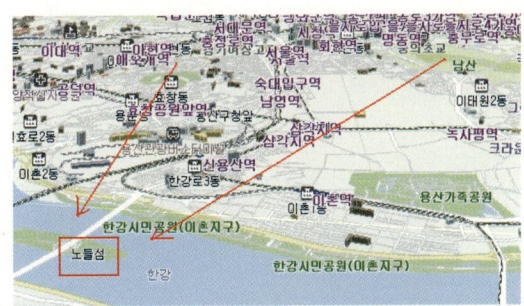

▎이촌동은 무악계와 남산계의 두 산줄기(龍脈)가 한강의 여의주(如意珠)를 두고 다투는 이룡쟁주형(二龍爭珠形)의 명당으로 알려져 있다. 용이 여의주를 잃으면 이무기가 되므로, 여의주 격인 노들섬의 보존 여부가 이곳 풍수의 관건이다.

▎시원하게 트인 한강 조망권을 자랑하는 이촌동 아파트 단지. 사진 중앙에 있는 'GS한강자이'는 동부이촌동의 대표 아파트로 자리매김했다.

▎한남동 하이페리온 전경. 현대건설은 이곳을 한강변의 목마른 용이 물을 마시는 형세인 갈용음수형(渴龍飮水形 : 목마른 용이 물이 마신다)의 명당이라고 홍보했다. 이래저래 갖다 붙이는 명당론도 우습지만 풍수 마케팅을 활용하는 것이 흥미롭다. 물이 흐르는 모양(수체 : 水體)은 사진의 오른쪽에 형성된 UN빌리지만 못하다.

이파크, 도곡동의 타워팰리스와 함께 서울의 3대 고가 아파트로 꼽힌다. 동부이촌동에 거주하는 부자들의 특징 역시 다른 곳과 마찬가지로 쉽게 이곳을 떠나지 못한다는 데 있다. 이 지역 부동산중개소에는 다른 부촌의 특성과 마찬가지로 수요는 있지만 매물이 거의 없다. 이곳 부자들은 강남으로 옮겨 가기보다는 한강맨션에서 신동아 단지를 거쳐 최근 들어 다시 GS한강자이로 유턴하는 추세를 보여주고 있다. 이른바 뜨내기들이 없는 전통 부촌의 면모를 보여주고 있다는 얘기다.

최근 우리나라의 부자들은 한남동과 이촌동이 위치한 용산구에 터를 잡았다. 쟁쟁한 부자들이 거주하는 한남동 역시 1970년대 고도 성장기에 재벌과 부유층들이 대거 이주하면서 형성된 부촌이다. 실제로 우리나라의 10대 재벌 총수들이 모두 강북에 살고 있는 것을 보면, 아직은 강북 시대라고 해도 맞을 듯싶다. 한남동은 강북을 고수하는 부자들의 자존심인 셈이다. 그러나 따져보면 북한산에서 남산으로, 북한산 불뫼(삼각산)의 장풍국(藏風局 : 산이 위주가 되는 풍수)에서 한강의 득수국(得水局 : 물이 위주가 되는 풍수)으로 부자 마을이 이동하는 추세를 발견할 수 있다. 지금은 한강을 중심으로 강북의 용산구와 강남의 강남구가 부촌의 중심지로 떠올랐다.

▎삼성동 아이파크 전경. 국내에서 평당 가격이 가장 비싼 아파트로 알려져 있다. 한강의 수룡(水龍)과 북한산의 산룡(山龍)이 내뿜는 기세를 모조리 담을 듯한 기세다.

해방 직후의 세대를 중심으로 형성된 부촌이 강북이라면, 재벌 2~3세들과 신흥 재벌은 강남에 집중적으로 몰려 있다. 해방 전 한강변의 농지였던 청담동과 압구정동은 현대아파트가 들어서면서 강남의 부촌 시대를 열었다. 부자들이 강남에 몰려들기 시작한 때는 본격적인 강남 개발이 이루어지던 1970년대 후반부터다. 압구정동 현대아파트는 첫 분양

타워팰리스로 대표되는 도곡동 일대의 스카이라인. 최근 이곳은 고 이병철 회장이 일찍이 명당 터로 감지하고, 그룹 사옥을 짓기 위해 사두었던 곳이라는 소문이 나기도 했다.

때부터 고위 공직자들에 대한 특혜 분양 시비에 휘말렸을 정도로 인기가 있었다. 그로부터 30여 년이 지난 지금도 압구정동은 여전히 부촌 대열에 꼽힐 뿐만 아니라, 한강을 사이에 두고 강북의 부촌인 한남동을 마주 보며 부자 마을로서 자웅을 겨루고 있다.

1990년대에 강남의 지존이라 불리던 압구정동은 2001년경부터 대치동에 밀려났다. 그러나 지금의 신흥 강자로 떠오른 곳은 인근의 도곡동이다. 타워팰리스로 대표되는 도곡동 일대는 최고의 스카이라인을 자랑한다. 최근 동부 센트레빌이 대치동에 들어서면서 도곡동 일대는 부촌으로서의 이미지를 더욱 굳혔다. 타워팰리스가 아니더라도 초고층 주상복합아파트는 많다. 하이페리온, 파크뷰, 센트레빌 등의 위압감은 타워팰리스 못지않다. 그러나 많은 사람들이 대한민국 부촌의 계보를 이어가는 상징적인 곳으로 타워팰리스를 꼽는 데 주저하지 않는다.

1960년대와 1970년대가 강북 시대라면, 1970년대 중반부터 1980년대는 한강(강북) 시대로 볼 수 있다. 1980년대부터 1990년대까지는 한강(강남) 시대, 1990년대와 2000년대는 강남 시대 정도로 구분해서 대한민국 부촌의 이동 경로를 설정한다면 2010년을 분기점으로 향후 대한민국을 대표하는 부촌의 윤곽이 드러날 것으로 예상된다. 또한 어느 지역이 개발되느냐에 따라 타격을 입는 지역이 나타나기도 한다. 풍수에서 지맥地脈은 사람의 인체에 비유하여 척추와 같은 구실을 하는데, 가령 용인의 땅을 난개발로 파헤치면 서울의 강남과 수원, 경기 지역의 과천과 안양, 김포의 지맥에도 큰 영향을 미치게 된다고 보는 식이다.

지금까지 부촌이 이동한 경로를 살펴보면 향후 부촌으로 올라설 가능성이 큰 곳은 판교板橋 일대의 전원 주택지다. 판교 지역과 성남의 서울공항 일대가 종종 거론되는데, 그렇다고 해서 전통적인 부촌이 급격하게 쇠락하는 일은 없을 것이다. 부촌의 역사는 보통 반세기 정도 지속되기 때문이다. 특히 용산 일대의 물줄기 흐름은 부富의 원천으로서 향후 20년 이상 건재함을 과시할 것으로 예상된다.

그러나 20년 이상 강남에 빼앗겼던 주도권이 강북으로 돌아오는 시나리오는 제한된 지역의 협소성 때문에 가능성이 높지 않다. 반면에 판교 주변의 성남 일대와 분당盆堂, 용인으로 이어지는 지역은 규모 면에서 우위에 있다. 특히 기대치가 높은 성남의 서울공항 주변 지역은 총면

■ 분당 집값 상승의 진앙지인 파크뷰 전경. 판교 신도시 건설 기대 효과에 힘입어 오름세가 꺾일 줄을 모른다.

적이 500만 평에 육박해 정책의 변화에 따라 기존의 강남 지역을 능가하는 부촌으로 올라서게 될 가능성을 무시할 수 없다.

몇 해 전부터 부동산 가격 폭등으로 이름을 떨치며 신흥 부촌으로 급부상한 곳은 성남시 분당구 정자동 지역이다. 특히 경부고속도로 주변에 위치한 이곳은 엄청난 높이로 위압감을 주는 고층 빌딩들이 줄지어 서 있는데, 파크뷰·현대 아이파크분당·동양 파라곤 등이 그 주인공이다. 타워팰리스, 아크로빌 등이 위용을 자랑하는 강남구 도곡동의 주상복합단지에 못지않은 스카이라인을 자랑한다. 파크뷰 54평형 매매가는 한 해에만 7억 원 이상 치솟았을 정도다. 그러나 실제 거래는 전무하다. 최근 강남의 테헤란벨리 일대는 재벌 사옥들의 이전 러시가 한창이고, 그 자리를 내준 IT 기업들이 속속 분당 일대로 입주하는 경향을 보이고 있다. 분당의 풍수가 영장산靈長山을 진산鎭山으로 삼는 장풍국藏風局이기 때문일까. 풍수에 따르면 산에서 인재가 나고 물에서 부자가 난다고 했는데, 이곳은 이제 새로운 인재들로 넘쳐날 태세다.

판교는 입지 여건에서 다른 신도시가 따라올 수 없는 장점을 지니고 있는데, 그것은 최고의 주거지로 꼽히는 강남과 분당의 중간에 위치하고 있기 때문이다. 교통 여건도 뛰어나다. 경부고속도로가 남북을 관통하고, 서울외곽순환도로가 동서를 가로지른다. 또한 자동차로 강남까지 가는데 20분이면 족하다. 이것도 모자라 정부는 신분당선 전철, 영덕과 양재를 잇는 고속화도로 건설 등을 계획하고 있다. 문자 그대로 사통팔달四通八達이다. '판교板橋'라는 이름은 '너더리'로 불리는 현재의 판교 일대 지역의 한 마을 이름에서 유래됐다. 옛날에 판교 일대를 지나는 하천 위에 판자로 다리를 놓고 건너는 마을이 있었는데, 주민들이 '널다리'를 편하게 발음한다는 것이 '너더리'로 굳어진 것이다. 너더리가 '널 판板, 다리 교橋'로 변해 현재의 '판교'라는 지명이 되었다.

판교의 환경도 더할 나위 없이 좋다. 1970년대 이후 30년 이상 남단 녹지로 묶여 있었기 때문에, 그린벨트 수준으로 자연환경이 잘 보존되어 있다. 남북으로 산이 둘러싸여 있고, 동서로 탄천炭川 수준의 하천까지 흐른다. 분당의 좋은 풍수도 탄천이 있어 줄거리가 세워진다. 최근 한국토지공사에서는 판교신도시 중심부를 흐르는 금토천과 운중천 9.65km를 생태계가 보전된 자연 형태의 하천으로 조성하기로 결정했는데, 이는 더 좋은 풍수를 예고하는 셈이다. 비교적 풍수에 밝았던 것으로 알려진 박정희 전 대통령이 이곳을 명당으로 보고 정신문화연구원을 유치한 것으로 알려졌다. 또한 판교의 인기 비결에는 도시가 성장할

수록 생활 수준이 높은 중산층은 외곽으로 빠져나가고, 저소득층이 그 자리를 메우게 되는 이른바 '동심원 가설'이 바탕에 깔려 있기도 하다.

다만 판교는 전체 도시 규모가 분당의 3분의 1에도 못 미치는 약점이 있다. 게다가 지나치게 많은 임대주택도 문제점이다. 아파트 25,000여 가구 중 임대주택이 9,000여 가구에 달한다. 고급 주택지로는 한계를 가질 수밖에 없다. 따라서 분당과 용인 일대의 약진이 예상되고, 이렇게 되면 1990년대 이후 강남 독주 시대에 제동을 걸 수 있는 지역으로 판교 일대가 부상될 전망이 높다. 그러나 강남도 일정 기간 고급 주거지로서의 위상을 지킬 것이다. 결국 재건축은 시간문제일 뿐 굴러갈 수밖에 없기 때문이다. 다만 장기적으로 보면 주거 밀도가 높아져 교통난이나 주거 환경에 문제점을 드러낼 가능성이 있다.

풍수적인 관점에서 판교를 위주로 한 분당, 용인 일대의 개발이 가속화되면 한남정맥의 손상으로 강남이

분당 탄천은 남쪽에서 시작해 북쪽으로 흘러간다. 투자하면 재미를 보는 남출북류(南出北流)의 물줄기 흐름이다.

피해를 입게 될 가능성을 배제할 수 없다. 이런 이유로 서울에 위치한 용산의 잠재력이 더 눈길을 끌기도 한다. 그러면 향후 강남불패의 아성은 판교와 용산의 협공으로 무너질 가능성 역시 배제할 수 없다. 또 다른 포인트는 '인천특구' 다. 개발 면적만 2천만 평에 달하는 이곳은 강남의 두 배에 육박하는 규모로 단순한 신도시를 뛰어넘는다. 더욱이 국제공항, 고속철도, 항만이라는 3대 인프라 시설을 갖추고 급속하게 발전할 가능성은 충분하다. 그러나 당분간은 수도권 주택 수요자들이 가지고 있는 서부권에 대한 부정적인 이미지를 극복하기에는 어려울 것으로 보인다. 인천특구 주변에는 낙후된 지역이 곳곳에 널려 있으므로, 당분간 최적지로 거론되기에는 부족하다는 얘기다. 따라서 현재 시점에서는 강남에서 분당으로 이어지는 동남축선 상으로 부촌이 이동할 가능성이 가장 높다고 하겠다.

동남축선의 끝은 부산이다. 부산 경제는 고전을 면치 못했지만, 해운대구에 자리 잡은 센텀시티 일대는 상전벽해에 버금갈 변화를 이루어냈다. 2010년은 6.25 동란이 발발했던 1950년과 갑자甲子가 같은 경인庚寅년이다. 그렇다면 부산 경제가 어디서 불붙을지를 짐작할 수 있다. 이곳의 조망권은 여타의 지역과 비교가 안 된다. 산과 강은 물론이고 바다까지 끌어들이는 매력을 지녔다는 점에서 관심 있게 지켜볼 일이다.

기업의 흥망과 풍수

6장

2008년에 삼성그룹의 강남 시대가 열렸다. 서울 지하철 2호선 강남역에서 불과 50m 정도 떨어진 서초구 서초동의 7,500여 평 부지에 새로운 '삼성 타운'이 들어선 것이다. 43층, 34층, 32층짜리 건물 3개 동이 자리 잡았다. 강북 사옥은 임직원을 수용하기 힘들 정도로 포화 상태여서 10년 후까지 쓸 수 있는 공간을 준비한 것이다. 앞에서도 이미 설명했던 것처럼, 서초동은 '쌓인 풀草을 실컷 먹고 배부른 소가 누워 잠을 이룬다'는 우면산牛眠山을 등지고 있다. 풍수로 보면 재력財力이 넘친다는 의미다. 한마디로 말해서 서초동은 자손 대대로 배부르게 먹을 수 있을 정도로 큰 부자를 내겠다는 소망을 담은 지역인 셈이다. 만약 이곳 본사의 현관이 서북향의 한강을 향한다면, 손산건향巽山乾向으로 40년간 발복發福이 보증되는 명당이 되는 셈이다. 삼성 측의 설명에 의하면 강남은 '전자타운'으로, 강북은 삼성생명·증권을 중심으로 하는 '금융타운'으로 재편될 전망이라는데, 그 기세가 인재와 재물을 싹쓸이할 태세다.

1976년 4월 20일 고 이병철 회장에 의해 건설된 지금의 강북 사옥도 명당으로 소문난 곳이다. 이미 드러난 현상의 결과로 짚는 풍수는 썩 마땅치 않지만, 부인할 수 없는 좋은 입지임은 분명하다. 서울 도심 진입의 상징인 숭례문을 지나 태평로로 들어서면 3개의 고층 빌딩이 수문장처럼 우뚝 서 있다. 26층에서 28층으로 구성된 빌딩은 남쪽부터 삼성생명 빌딩, 삼성본관 빌딩, 그리고 태평로 빌딩으로 이어지고, 그 중에서

목형(木形)의 삼성본관 빌딩. 사진 우측으로 좌청룡 격인 태평로 빌딩이 보인다.

도 좌장격인 삼성본관 빌딩은 형체가 안정되어 바라보기에 편안하다. 이렇게 좌우에 의지할 건물이 있으면 길한 가상家相으로 여긴다. 중앙의 큰 건물 양쪽에 모두 큰 건물이 이웃하면 좌우유고左右有靠라 해서 한마디로 '기댈 언덕이 있다'는 얘기가 된다. 양쪽에 있는 건물은 귀인貴人을 나타내므로 이러한 건물에 거주하면 주변의 적극적인 후원을 받거나 생존 경쟁에서 별다른 어려움을 겪지 않는다는 것이다. 그래서일까. 삼성그룹의 계열사들은 한결같이 잘 나가는 세계적인 기업으로 성장했다. 현재 이곳 본관에는 그룹의 주력 계열사인 삼성전자가 입주해 있고, 재정과 인사를 장악한 삼성구조조정본부(전략기획실로 개편됨)가 포진해 있다. 그룹 회장의 집무실은 꼭대기 층에 위치하고 있다. 풍수에서는 CEO의 집무실을 가장 넓은 시야가 확보되는 최고층에 두는 게 정석이다.

그런데 삼성에서는 풍수적으로 납득이 가지 않는 두 가지 일을 진행했다. 첫째는 삼성본관의 리노베이션 프로젝트다. 삼우설계가 2년 여에 걸쳐 진행한 본관 주변 리노베이션 프로젝트는 개별 건축물의 물리적

개보수와 함께 제각기 따로 노는 건축물들을 엮어주는 의미를 넘어 도심 속 가로(태평로)와의 관계 회복을 목표로 삼았는데, 성공적으로 이루어졌다는 평가를 받고 있다. 절제된 시설물, 그리고 첨단 소재로 연출된 이미지와 디자인은 감각적인 도시 공간을 연출하는 데 성공한 오피스 조경의 주목할 만한 사례로 꼽힌다. 과거의 풍수는 반듯한 외형만을 좋게 여겼지만, 현대의 풍수는 외관이 수려하고 역동적인 이미지를 수용하는 추

태평로 삼성본관 전경. 외형과 기능은 나무랄 데 없다. 하지만 발목이 묶인 형상이니 다리를 움직이기 어렵다.

세다. 그러나 삼성본관은 자타가 공인하는 명당 빌딩으로 반듯한 외형을 지닌 복가(福家)로서 좋은 역사를 지니고 있었다. 반듯한 외형은 한마디로 명당 터에 자리 잡은 '부자가 되는 건물'의 전형이었다. 따라서 이처럼 오랜 세월 동안 좋은 역사를 간직한 건물은 가급적 원형을 그대로 보존하는 게 좋다. 이런 까닭에 풍수적 관점에서 보자면 '굳이 왜 손을 대었을까?' 하는 의문을 지울 수 없다. 이것은 마치 남대문 대우센터 빌딩이 하단부의 자동차용 회랑으로 인해 본건물의 다리가 묶인 형상을 연출했던 것과 비슷한 이미지를 떠올리게 한다.

둘째는 한남동 가족타운의 신축 공사와 관련된 사항이다. 몇 해 전에

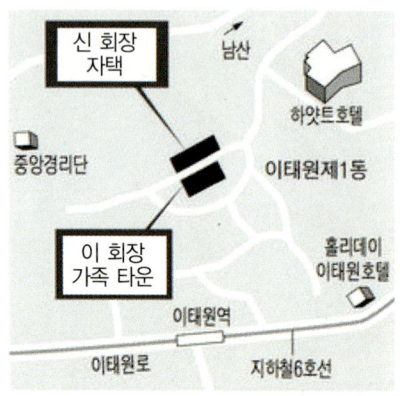

도로를 사이에 두고 왼쪽의 신 회장 자택은 오른쪽에 위치한 이 회장의 가족타운 신축 공사로 인해 직접적인 피해 영향권에 든 셈이다.

서울 이태원동 135번지에 새 집을 짓던 이건희 회장과 인근에서 10년 넘게 살고 있는 농심그룹 신춘호 회장 사이에 조망권 다툼을 벌이고 있다 해서 세간의 화제가 된 적이 있다. 이런저런 피해를 내세운 신춘호 회장의 소송 이유 가운데 조망권 침해가 특히 눈길을 끌었는데, 이것은 소송의 핵심이 되는 부분이었다. 사실 조망권이 침해되면 풍수상의 중대한 결함 요소가 될 수 있으므로, 신 회장의 입장에서는 무척 신경이 곤두설 법한 일이다. 그것은 주택이 갖추어야 할 입지 조건의 3요소로 배산임수, 남향, 집 앞 전경을 들기 때문이다.

따라서 단순히 재벌가의 조망권 법정 다툼으로 볼 일만은 아닐 수도 있다. 소송을 제기한 입장에서 보면 문제의 본질을 풍수, 즉 건강과 더불어 재운의 기회 상실로까지 확대하면 자못 심각한 일이 된다. 집 앞에 들어서는 신축 건물로 인해 한강이 보이지 않게 되었다면, 이것은 그야말로 풍수에서 재물을 의미하는 수水를 잃는 문제다.

풍수가들 사이에서 삼성과 농심은 우리나라의 대표적인 풍수風水 집안으로 불릴 정도다. 두 집안은 가계와 기업 경영에서 특히 풍수를 중히 여긴다는 것이다. 농심의 신 회장은 롯데그룹 신격호 회장의 셋째 동생으로, 이들 신씨 辛氏 집안은 조상 묘를 잘 택해 번성했다고 알려졌을 정도다. 고 이병철 회장이 팔자명리 八字命理 와 풍수를 중요하게 생각했다는 것은 이미 세간에 널리 알려진 이야기다. 농심의 신 회장은 1992년에 현재의 이태원동으로 이주해 살기 시작했다. 이듬해에는 장남 신

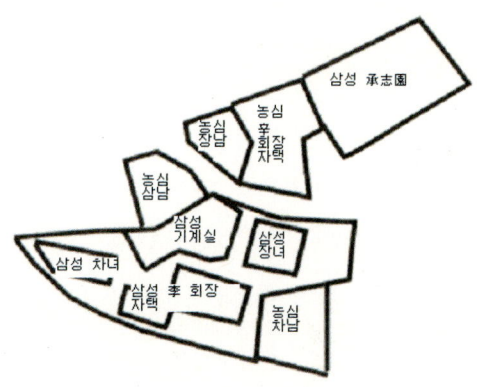

▌삼성가와 농심가가 위치한 대지 위치도. 승지원의 자리는 호미의 손잡이에 해당한다. 호미의 부리에 해당하는 농심 측에서 소송을 제기했지만, 분쟁의 주도권은 삼성이 쥔 형국이다. 아래에 위치한 삼성 가족타운의 대지 모양은 식칼 또는 다리미의 형상이어서 부정적이다.

동원 농심 부회장이 함께 살기 시작했고, 삼남인 신동익 메가마트 부회장은 1997년에 건너편으로 집을 지어 옮겨 왔다. 차남 신동윤 율촌화학 사장은 신 회장 자택 앞쪽에 살고 있다.

1996년에 신 회장 자택 바로 옆에 삼성의 영빈관 승지원 承志園 이 들어섰다. 풍수로 보면 이 건물부터 문제의 시발이 된다. 같은 해에 이 회장의 장녀가 신 회장의 자택 앞쪽에 있던 집을 샀고, 이후 2002년까지 이 회장 부부는 고 오세중 세방여행사 회장, 전낙원 파라다이스그룹 회장의 건물을 사들였다. 여러 해에 걸쳐 부동산을 사들인 이 회장은 신축

공사를 동시에 진행했다.

　예로부터 풍수를 이유로 다투지 말라는 이야기가 전해지는데, 결국에는 다 같이 인심을 잃게 되므로 양자 모두 피해를 보기 쉽다는 뜻이다. 결과적으로 농심의 신 회장이 소송을 취하함으로써 원만한 합의를 도출해낸 것은 그나마 다행한 일이라 생각된다. 그런데 정작 문제는 신축 중인 삼성 가족타운의 대지가 불리한 형상을 지녔다는 데 있다. 가족타운의 대지 모양은 식칼 또는 다리미와 같은 형상으로 되어 있어 분쟁을 야기하고, 각 방위에 배속되는 육친六親 궁宮에 문제가 발생할 소지가 다분하다는 것이다. 평면이 반듯한 정방형의 대지나 집을 구해야 좋았겠지만, 결과적으로 그렇지 못했다. 가족타운의 형상에서 가장 불리한 지역은 263쪽 그림의 왼편 서쪽 칼끝 자리다. 팔괘八卦로 서쪽은 태兌방이 되는데 이곳에는 육친으로 소녀금少女金, 즉 막내딸이 배속된 자리다. 이렇게 대지의 모양이 서쪽으로 심하게 돌출되면 해당 궁의 육친은 위태롭기 쉽다.

　풍수에서는 팔괘八卦를 통해 방위를 여덟 개로 나눠 이를 구분하고, 각 영역에 육친六親을 배속해서 해당 궁宮의 길흉을 가리는 방법을 오래전부터 활용해 왔다. 대지의 모양이 정방형으로 반듯하거나 어느 한 부분이 약간 볼록하거나 오목하다면 문제가 없지만, 심하게 돌출되거나 함몰된 부분이 나타나면 상당히 불리한 형상의 택지로 판단하게 된다. 이때 심각하게 돌출되거나 함몰된 방향을 살펴 그 같은 영역에 해당하는 육친을 불리하게 판단하는 식이다. 가령 서북쪽 노부금老父金의 자리가 함몰 또는 돌출된 평면도의 거주 공간에는 아버지가 건강하지 못하거나 가주家主로서의 권한을 상실하기 쉽다.

중국 속담에 저주를 퍼붓는 말로 '흥미로운 곳에 살아라!' 라는 표현이 있다. 대지나 건물의 내부 공간이 일정한 틀(정방형 또는 원형)이 없이 복잡한 모양을 띠게 되면 몹시 흉해짐을 암시한다.

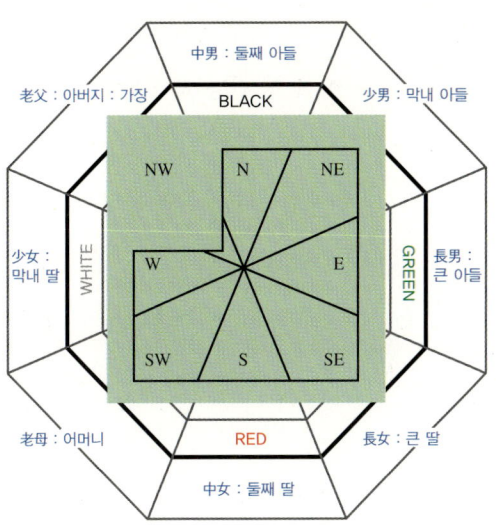

서북쪽 아버지의 자리가 비었으므로 아버지의 건강이 좋지 않고 질병으로 고생할 우려가 크다. 만일 오른편 동쪽으로 흠결이 나타났다면 장남의 신상에 좋지 않은 결과를 보기 쉽다.

서울 시내의 고급 주택가에서 마음에 드는 정방형의 대지를 매입하는 것이 그렇게 쉬운 일은 아니다. 그렇다 하더라도 현재의 삼성가 가족타운 중 차녀의 집으로 예정된 부지는 매입을 재삼 고려해 볼 필요가 있었다. 승지원承志圓이 위치한 자리처럼 반듯한 직사각형이 가장 이상적인 형상이라 하겠다.

이전에는 비운의 재벌가로 현대그룹이 종종 거론되곤 했다. 현대가의 비극은 고 정주영 명예회장이 형제들 중 가장 명석하다고 애지중지 하던 넷째 동생 신영 씨가 동아일보 기자로 재직 중이던 지난 1962년에 독일 함부르크에서 교통사고로 사망하면서부터다. 그 후 1982년 4월에는 정 명예회장의 장남인 몽필 씨가 동서산업과 인천제철 사장으로 재임하던 중에 교통사고로 세상을 떠났다. 그로부터 8년이 지난 1990년 4월에 정신질환을 앓고 있던 넷째 아들 몽우(전 현대알루미늄 회장) 씨가 강남의 모 호텔에서 음독자살했다.

그것으로 비운이 그친 게 아니다. 2003년 8월에는 정몽헌 현대그룹 회장이 계동 현대 사옥에서 투신자살했다. 그러자 현대그룹의 풍수가 도마 위에 올랐다. 광화문 사옥 시절 승승장구하던 이전과 달리 1983년에 계동 사옥으로 이전한 후로 계속 우여곡절을 겪었다는 것이다. 사옥의 좋지 않은 풍수로 인해 고 정주영 명예회장이 1992년 대선에 나와 낙선한 데 이어 6남 몽준 씨도 2002년 대선에서 고배를 들었다는 것이다. 또한 후계자 문제를 둘러싼 이른바 '왕자의 난'이 일어나 현대그룹이 해체되는 운명에 이르렀고, 급기야 정몽헌 회장이 투신자살하는 비운이 잇따랐다는 얘기다.

화려한 재벌가의 이면에는 거의 예외 없이 보이지 않는 깊은 상처가 있다. 몇 해 전 롯데그룹 신격호 회장의 동생인 신준호 푸르밀(구 롯데우유) 회장의 장남이 태국 방콕의 한 콘도에서 추락해 숨진 것으로 확인됐다. 이를 두고 지난 1999년 롯데 신격호 회장의 부친 묘 도굴 사건과 관련이 있다는 말이 나돌기도 했는데, 이만저만한 낭설이 아니다. 해외에 머물다 귀국한 김우중 전 대우그룹 회장의 장남 선재 씨는 미국 보스턴 대학 유학 시절 교통사고로 갑작스레 세상을 떠났다. LG그룹 구본무 회장의 외아들도 고등학교에 재학 중이던 1990년대 중반에 불의의 사고로 유명을 달리했다. 그런가 하면 SK가에선 고 최윤원 SK케미칼 회장이 비운의 황태자로 꼽힌다. SK그룹 창업자의 장남이었던 그는 지난 2000년에 지병으로 50세의 나이에 생을 마감했다.

불의의 재난 모두를 풍수 탓으로 돌리는 것은 잘못된 생각이다. 적어도 목숨과 관련된 일은 천명天命과 명리命理로 받아들이는 게 옳다고 생각한다. 그러나 어떤 형태로든 풍수로 설명될 수 있는 징후가 나타나게 마련이다. 가령 한 가정도 이사를 하거나 집안의 가구를 새롭게 배치하게 되면 운運이 바뀌는 전조로 보게 된다. 마찬가지로 기업이 사옥을 새롭게 짓고 이사하거나 본사 사옥을 리모델링하면 급격한 운의 변화를 실감할 가능성이 커진다. 실제로 팔자명리八字命理나 풍수로 표방되는 동양의 예측술에서 술법術法의 마스터들은 대개 현상에 대입하는 귀납적인 접근법을 꺼리는 편이지만, 학습 차원에서 의미를 갖기에는 충분하다. 과거 재계의 선두주자였던 현대그룹의 명성은 지금의 현대자동차가 그 바통을 이어받았다. 무인戊寅년에 태어난 정몽구 회장이 사령탑인 현대자동차는 재계 서열 2위로 부상했다. 그는 '왕자의 난'에서 패배한 직후 그 해 말에 현대자동차 본사를 양재동으로 옮겨야 했다. 그것이 전

현대 계동 사옥에서 양재동 사옥으로 이전한 현대자동차그룹 사옥 전경. 계열 분리에 이어 기아자동차를 인수하면서 자동차 전문 그룹으로 자리 잡았다.

화위복 轉禍爲福이었던 것일까. 양재동은 풍수가 좋기로 소문난 곳이다. 주변 도로의 모양이 좋아 사방에서 재물이 모여드는 길지 吉地인데다 목형 木形인 현대자동차 사옥은 같은 목성체인 구룡산과 닮아 길상 吉相이다. 이는 마치 삼성본관과 남산의 관계에 비견된다.

현대자동차 본사 건물은 당초 농협이 새 사옥을 목적으로 건립했던 것으로 알려져 있다. IMF 직후인 1998년 12월 당시 헬기로 이 지역을 지나던 김대중 전 대통령이 양재동 대로변에 우뚝 솟은 이 빌딩이 농협 건물이라는 말을 듣고 "농협에 저렇게 좋은 빌딩이 필요한가?"라는 지적을 했던 것으로 전해진다. 이에 긴장한 농협은 부랴부랴 건물 매각을 서둘렀고, 마침 새 사옥을 찾고 있던 현대자동차가 3천 억 원에 인수하게 됐다고 한다. 농협은 당시 유명 지관들을 동원해 최고의 명당을 찾았던 것으로도 알려졌다. 한편 농협은 강남 부동산 값의 폭등으로 이 건물과 관련해서 두 번의 눈물을 흘려야 했다. 아마도 이곳 명당의 임자는 농협이 아니었던 모양이다. 반면에 계열사들이 떠난 계동 현대 사옥의 빈자리는 외부 기관 및 업체들이 속속 들어섰고, 한때 현대가를 상징했던 계동 사옥의 의미는 퇴색되고 있다. 이곳의 8층부터 10층 사이에는 해양수산부가 입주했고, 현대모비스가 사용했던 층은 씨티은행 등이 잇따라 입주했다. 특히 해양수산부가 이전하면서 사옥 앞 '現代(현대)' 상징석이 있던 자리에 '해양수산부'라는 명문의 머릿돌이 세워져 이곳을 처음 방문하는 이들은 이 건물이 현대 사옥이라는 것을 알 수 없을 정도가 됐다. 이로써 창문의 상층부가 아치 형태로 된 현대 사옥의 특징은 과거의 상징으로만 남게 되었고, 현대그룹의 계동 시대는 막을 내렸다.

▎계동 현대 사옥 전경. 이곳은 지대가 높아 조선 시대에 별의 움직임과 기상을 측정하는 관상감(觀象監)이 있던 명당 터로 알려졌다. 그러나 세찬 바람을 막지 못하는 부정적인 측면도 있다. 사진 우측 하단에 관천대(觀天臺)가 보인다.

풍수에서 건물의 외관으로 꺼리는 형상 중의 하나는 쌍둥이 빌딩이다. 쌍둥이 빌딩이 나쁜 점만 있는 것은 아니다. 그러나 풍수에서는 선후의 구분 없이 좌우에 동일한 세력으로 맞대어 있으면 좋지 않게 본다.

또한 양 건물 사이에 골이 패여 갭이 생기면 이곳을 통과하는 기운이 좋지 않아 천참살(天斬殺 : 하늘이 양쪽으로 갈라놓는 불리한 기운)의 부정적인 이미지를 갖게 된다. 즉 천참살은 두 건물 사이의 틈에 형성되는 살기를 말하는 것이다.

그래서인지 LG와 GS가 분가하게 된 연유를 1987년에 완공된 LG트윈타워의 쌍둥이 외관 탓으로 돌리는 풍수설이 나돌기도 했다. 하지만 LG는 트윈타워의 건립과 함께 비교적 안정적인 성장을 도모해 왔다. 비록 쌍둥이 건물의 가상家相은 불리할지라도 명당 터에 재복이 넘치는 손산건향(巽山乾向 : 정문이 서북향을 향함)의 복가福家 배치로 손색이 없다.

LG가家는 국내 재벌 중 가계도가 가장 복잡하다. 구씨, 허씨로 엮어진 데다 대대로 다손多孫 집안이기 때문이다. 종가宗家인 고 구인회具仁會 창업회장만 하더라도 6남 4녀로 무려 10남매를 뒀다. 구 회장의 장남인 구자경 명예회장도 4남 2녀를 두었다. 구 명예회장의 동생은 모두 5명이며, 그들의 자녀들 대다수가 경영에 참여하고 있다. 허씨 일가도 이에 못지않다. 지금은 GS그룹으로 분리되었지만, 분리되기 전에는 허씨 집안의 직계 자손들과 계열사 지분을 가진 특수관계인까지 포함하면 LG그룹에 200여 명의 허씨 가문 사람들이 경영에 직간접적으로 관여했다. 이러다 보니 A4용지 한 장이 부족할 정도로 방대한 가계도가 그려진다. 가계도는 복잡해도 형제간의 분쟁은 일어나지 않았다. 적어도 '가지 많은 나무에 바람 잘날 없다'는 말이 LG가에는 통하지 않았던 모양이다.

LG그룹의 모토는 '인화人和'인데, 해방 이듬해에 젊은 사업가 구인회에게 거액의 자본을 투자하여 LG그룹의 주춧돌을 놓은 만석꾼 허만정은 훗날 자손들에게 이렇게 당부했다고 한다.

"경영은 구씨 집안이 알아서 잘한다. 처신을 잘해서 돕는 일에만 충실하도록 하라."

이후로 구씨 가문이 경영을 책임(主)지고, 허씨 가문이 경영을 돕는(補) 불문율은 50년 넘게 대를 이어 지켜졌다. 그러나 시간

▎ 여의도 LG트윈타워 전경. 두 건물이 서로 등을 지고 있는 모양 때문일까. 그래도 두 집안의 계열 분리는 순리대로 이루어졌다. 일각에서는 동관과 서관 모두 정문 방향이 북서간의 방향이기 때문에 기와 재물이 빠져나가는 불리한 입지라고 하는데, 이것은 몰라서 하는 소리다. 손산건향(巽山乾向)의 복가(福家) 배치임이 분명하다.

이 흐르면 분열과 통합을 반복하게 마련이다. 앞으로 자손들은 더 늘어날 것이고, 오늘의 우애가 100년 뒤에도 이어진다는 보장이 없다. 그런 까닭에 양가의 원로들은 방대한 양가 인맥을 이리저리 쪼개 딴살림을 내줬다. 어쨌든 분할 과정에서 자손들 대부분은 조상의 은덕을 입었다.

약간의 섭섭함을 토로하는 이들도 있었지만, 대놓고 불만을 표출하는 경우는 외견상 드러나지 않았다. 그러나 한 번 둑이 터져서일까. 범LG가는 계속되는 핵분열을 거쳐 오늘날 LG그룹과 GS그룹으로 분리되어 각자의 길을 걷고 있다.

1945년 을유乙酉년에 태어난 구본무 회장이 경영상의 악재를 겪던 시절 필자가 구 회장의 팔자八字를 추산한 일이 있는데, 부격富格의 전형으로 '먼저 비우고 나면 다시 채워지는' 격이었다. LG그룹의 위기의식이 크다는 분석도 나오지만, 그룹의 미래는 밝은 것으로 판단된다. LG그룹에서 분리된 허씨 일가의 GS홀딩스는 역삼동의 LG강남타워에 입주했다. 계열 분리를 계기로 LG그룹과 GS그룹이 각각 여의도의 LG트윈타워와 LG강남타워를 쓰기로 한 것이다.

1990년대부터 서울시청을 중심으로 밀집돼 있던 재벌 그룹들의 지휘본부가 강남으로 이전하는 1차 이동이 시작되었다. 사옥의 탈脫 다운타운 대열에 앞장선 기업은 바로 포스코다. 서울시청 바로 옆 금세기 빌딩에 서울사무소라는 옹색한 간판을 내걸었던 포스코는 삼성역과 선

포스코센터 전경. 정문 앞의 넓은 마당은 테헤란로의 재신(財神:재물)을 모두 흡수할 기세다.

릉역 중간 지점에 건설된 최첨단 인텔리전트 빌딩인 포스코센터로 1996년에 이전했다. 이 건물은 지상 30층 규모의 본관과 20층 건물인 별관으로 건축되었으며, 연면적이 54,680평에 달하는 매머드 빌딩이다. 흥미롭게도 이곳 역시 LG트윈타워와 마찬가지로 두 개의 건물이 동관(30층)과 서관(20층)으로 나뉘어 있으며, 구름다리로 연결되어 있다. 그러나 LG트윈타워와 달리 이 건물은 주종 관계가 뚜렷하게 구분됨으로써, 건물 사이의 틈새는 불리해도 쌍둥이 가상의 불리함은 면했다는 점이다. 이때는 사령탑이 동관에 위치하면 크게 무리가 없다. 주종 관계만 뒤바뀌지 않으면 무난하다는 얘기다.

과거에는 성냥갑처럼 반듯한 외관의 빌딩을 좋은 가상으로 여겼다. 하지만 오늘날의 풍수는 위압 풍수의 힘이 중요시된다. 즉 아주 기묘한 형상만 아니라면 미학적인 최첨단의 고층 건물을 두고 크게 흉한 가상으로 보지 않는다. 또한 개발을 무조건 억제하는 과거지향적인 발상은 현대 풍수에서 통하지 않는 이야기가 되었다.

LG그룹의 강남 시대를 열었던 LG강남타워는 구씨-허씨 일가의 분가에 따라 GS그룹 사옥으로 탈바꿈했다.

포스코에 이어 LG그룹이 역삼역 인

근의 반도아카데미를 철거한 후 지상 19층, 지하 6층의 제 2사옥을 건축했다. 1998년부터 일부 계열사를 입주시킨 LG강남타워는 순탄치 않았다. 부옥빈인富屋貧人이라 했던가. 겉으로 보기에는 초호화 빌딩이었지만, 그 안에서 근무하는 사람들의 마음은 풍요롭지 못했다. LG카드는 그룹에서 버림받은 자식이 되었다가 결국 매각되고 말았다. 이곳에 본사를 두고 있던 LG정보통신이 사라졌고, 이후 LG텔레콤 마저 이동통신사 가운데 가장 열세인 사업자로 전락하는 바람에 그룹 내에서의 위상이 높지 못한 실정이다.

그러자 신세 한탄은 풍수로 비화되기에 이르렀다. 건물의 정문이 북향北向이어서 문제라는 것이다. 예로부터 북문은 실패가 연속되는 불리한 상으로 여겼기 때문에, 풍수에서는 흔히 북문과 동북방으로 난 대문을 꺼렸다. 사실은 정문의 방향이 지맥선地脈線의 역세逆勢 배치만 피하면 무난한 것인데, 이것은 땅 속에 흐르는 기운의 방향을 거스르지 않는 것을 의미한다. 다만 지맥선 자체를 인식하기가 쉽지 않으므로 가능한 한 북문은 피하는 게 좋다.

어쨌든 결과적으로 불운을 겪은 기업들은 한마디로 빌딩과 궁합이 맞지 않았던 것이고, 임자가 아니었던 셈이다. 궁합이 맞는 새 주인을 맞이하면 과거의 기는 새로운 기로 변하고, 좋은 건물 좋은 풍수가 될 가능성이 높다. 이때 좋은 실적을 내지 못한 저조한 역사가 담겨 있는 과거의 집기는 새것으로 교체하는 것이 좋다.

SK그룹의 최씨 일가는 여타의 재벌가와 달리 상대적으로 풍수에 무관심한 것으로 전해진다. 그러나 내면을 들여다 보면 받아들이지 않은 게 아니라, 나름대로 확립된 '관觀'이 있었던 것 같다. 고 최종건 회장은 생전에 삼청동 자택의 풍수가 좋지 않다는 주변의 조언에 '거주인의 기가 집 터보다 더 세면 문제없다'는 식의 반응을 보였던 것으로 전해진다. 고 최종건 회장의 동생인 고 최종현 회장도 워커힐 호텔 내의 빌라가 남한강과 북한강이 만나 광나루 쪽을 찌를 듯이 달려드는 형세라서 풍수적으로 좋지 않다는 주변의 조언을 거부했다고 한다.

▌SKT 타워의 위용은 청계천 남쪽의 을지로 상권이 본격적으로 부흥될 조짐을 나타낸다. 이곳 일대의 점포들은 비록 면적은 작아도 전국을 대상으로 영업하며, 거래 금액도 상당한 큰 청계천 풍수를 자부한다.

실상 선천운先天運의 영역인 팔자八字의 운運이 강하면 풍수가 위해를 가하는 경우는 드물다. 또한 풍수는 외부의 기운을 정화시켜 안정된 삶을 도모하고자 함인데, 심기신수련心氣身修練을 이어받아 수련하기를 즐겼다는 최 회장의 입장에서 보면 스스로 신체 내부의 기운을 정화하려는 의지가 강했기에 풍수가 개입되기도 어려웠을 법하다. 아무튼 고인들의 수壽는 명命에 달린 것이므로, 이것을 풍수 탓으로 돌려서는 곤란한 얘기가 된다. 고 최종현 회장은 화장火葬을 유언해 장묘 문화의 모범을 보여주고 떠났다.

최종현 회장 사후 기 수련의 진위를 두고 논란이 일기도 했는데, 잘못된 기 수련은 오히려 기를 막히게 하거나 기를 망친다는 것이다. 이런 식의 뒷북은 아연실색할 일이다. 엄밀히 따지자면 명(命 : 팔자명리)을 모르고 상(相 : 풍수)이나 산(山 : 수련)을 논하는 것 자체가 맞지 않는 얘기다. 다시 말해 동양 오술五術의 체계는 팔자八字를 우선으로 풍수나 심신 수련으로 전개하는 과정을 정법으로 삼는다. 명리命理를 전공으로 삼는 필자가 단언하건대, 서울에서 현해탄까지 장풍을 날리는 기공 대사도 제 머리를 깎지는 못한다. 하물며 팔자명리八字命理를 모르고서 읊어대는 풍수나 기공氣功이 만병통치약이 될 리 만무하다. 거대한 풍수 사상에 배어 있는 합리적인 이치는 스스로 공감되는 선에서 자연스럽게 받아들이면 그만이고, 그것이 제격이다. 따지고 보면 풍수를 몰라도 운運이 강하면 명당의 주인이 되는 이치와 같다. 풍수에 제아무리 도통한들 연이 닿지 않으면 결코 제 것이 될 수 없는 법이다. 그러니 고 최종현 회장이 기 수련을 즐겼으면 그것으로 족한 것이다.

고 최종현 회장은 평소 강남에는 사람이 거주하기에 적당치 않다고 생각했다. 그래서인지 SK그룹의 계열사는 강남의 교보타워에 입주한 SK케미컬을 제외하고는 거의 모두가 강북에 모여 있다. 선친의 유업을 계승한 것일까. SK 본사는 강북을 고수했다. 몇 년 전 을지로에는 'SK T-Tower'로 명명된 SK텔레콤 본사가 거대한 위용을 드러냈다. 이 건물의 특징은 독특한 외관 디자인에 있는데, 건물의 27층을 기점으로 정면으로 기울어진 형태는 폴더형 이동전화의 외형을 차용한 것으로 알려졌다. 한마디로 커뮤니케이션을 중시하겠다는 입장을 나타낸 것이다. 당시 이곳의 수장이었던 김신배 SK텔레콤 사장은 SKT타워가 단순한 오피스 빌딩이 아닌 컨버전스와 유비쿼터스 패러다임을 선도하는 자사만의 혁신적인 모습을 창출하는 공간이 될 것이라는 의지를 천명했었다.

경자년庚子年 정해월丁亥月 을축일乙丑日 병자시丙子時의 최태원 SK그룹 회장의 사주四柱는 꽤 특별한데, 지지地支 네 글자가 모두 귀인貴人으로 호환귀인互換貴人의 귀국貴局이다. 이러한 팔자는 심각한 위기에 봉착해도 항시 구원의 손길이 닿고, 기댈 언덕이 있는 복명福命의 전형으로 간주된다. 두터운 처덕妻德으로 한동안의 질곡에서 벗어나 분기奮起했고, 2003년에는 백기사白騎士를 자처한 삼성전자의 지원에 힘입어 경영권을 강화시켰다. 향후의 운이 강한 것으로 전망된다. 그렇다면 결국 소버린이 남긴 교훈이 약이 된 셈이다.

몇 해 전 최태원 회장이 분식회계로 인해 사법처리되었을 때 서린동 SK그룹 본사 사옥의 풍수가 도마 위에 올랐다. 이때도 문제는 건물의 좌향坐向이 도마에 올랐는데, 현관이 북쪽으로 난 것이 치명적인 약점으로 지적되었던 것이다. 반면에 을지로2가에 자리 잡은 구 본관의 현관은 정남향의 길지吉地로서, 결국 서린동 시대를 열고 2000년 이후 경영의 시동을 거는 동시에 사운社運이 기울었다는 진단이다. 사실 건물의 좌향坐向을 근거로 한 단편적인 길흉 판단이나 현재의 일에 빗댄 풍수 진단만으로는 함정에 빠지기 쉽다. 당시에는 기업의 존립 자체가 불투명할 정도로 위험해 보이기도 했지만, 현재 SK그룹의 사옥이 점점 늘어나는 것은 2000년 이후 대한민국 경제의 발전상을 그대로 보여주는 것이라 하겠다.

1990년대 이후 재벌 기업들이 강남으로 사옥을 옮기기 시작한 이후 새로운 대이동이 가시화되고 있고, 이와 맞물려 서울시청 일대가 재벌 타운으로 변모되고 있다. 청계천을 명당수明堂水로 삼은 강북 풍수의 생명력은 여전히 건재하다. 얼마 전에는 삼성그룹과 롯데그룹의 시청 앞자리 잡기 경쟁에 한화그룹이 합류해 관심을 끌었다. 한화그룹의 경우 서울시청 광장과 맞닿아 있어 대한생명과 함께 매각된 신동아화재를 인수하면서 자연스럽게 재벌타운을 형성하게 된 것이다. 익히 알려진 것처럼 대한생명 본사가 여의도의 63빌딩이다 보니 타운을 형성하기에는 시청과 너무 먼 거리다. 그러나 신동아화재 본사 빌딩은 공교롭게도 서울프라자호텔 바로 뒤편에 자리를 잡고 있다. 때문에 김승연 한화그룹 회장은 대한생명 인수는 한화타운을 형성하게 되는 효과를 불러일으킨다며 적극적인 지원을 아끼지 않았던 것으로 알려졌다.

이에 앞서 한화그룹은 서울프라자호텔에서 소공동 길을 따라 바로 뒤편에 한화소공동 빌딩을 완공함으로써 신동아화재 빌딩과 함께 삼각형의 축을 이루는 한화타운을 형성했다. 한화소공동 빌딩은 지상 12층 규모로 서울프라자호텔과 연결되어 있다. 빌딩 일부는 호텔의 부속 공간으로 활용되고 있지만,

▎재계 8위의 한화그룹은 청계천 명당수를 발판으로 한화타운의 건립이라는 거대한 야심을 표방하고 있다.

한화그룹이 출자한 여천 NCC 본사와 외국계 금융기관들이 입주해 있는 오피스 빌딩이다. 태평로에 자리 잡고 있는 신동아화재 빌딩은 지하 8층, 지상 23층에 연면적 15,000여 평의 첨단 인텔리전트 빌딩이다. 한화그룹은 삼각형 꼭지를 이루는 이들 빌딩 사이를 녹지 공간으로 조성함으로써, 삼성과 롯데타운이 따라올 수 없을 정도의 거대한 한화타운 개발 계획을 발표했다.

청계천이 복원되면서 가장 고무된 기업이라면, 지난 1988년에 장교동 본사 사옥에 입주한 이후 13년 동안 청계천의 대표 기업으로 자처해 온 한화그룹을 들 수 있다. 복원된 청계천에 맑은 물이 흐르면서 재물의 기운이 왕성해져 사람들이 모여들고 돈도 모인다. 한마디로 풍수가 좋

과거 한화그룹 사옥의 가장 큰 풍수적 결함은 건물을 가로지르는 삼일고가도로였다. 하지만 고가도로가 철거되고 청계천이 복원되면서 이 일대의 풍수는 완전히 변했다.

아진 것이다. 한동안 구설에 시달리며 상당 기간 조심스런 행보를 보였던 김승연 회장의 현재 상황은 한결 낫다. 일대의 기업과 금융기관들이 이런 기회를 간과할 리가 없다. 청계천 변에 있는 한화와 SK, 그리고 우리은행, 신한은행, 하나은행 및 조흥은행 등을 중심으로 기업 이미지 제고와 홍보 효과 극대화를 겨냥한 청계천 문화 마케팅의 열기가 뜨겁다. 한화는 본사 사옥에 외부 조명을 켜 청계천 주변의 아름다운 야경 연출에도 한몫을 하고 있다.

한화그룹 김승연 회장의 집무실은 두 개로, 한화그룹 본사 27층과 대한생명 27층에 위치하고 있으며 층수가 같다. 본사 자리도 풍수지리상 돈이 모이는 터로 좋지만, 김승연 회장은 대한생명의 집무실을 더 좋아하는 것으로 알려져 있다. 대한생명 회장실은 원래 54층이었으나 수압이 높아 풍수지리에 안 맞는다는 지적이 있어 27층으로 옮겼다고 한다. LG그룹의 구본무 회장은 선친에게 물려받은 30층 집무실을 그대로 사용하고 있으며, 삼성전자의 김 회장은 28층이 집무실이다. 층수의 의미는 별반

특별할 게 없다. 빌딩의 상
층부는 권위를 상징하므로
적당한 배치다. 다만 김승
연 회장의 27층은 다른 의
미가 있다. 조금만 안목이
있다면 27층의 비밀은 금
세 알아차릴 수 있다. 27은
오행五行상 화火의 숫자를
의미한다. 김승연 회장은

63빌딩은 마치 여의도라는 배의 머리에 있는 돛대와 같은 형상이다.

계묘癸卯일 생으로 팔자의 지지地支가 목국木局을 이루고 있다. 나무가 불을 지피면 화火는 곧 활활 타오르는 재물이 된다.

말도 많고 탈도 많았던 63빌딩의 풍수도 길흉吉凶의 진위가 결국 건물 주인의 운기運氣와 연동된다. 매끄럽게 빠진 목형木形의 대한생명 건물은 어쨌거나 김승연 회장과 궁합이 잘 맞아 보인다. 한화는 새로운 성장에 필요한 엔진을 제대로 찾았다는 평가를 받고 있다.

63빌딩과 함께 국회의사당 터와 관련해 여의도 풍수는 항간에 말이 많았다. 그러나 실제로 떠도는 말과 달리 여의도의 지반은 튼튼하다. 최근에는 여의도에 위치한 국내 증권사들의 부진과 외국계 증권사들이 이 곳을 기피한다는 풍문과 함께 곱지 않은 시선을 받고 있다. 그러나 여의도는 경복궁에서 보았을 때 한강 물이 서울을 감싸고 흘러 마지막으로

6장 기업의 흥망과 풍수 281

빠져나가는 지대로서 율도 栗島인 밤섬과 함께 한강 물의 유속을 조절하고, 수도 서울의 기를 보호하는 중요한 역할을 한다. 결론적으로 여의도는 서울 풍수의 보루이자 한강 수룡水龍의 기세를 등에 업은 좋은 터라 할 수 있다.

┃ 서울의 수룡풍수 여의주인 여의도의 전체적인 모습은 마치 배가 한강을 거슬러 올라가는 부(富)를 상징하는 행주형(行舟形) 모습이다. 나라가 편안하려면 기관실인 국회가 제 역할을 해야 한다.

한강 물이 여의도를 빠져나가면 마포로 향하는데, 이곳은 재물이 물과 함께 빠져나가는 곳으로 여겨져 기업의 사옥이 위치할 터로는 적합하지 않은 것으로 소문이 났다. 사실 마포로 자리를 옮긴 후 쇠락하거나 망한 곳이 많기도 했다. 효성그룹 본사는 1993년에 현재의 마포구 공덕동으로 이전하기 전까지 덕수궁 옆의 중구 서소문에 40년 넘게 있었는데, 아무래도 지금이 과거만 못하다. 효성그룹 사옥은 도로가 사통팔달로 뚫린 공덕동 로터리에서 아현동 방면을 바라보며 서 있다. 도시 풍수에서는 도로를 물로 보는데, 공덕동 로터리는 사방에서 흘러온 물이 일단 모였다가 흘러 나가는 취면수聚面水로 볼 수 있으므로, 재복財福이 끊이지 않는 명당 터에 자리 잡았다고 볼 수 있다. 그러나 지금은 공덕동 로터리 일대에 16층 높이의 효성그룹 사옥을 능가하는 고층 주상복합 건물들이 속속 들어서면서 사옥 일대의 취면수는 고갈되기 직전에 이르렀다. 풍수적 방책이 시급하다.

또한 이곳에 자리를 잡았던 대농과 새한, 해태그룹 등은 주인이 바뀌었다. 특히 마포 일대에서 본사 현관의 방향이 북쪽을 향하는 배수진背水陣의 형상이면 패가망신에 가까운 결과를 초래했다는 것이다. 그러나 마포 일대의 풍수도 급속하게 변하고 있다. 주거와 상업 지구를 겸한 마포 일대는 과거와 달리 각광받는 지역으로 새롭게 조망되고 있다.

풍수에 민감하기로는 돈을 만지는 은행이 재벌가만 못할 리가 없다. 오늘날 서구 풍수의 열풍 현상 이면에는 홍콩에 근무했던 금융인들의 영향이 컸다고 볼 수 있다. 그들은 홍콩 사회에 적응하기 위해 풍수를 도외시할 수 없었고, 나중에는 그것에 매료되어 자국으로 돌아가 풍수 문화를 전파시켰다. 생각해 보면 돈을 다루는 은행이 풍수와 무관할 리 만무하다. 지금은 다국적기업이나 세계 유수의 금융기관들도 풍수를 무시하지 못한다. 가령 풍수에서 재화財貨를 끊임없이 창출하려는 이들에게 '물'은 없어서는 안 될 중요한 수단이다. 그런 까닭에 예전부터 은행 영업장과 다방에 가면 예외 없이 수조와 어항 속의 붉은 잉어를 구경할 수 있었다.

풍수에서 물은 곧 재화다. 한국은행은 남산 골짜기의 물이 모이는 곳에 자리하여 창고에 재물이 쌓이는 형국이다. 현재 중앙은행의 고유 업무는 본관 뒤편에 건립된 신관에서 처리되고 있으며, 구 본관 1층은 시민들을 위한 화폐박물관으로, 2층은 미술관으로 사용되고 있다.

홍콩의 상징이 된 중국은행 건물에는 풍수와 관련된 중국인들의 인식이 그대로 녹아 있다. 이 건물은 정면이 아닌 모서리가 바다를 향하도록 설계됐는데, 이는 바다의 좋은 기운을 혼자 빨아들이기 위한 것이라는 말이 나돌기도 한다. 바다에서 불어오는 기운이 중국은행 건물을 만나면 좁은 모서리 때문에 두 갈래로 나뉘어 더 이상 뒤로 빠져나가지 않고 이 건물에 머문다는 것이다. 중국은행 주변 건물에 입주하면 사업이 잘 풀리지 않는다는 것은 홍콩인들 사이에서 공공연하게 통한다.

그렇다면 우리나라의 한국은행은 어떨까? 서울시 중구 남대문로3가에 위치한 한국은행 터는 명당으로 소문이 나 있다. 남향으로 자리 잡은 한국은행은 인터넷의 도메인 명도 복(福 : www.bok.or.kr)일 정도다. 이곳에서 보면 남산 쪽으로 회현동 일대의 골짜기 물이 모두 한국은행 터로 몰려들어 온다. 이렇게 여러 갈래의 물줄기가 명당 터 앞으로 모이는 것을 두고 취면수聚面水라 하는데, 이는 기를 모아주는 역할을 하는 것으로 본다. 특히 남산 골짜기에서 발원한 두 갈래의 물줄기가 북쪽으로 흐르는 모양을 바라보는 입지여서 더욱 좋다. 남쪽에서 북쪽으로 흐르는 남출북류南出北流 지대의 주변은 투자처로 각광을 받는다. 이를테면 분당의 탄천과 목동의 안양천 흐름이 그러하다.

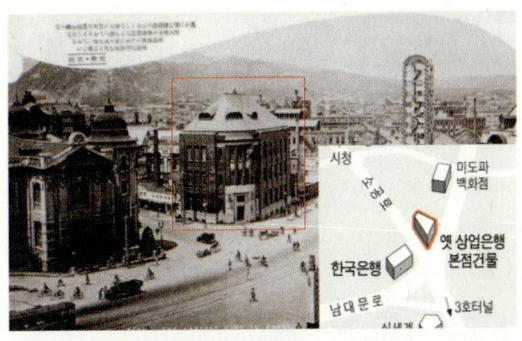

1960년대의 상업은행 본점 전경. 옛 건물이 살기를 품고 있다는 5각형 건물이다. 굵직굵직한 금융 사건들이 헤아릴 수 없이 많았다.

명동 일대에 국내 유수의 은행들이 본점을 둔 것도 이러한 물의 흐름과 깊은 인연이 있다고 볼 수 있다. 한국은행과 이웃했던 상업은행은 외환위기 이전까지만 해도 국내 최고의 시중은행으로 꼽혔다. 과거 경제개발 시대에 상업은행은 우리나라의 '돈줄' 역할을 했다. 한때는 수신고가 전국 은행 중 수위를 다투며 대한민국의 금고로 불렸을 정도였다. '금융 명당' 상업은행 건물에 수난이 시작된 것은 지난 1999년이다. 외환위기 이후 상업은행과 한일은행이 합병한 후 직원들이 구조조정을 당하면서 본점 건물도 그 해에 매각되고 말았다. 그 이후로도 6년 가까이 제대로 된 임자를 만나지 못했던 이 건물은 한국은행에 팔렸다. 이로써 한국은행 본점 건물과 옛 상업은행 본점 건물은 서울 시청과 남산 3호

터널을 잇는 좁은 소공로를 사이에 두고 마주 보고 서 있어, 바야흐로 한국은행의 쌍둥이 빌딩 시대가 열린 셈이다.

옛 상업은행 본점 건물의 나쁜 풍수는 두 가지로 요약된다. 첫째는 험악한 운기를 초래한다는 5각형 건물 형태이고, 둘째는 남산 3호 터널에서 빠져 나오는 음기(陰氣)에 정면으로 노출된다는 것이다. 은행 측은 살기를 뺀다는 차원에서 5각의 각 방위별로 모두 문을 냈으나 1970년대에 정치적인 입김으로 한국은행 쪽을 향한 남문을 막았고, 이후 각종 사건사고로 바람 잘 날이 없었

옛 상업은행 본점의 변신. 미끄러질 듯한 유리 외벽의 고층 건물은 3호 터널의 음곡살풍(陰谷煞風)을 피해 나갈 수 있는 풍수 방책(Feng Shui Cure)이 된다.

다는 것이다. 이후 1995년에 남문을 다시 열었으나 같은 해 9월 한국은행에서 지폐 유출 사건이 터져 당시 총재가 불명예 퇴진하는 일이 발생하기도 했다. 이후 국민은행이 주택은행과 합병하면서 사옥으로 이 건물을 매입하려다가 풍수지리가 좋지 않다는 이유로 취소한 적도 있다. 이 건물이 위치한 소공로는 시청 광장과 신세계 광장을 잇는 폭 20m의 좁은 길이면서도 애매하게 강북과 강남을 잇는 대동맥의 길목이다. 이 길의 양쪽 끝은 보기 드물게 분수대가 장식하고 있는 좋은 형상인데도,

걷기에는 불편하고 음습한 모양새가 되었다.

금융계가 IMF 사태라는 직격탄을 맞고 휘청대던 시절, 유독 풍수와 관계된 풍수 일화가 많이 나왔다. 과거 5대 시중은행이 주로 남산 3호 터널의 음기陰氣와 관련되어 있다는 부정적인 견해가 대부분이었다. 옛 남대문로의 지도를 보면 3가에 있는 한국은행을 시작으로 2가 주변에 상업은행, 한일은행, 서울은행, 국민은행 등이 있었다. 같은 길을 따라 하나은행, 조흥은행, 제일은행까지 대부분의 은행 본점이 남대문로를 끼고 몰려 있었다. 중앙은행인 한국은행이 남대문로3가에, 그리고 옛 5대 시중은행의 선두 격이었던 조흥은행이

남산 주변에서 가장 높은 건물인 회현동 우리은행 본점. 상업은행과 한일은행이 합쳐진 우리은행은 남산 신축 사옥을 당초 매각하려 했지만, 원매자가 없는 데다 굴착 때 금빛 흙이 나와 명당이라는 소문이 돌면서 본점 사옥으로 활용됐다. 최근 우리은행이 잘나가고 있는 것은 터가 좋기 때문이라는 말도 들린다.

남대문로1가에 위치하고 있었다. 하지만 은행가의 중심인 명동을 끼고 있는 남대문로2가 주변에서 더 이상 옛 명성을 찾아볼 수 없다. 이곳에 있던 시중은행의 본점들이 모두 사라졌기 때문이다. 금융의 중심지였던 남대문로에서 은행들이 모두 빠져나갔다. 국내 최대 은행인 국민은

옛 주택은행 본점. 여의도에 본사를 둔 주택은행은 IMF 외환위기를 피하고 우량 은행으로 입지를 굳히며 국민은행과 통합했다.

행은 여의도에, 2위 은행인 우리은행은 회현동에, 그리고 조흥은행과의 합병을 통해 국내 2위의 은행으로 부상한 신한은행은 태평로에 위치하고 있다.

이런 까닭에 '조상제한서(조흥·상업·제일·한일·서울)'라 불리던 옛 5대 시중은행의 본점이 몰려 있던 명동 입구의 남대문로는 이제 더 이상 금융의 중심지가 아니다. 이제는 금융인들 사이에 옛 추억으로 회자될 뿐이다. 서울은행과 붙어 있는 명동의 국민은행 본점 자리에서는 통합 국민은행이 아직도 영업을 하고 있다. 하지만 국민은행의 실질적인 본점은 여의도의 과거 주택은행 본점 자리에 있다. 한때 명동의 본점 건물 수맥水脈과 김정태 전 행장의 잇단 악재가 하마평에 오르기도 했는데, 합병의 베이스캠프였던 여의도 사옥에 머무는 게 더 좋았을 것이다.

조흥은행 본점 건물의 경우에는 외관의 색이 풍수가 기피하는 검은 색이라는 설도 나돌았다. 우리나라에서 가장 긴 역사를 가진 조흥은행은 100여 년의 역사를 뒤로 하고 신한지주금융에 흡수되고 말았다. 조흥은행의 역사는 남겠지만, 더 이상 우리나라를 대표하는 시중은행 본점으로서의 역할은 할 수 없게 되었다. 조흥은행을 인수한 신한은행은 청계천 복원으로 인해 조흥은행 소유의 부동산 시세 차익까지 올렸던 것으로 알려졌다. 언젠가 신한은행 관계자는 이렇게 말했다. "여의도에 있는 금융기관들이 대부분 정문을 북쪽에 두고 있다. 풍수지리상 이것이 좋지 않기 때문에 우리는 서향을 고려하고 있다."

일반 풍수에서는 북문을 꺼리는 경향이 있지만, 북문이 곧 나쁜 것만은 아니다. 가령 산(山 : 고층 빌딩)이 남쪽에 있고 물(水 : 도로)이 북쪽에 있으면 북문을 내는 게 정석 배치다.

남대문로 1가에 위치한 조흥은행. 향후 신한은행과의 통합 이후 본점 역할을 할 것으로 예상된다.

한편 제일은행과 서울은행은 터의 역사와 관련된 소문도 무성했다. 옛 서울은행 본점은 6.25 동란 당시 인민군이 시민들을 집단 처형했던 장소라는 이야기가 전해 내려오며, 그때의 원혼이 많아서인지 인사 갈등과 금융사고로 바람 잘 날이 없었다는 것이다. 그리고 1987년 종각(普信閣) 맞은편에 건물을 신축한 공평동 제일은행이 해외 매각 1호 은행으로 거론될 때는 옛 의금부義禁府 터라서 원혼이 서린 곳이라는 얘기가 나돌았다. 이곳은 조선 시대에 의금부가 위치하고 있었으며, 일제 치하에서는 종로경찰서와 경성지방법원이 있었다.

서울시 유형문화재 71호 전 제일은행 본점 건물. 6.25 동란 당시에도 피해가 없어 원형이 그대로 보존되었다. 지금은 제일은행 제일지점으로 사용 중이다.

풍문의 진원지는 금융감독원으로, 지난 1998년 당시 풍수지리에 밝은 이헌재 금감위원장이 "감독기관에 딱 맞는 명당이지만 은행 터로는 좋지 않다"라고 말하며 매각을 요구했지만, 은행은 이를 거부했던 것으로 알려져 있다. 일각에서는 그때 본점을 팔고 다른 곳으로 이전했더라면 잘 될 수 있었을 것이라는 말이 나돌기도 했다. 이곳은 아직 외세지지(外勢之地 : 외국인들의 기세가 센 땅)의 위력이 남아서일까. 2005년 1월, 제일은행은 영국계 은행인 스탠다드차타드에 매각되었다.

이제 시중은행의 본점들이 모두 사라진 명동 일대는 완전한 변신을 꾀하고 있다. 현재는 새로운 주인을 맞아 리모델링이 한창이다. 새로운 건물이 들어서고, 새로운 사람들이 입주하면 과거의 터는 다시 생기生氣를 띠는 게 자연스런 이치다. 금융의 중심지였던 남대문로는 이제 기억 속의 상징적인 곳으로만 남게 되었지만, 부흥의 조짐이 강하게 일고 있다. 남산 회현동 골짜기에서 발원해 북쪽으로 흐르는 물줄기 일대가 호락호락하게 상권 1번지의 자리를 내줄 리가 없다. 지금 서울 도심의 명동 한복판은 엄청난 기운이 폭발하기 직전이다. 신세계백화점 신축 본점이 문을 열고 본격적인 영업에 들어가면서 25년 이상 지켜온 롯데백화점 본점의 아성을 무너뜨릴 기세다. 롯데백화점과 신세계백화점 간의 경쟁은 그동안 침체되었던 명동 상권의 부활을 예고하는 전조로 여겨진다.

지금 은행들은 청계천 일대의 다리 복원과 벽화 제작 등에 거액을 기부하며 큰 관심을 보여주고 있다. 우리은행은 삼일교 준공을 기념해 42억 원을 기탁했고, 서울시 공무원들을 대상으로 하는 '하이-서울(Hi-Seoul) 통장'을 한시적으로 판매한 바 있다. 우리은행은 1915년 이래 90여 년 간 서울시 금고를 취급해 왔고, 서울시 주거래 은행으로서의 역할을 담당하고 있다. 하나은행도 광통교 복원 사업을 위해 20억 원을 서울시에 기탁한 바 있다.

신한은행은 모전교 건설비용으로 20억 원을 서울시에 기탁하기도 했다. 과거에 신한은행과 합병하기 전의 조흥은행은 청계천 변에 설치된 타일 벽화 '정조대왕능행반차도' 제작비로 15억 원을 기증하기도 했다. 반차도는 정조대왕이 아버지인 사도세자의 회갑을 맞아 생모인 혜경궁 홍씨와 함께 수원 화성을 다녀오던 의전 행렬을 재현한 것이다. 특히 옛 조흥은행은 아무도 청계천 복원을 상상하지 못했던 지난 1994년 7월, 당시 이종연 전 행장 주도로 광통교를 실물 크기의 4분의 1로 축소 복원한 바 있다. 당시에 제작된 광통교 모형은 지금도 옛 조흥은행 본점 옆에 남아 있다. 이것은 청계천에 대한 단순한 향수의 발로가 아니라, 명당수明堂水와 관련된 재화財貨의 유입과 부흥復興을 기원하는 절실한 의미를 담은 행위라 할 수 있다. 청계천의 물줄기는 단순한 관광 자원을 넘어 강북 상권 부활의 상징이자 기반이 된다. 그러니 금융권에서 청계천과 친해지지 않을 수 없다.

전통 풍수이론

7장

01 풍수이론 개요

풍수는 크게 '음택陰宅'과 '양택陽宅' 두 가지로 나눌 수 있다. 음택은 죽은 사람을 매장하는 분묘墳墓를 가리키고, 양택은 산 사람의 주거지와 집, 건물을 가리킨다. 양택에 좋은 가상家相과 나쁜 가상家相이 있듯이 음택에도 좋은 자리가 있고 나쁜 자리가 있다. 좋은 자리는 명당明堂이라 하여 후손이 복을 받게 되고, 나쁜 자리는 흉지凶地라 해서 후손이 화를 당하게 됨을 암시한다. 인체의 기는 골수骨髓로 흐르는데, 풍수에서는 조상과 후손이 뼈로 연결되어 있다고 생각했다. 뼈를 구성하는 원소는 생체 에너지와 독특한 진동 파장을 갖는데, 시신의 유골이 산화될 때 발하는 전자 파장이 동일한 기를 가진 후손과 서로 감응한다는 '동기감응同氣感應'으로 조상의 묘가 후손의 삶에 영향을 준다고 본 것이다.

풍수 초기의 2대 원전인 『청오경 靑烏經』과 『금낭경 錦囊經』(곽박, 276~324)에 동기감응이 언급되어 있다. 이를 처음 언급한 곽박의 『금낭경』「기감편 氣感篇」에 이르기를 '시이동산서붕是以銅山西崩 영종동응靈鐘東應'이라 했다. 이는 서쪽에 있는 구리산이 무너지면 동쪽에 있는 신령한 종이 울린다는 의미로, 한대漢代의 고사에 기원한다. 그 내용을 살펴보면 다음과 같다.

"미앙궁未央宮에는 동銅으로 만든 커다란 종鐘이 있었는데, 이 종은 서촉西蜀에 있는 구리산銅山에서 캐낸 동銅을 원료로 해서 만든 것이었다. 어느 날, 이 종이 누가 건드리지 않았는데도 저절로 울렸다. 황제가 너무 이상하여 옆에 있던 동방삭東方朔에게 종이 울린 원인을 물으니, 동방삭이 대답하기를 서촉의 구리산이 붕괴되었다고 했다. 과연 얼마 지나지 않아 서촉에서 구리산이 붕괴되었다는 보고가 올라왔다. 산이 무너진 때가 바로 미앙궁에 있던 영종靈鐘이 울린 시각과 일치했다. 황제가 다시 동방삭에게 이 사실을 어떻게 알았느냐고 묻자 동방삭이 대답하기를, 그 종이 구리산에서 캐낸 동으로 만들었기 때문에 동질의 기가 서로 감응感應을 일으켜 발생한 일이라고 했다. 그러자 황제가 크게 감탄하면서 말하기를 '이와 같이 미천한 물질도 서로 감응을 일으키고 있는데, 만물의 영장인 사람은 조상과 후손 사이에서 얼마나 많은 감응을 일으킬 것인가!' 라고 말했다."

한편 『청오경』은 '동산토염東山吐焰 서산기운西山起雲', 즉 동산에서 더운 기운을 토해내면, 서산에서 구름이 일어나는 현상으로 설명했다.

이와 같이 우리에게 무덤은 단순히 죽은 사람의 집이 아니었다. 무덤은 이승과 저승의 경계이며 제사를 지내는 성역이기도 하다. 조상과 후손을 이어주는 연결고리로써 효孝를 가르치는 교육의 장場이기도 했다.

이러한 조상의 묘를 단순한 유택幽宅으로 보지 않고 후손의 길흉화복과 연결지어 생각하는 풍토도 사뭇 뿌리가 깊다. 명당에 조상을 모셔 발복發福하려는 욕구, 명당에 자리 잡은 산소를 효도의 상징으로 보는 인식 등이 그것이다.

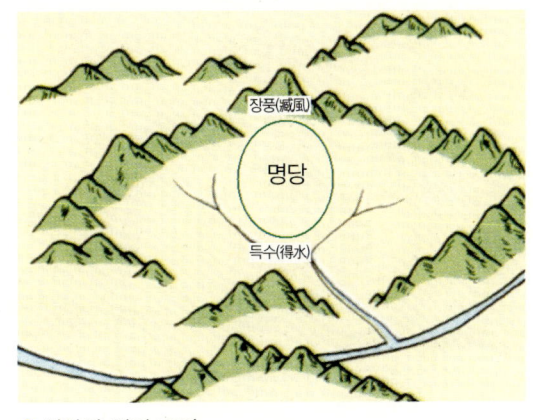

| 명당의 입지 조건

명당明堂은 먼저 장풍득수藏風得水가 되는 곳이 첫 번째 요건이 된다. 다시 말해 주변은 산들이 병풍처럼 늘어서 억센 바람을 막아야 하고, 앞으로는 물이 보여야 좋다는 것이다. 이때 산줄기를 타고 내려와 생기가 가장 몰려 있는, 즉 핵심적인 지점을 '혈穴'이라 한다. 혈이란 명당 중에서도 생기生氣가 가장 응집된 곳으로 '혈장穴場'과 같은 의미로 쓰인다.

따라서 명당이란 혈을 포함한 주변의 평평한 땅으로 생기가 응결된 장소로 정의할 수 있다. 즉 혈이나 혈장보다는 조금 더 넓은 개념으로 쓰이는 것이다. 혈 자리 앞의 명당은 내명당과 외명당으로 구분되는데, 그 범위가 혈의 크기에 의해 정해지는 상대적인 의미로 쓰인다. 또한 명당은 소명당·중명당·대명당으로 나누며, 천자가 천하의 문안을 받는 것처럼 혈이 산수의 문안을 받는 곳이다. 여기에 내內명당은 발복의 지

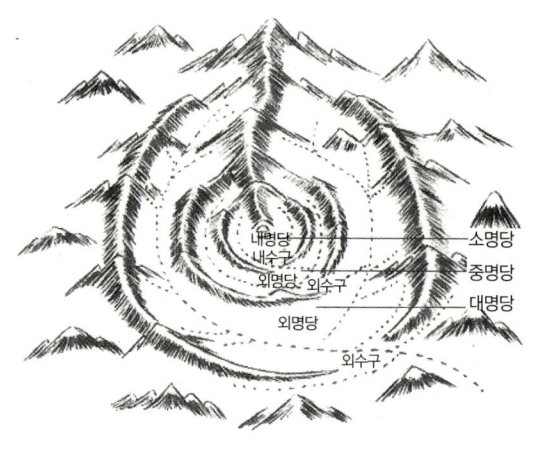

▎명당도

속을 관장하고, 외外명당은 발복의 대소를 관장한다고 해서 명당이 넓을수록 길한 것이다.

명당은 사신사四神砂의 성국 안에서만 성립된다. 사신사란 풍수로 지세地勢를 살필 때 전후좌우에 있는 네 개의 산을 말한다. 즉 장풍국藏風局이 되는 좌청룡左靑龍, 우백호右白虎, 전주작前朱雀, 후현무後玄武 등 네 종류의 산이다. 이 사신사의 위치에 따라 명당의 지형과 지세를 파악하는 것이다.

사신사의 기능은 혈에 생기를 만드는 것이다. 혈이나 명당에 생기를 만들기 위해서는 세 가지 기능, 즉 사신사의 바람막이 기능, 곡면 반사경의 기능, 볼록렌즈의 기능을 갖추어야 한다.

강하고 세찬 바람은 생기를 흩어지게 하므로 사신사가 사면에서 불어

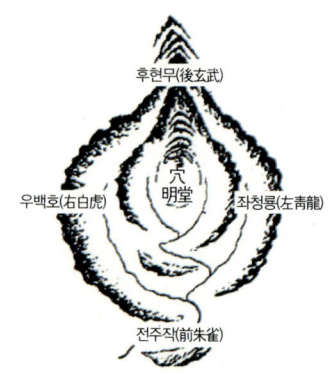

▎사신사

오는 강한 바람을 온화하고 부드러운 바람으로 만드는 게 바람막이 기능이다. 다음으로 모든 사물은 자체의 빛으로 해와 달빛을 반사하는데, 일월日月이 청룡과 백호를 비추면 그 빛의 일부가 반사되어 한 지점에 초

공주시 장기면은 주산(현무)인 국사봉(213.7m)이 안산(주작)격인 장군산(354.3m)보다 낮아 손님이 주인 행세를 한다고 해서 신행정수도 후보지로 말이 많았던 곳이다.

점을 이루게 된다. 바로 이곳에 신비한 기운, 즉 생기가 발생한다. 이와 같이 반사경의 초점에 생기가 발생하는 공간이 명당이 되므로, 사신사는 반사경의 기능을 하게 된다.

사신사의 이상적인 형태는 혈을 중심으로 둥글게 감싸고 있는 모양이다. 이러한 둥근 형태는 볼록렌즈의 둥근 부분과 같아서 주변에 분산되어 있는 기운을 하나의 초점으로 모은다. 이처럼 청룡은 혈의 좌측에서, 백호는 혈의 우측에서, 주작은 혈의 앞에서, 그리고 현무는 혈의 뒤에서 각각 볼록렌즈와 같은 역할을 수행함으로써 볼록렌즈 네 개의 공통 초점이 되는 곳이 바로 혈이 되고, 여기에 생기가 모이는 것이다.

혈의 생기를 만들어 주는 청룡·백호·주작·현무의 사신사는 각각의 생기를 지니고 있다. 청룡에서 발생하는 생기는 대표적으로 자손 번창의 기운, 권력과 지도자의 기운, 재산의 기운을 갖는다. 백호의 기운은

재산과 여성의 생명력을 지니고 있다. 주작은 재산과 사회적 지위, 평판 등의 기운과 연관된다. 현무는 주작과 대칭되는 관계에 있는데, 현무가 주인이라면 주작은 손님 또는 보조자로서 현무보다 한 계급 낮은 것이 이상적이다. 현무는 혈에 지기를 직접 전달하므로 사신사 중에서 영향력이 가장 크다. 따라서 산세의 규모나 기상이 청룡이나 백호, 주작보다 크고 힘차야 한다. 현무는 한 집안이나 개인에게 특별한 능력을 만들어주는 생기를 가지고 있기 때문에, 현무의 지세가 좋은 지역에서는 능력이 출중한 인물이 많이 배출된다.

　어떤 사람은 명당을 침술鍼術에 비유해서 설명하기도 한다. 명당인 혈은 침술의 경혈經穴과 일맥상통하는 점이 있기 때문이다. 혈은 산맥의 정기와 지기地氣가 집중되어 뭉쳐 있는 지점이고, 경혈은 인체에서 경락經絡의 기혈氣血이 표면에 모여 통과하는 부분으로서 침과 뜸을 놓을 수 있는 자리기 때문이다. 의술醫術에 '일침一針, 이뜸二灸, 삼약三藥'이라는 말이 있듯 혈 자리의 중요성은 인체나 땅이나 다르지 않다. 그러나 침이나 뜸은 약을 쓸 때와 시점이 다르다. 반면에 고급 팔자술八字術에서는 생월生月과 생시生時의 용법을 달리할 뿐만 아니라, 택향묘혈宅向墓穴이라 해서 그 용법을 달리한다. 따라서 양음택을 막론하고 형세形勢, 형국形局, 좌향坐向은 모두 고려되어야 하지만, 음택은 혈穴을 중시하고 양택은 향向을 중시하는 관법이 옳다고 본다.

음택의 본래 목적은 혈穴을 찾는 것이다. 사실 명당을 찾는 게 여간 어려운 일이 아니다. 명당이 되려면 여러 가지 까다로운 조건에 부합되어야 하기 때문이다. 그리고 선택된 명당이 언제까지나 명당으로 보존된다는 법도 없다. 명당은 개관적으로 용龍, 혈穴, 사砂, 수水의 조건을 관찰하고 판단하는 것이다. 용龍이란 산과 산맥을 말한다. 산을 용이라 칭하는 까닭은 산의 형태가 일어나고, 엎드리고, 구부러지고, 숨었다가 나타나는 등 그 모습이 천형만상千形萬象으로 변화하기 때문이다. 마치 이러한 변화가 용의 무궁무진한 변화와 흡사하다고 해서 산을 용이라 칭하며, 풍수가들의 용어로 사용된다. 멀리 주산主山에서 혈 자리까지 이어지는 산줄기를 '내룡來龍'이라 하는데, 주로 혈이 있는 자리로부터 뒤로 멀지 않은 거리를 잇는

영화감독 스티븐 스필버그의 자택. 아름다운 숲 속의 그림 같은 집은 동서양을 막론하고 선망의 대상이다. 이 같은 풍수를 두고 굳이 흠을 잡을 필요는 없다. 굳이 살핀다면 방위의 길흉을 따질 뿐이다. 반면에 혈 자리를 중시하는 음택에서는 싱싱한 숲만으로 길흉을 따지지 않는다.

용(龍), 혈(穴), 사(砂), 수(水)

산까지의 줄기를 내룡이라 한다. 혈穴은 명당의 핵심이 되는 위치이자 시신을 묻는 자리로서, 음택에서는 혈을 찾지 못하면 다른 조건이 아무리 좋아도 소용이 없다. 사砂는 혈을 중심으로 전후좌우에 있는 산을 비롯하여 멀리 떨어져 있는 산이라도 산맥으로 연결되어 있는 산이라면 모두 포함하는 지형을 의미한다. 산을 '모래(砂)'라고 한 것은 선조들이 풍수를 가르칠 때 모래로 모형 산을 만들어 설명했기 때문이다. 수水는 곧 득수得水를 의미하여 혈이 있는 자리에서 앞쪽으로 흐르는 물을 의미한다. 같은 물이라도 풍수에서는 혈을 중심으로 감싸 돌며 흐르는 물을 최상으로 여긴다.

오래전부터 명당을 찾는 근본을 형세形勢라 했다. 형세란 물형物形과 용세龍勢를 동시에 일컫는 말이다. 물형物形이란 산이나 땅의 생김이 주변의 사물을 닮았거나 특정한 모습을 닮은 형태를 말하고, 용세龍勢는 혈을 중심으로 분포되어 있는 산맥들의 흐름이 지니고 있는 기세를 말한다. 이러한 물형과 용세는 정확한 혈을 찾아낼 수 있는 단서를 제공한다. 풍수가가 혈을 찾을 때는 먼저 그 지역의 산세와 지형을 살펴 물형이 될 만한 곳을 물색하는 것이 우선이다. 왜냐하면 물형의 핵심이 되는 곳에 혈이 있기 때문이다. 한마디로 혈을 찾으려면 형국形局을 잘 살펴야 하고, 형국이 온전히 갖추어져야 혈을 찾기 쉽다. 형국이란 혈을 중심으로 그 주변의 용, 사, 수를 합한 모양새를 말한다.

음택에서 혈을 찾는 세 가지 방법이 있다. 그 첫째는 이기론理氣論이고, 둘째는 형기론形氣論, 셋째는 물형론(物形論 : 형국론)이 있는데, 이 세 가지 이론은 모두 나름대로 특징과 장단점을 지닌다. 이기론은 음양오행陰陽五行과 팔괘구성八卦九星의 원리를 나침반에 담아 좌향坐向으로 생기를 추산推算하는 매우 테크니컬한 이론과 실기 체계를 구성하고 있지만, 정작 음택에서 혈을 찾는 데는 주된 방법이 될 수 없다. 형기론은 산세의 모양이나 형세상의 아름다움을 유추하여 생기가 응결된 혈의 위치를 알아내고, 혈을 중심으로 주변 산세山勢가 어떻게 서로 조화를 이루는지 판단해서 묏자리의 길흉을 예측하는 이론이다. 그러나 이때도 정확한 혈의 지점을 증명할 수 있는 방법이 없어 혈의 위치가 바뀔 가능성을 배제할 수 없다.

나경(羅經 : LuoPan)은 '포라만상(包羅萬象) 경륜천지(經綸天地)'에서 '나(羅)'와 '경(經)'자를 따서 붙인 명칭이다. 포라만상은 삼라만상을 포괄한다는 뜻이고, '경륜천지'는 하늘과 땅의 이치를 다스린다는 뜻이다. 이것은 허리에 차고 다닌다 해서 '패철(佩鐵)'이라고도 하고, 나침반을 뜻하여 '쇠'라는 말로도 불린다. 풍수가의 유일한 핵심 도구다. 이로써 용, 혈, 사, 수, 향(向)의 정확한 위치를 측정하여 길한 방위와 흉한 방위를 판별할 때 사용된다.

따라서 물형론으로 보완되어야 한다. 물형론은 갈형론喝形論 또는 형국론形局論이라고도 하는데, 주로 형국론形局論으로 일컫는다. 이것은 산천山川을 살아 있는 생명체로 인식하는 관점에서 출발한다.

다음으로 어떤 사물이나 특정 상황에 처한 동물과 사람의 형상에 빗대어 당堂의 이름을 정한다. 그렇게 되면 그 물체나 동물이 취한 상황에서 핵심이 되는 부분에 혈이 있다고 보는 것이 형국론이다. 풍수 저술가들은 풍수에 대한 정확한 이해와 혈처穴處에 대한 적절한 평가를 해내는 데 있어 필수불가결한 현장 답사의 어려움을 즐겨 강조했다. 산의 정상을 오르고, 골짜기의 밑바닥까지 살피는 고난을 감수하지 않으면 풍수에 근접하지 못한다는 것이다. 직접 보고, 직접 느끼는 교육, 국지적인 지세에 익숙해지면서 바로 그때 비결을 전수받는 등 풍수에서는 직접적인 체험이 매우 중요하다.

풍수 형국론의 원칙을 다룬 책으로 유명한 『설심부雪心賦』에 '물이유추物以類推, 혈유형취穴由形取', 즉 '물체의 유형으로 추측하고, 혈은 형체에 연유하여 취한다' 라고 하여 산천을 물형에 비유해 설명한 구절이 있다. 따라서 혈穴을 찾으려면 먼저 산이 사물의 어떤 모습을 취하고 있는지를 판단해야 한다. 이것이 곧 형국론에서 말하는 심혈尋穴의 첫 번

▍호랑이가 엎드린 복호형(伏虎形). 이렇게 엎드린 호랑이의 형상은 입 부위에 혈이 맺힌다. 호랑이 등과 머리, 입 부위 등의 구분이 한눈에 들어오느냐가 관건이다.

째 단계다. 가령 맹호출림猛虎出林형으로 숲에 있던 호랑이가 먹잇감을 노리고 천천히 내려오는 모습을 말한다. 형국론에서는 어느 지역의 생김새를 놓고 이름을 붙일 때 객관성 여부를 진지하게 고려해야 한다. 누가 봐도 그곳을 보면 호랑이가 숲에서 나오는 모습이 연상되어야 한다. 맹호출림형의 경우, 호랑이가 위험을 무릅쓰고 숲을 나오는 이유는 오로지 개를 잡아먹기 위함이다. 따라서 졸고 있는 개의 형상을 한 안산案山인 '면구안眠狗案'이 있어야 호랑이가 숲을 나오는 상황이 전개되고, 이때 호랑이는 귀와 눈 그리고 코에 정신을 집중시키며 긴장하기 때문에 이들 부위에 지기地氣가 응집된다는 식이다.

반면에 형국론은 산형山形을 바라보는 위치와 사람에 따라 차이가 생길 수 있다. 가령 맹호출림猛虎出林형이 또 다른 사람이 볼 때는 갈록음수渴鹿陰水형으로 탈바꿈되기도 한다. 또한 대만이나 동남아에서는 장수한 원숭이가 과일을 따먹는 모습에 비유한 선원적과仙猿摘果형을 대표적인 명당으로 치는데, 우리 산에 그러한 산형이 있을 리도 없지만, 원숭이가 없는 이곳에서 그러한 물형으로 비유될 리도 없다. 형국론은 이렇게 우리 고유의 풍수가 아닐뿐더러 주관적이고 자의적인 요소가 많이 개입되므로, 전통 풍수론이 다룬 영역은 아니며 물형론이 후대에 가지치기를 한 것으로 보면 된다. 따라서 보다 체계적인 수련법과 분명한 학문적 원칙이 세워지기 전에는 말도 많고 탈도 많은 형국론이 된다.

그리고 산형山形에서 대부분 일치되는 결론에 이르렀다고 해도, 가령 갈룡음수渴龍飮水형은 용두龍頭에, 포란抱卵형은 알을 놓는 자리로 명당의 범위를 축소시킬 수 있지만, 한 치 차이로 터의 길흉이 달라지기 때문에 정확한 혈의 자리를 짚어낸다는 것은 매우 어려운 일이다. 이는 결국 진실로 믿을만한 명당은 궁극적으로 오직 순수한 체험에 의해서만 가능하다는 얘기가 된다. 결론적으로 풍수 각각의 이론 체계는 상호 보완적으로 일치된 의견을 담을 때 진실성을 더할 수 있다.

'산자산서자서山者山書者書'라고 했다. 풍수는 책상에 앉아서 공부만 한다고 답이 나오지 않는다. 예전부터 풍수계는 현장 답사를 중시하는 형세학파들이 이기학파方位學派를 다소 무시하는 경향이 있었다. 이렇게 형기풍수만 강조한 나머지 '이기풍수 무용론'을 주장하기도 했지만, 모든 동양술학은 '체용體用'과 불가분의 관계에서 벗어날 수 없으므로 형기론과 이기론은 다 같이 중요하다. 장풍득수의 형세를 직접 눈으로 살폈을 때 형기론이 체體라면, 무형의 이기론은 용用이 된다.

풍수에는 수많은 유파流派들이 존재하는데, 형기론의 내용은 대동소이하나 이기론은 실전 수법에서 다양한 견해와 수준 차이를 보여 비난을 자초했다. 이기학파는 팔택파八宅派와 비성파飛星派가 주류를 이루었는데, 최근에는 현공파玄空派가 등장하여 붐을 일으키는 추세다. 이미 미국 시장에 진출했을 정도로 술법상 비교 우위를 지닌 셈이다. 현공풍수玄空風水는 유형의 형기풍수形氣風水와 눈에 보이지 않는 무형의 이기풍수理氣風水를 모두 포괄하여 시공時空을 배합한 논리 체계로 구성되었다. 원래 형기풍수는 공간 개념을 위주로 하는 분야이고, 이기풍수는 시간 개념을 위주로 했다. 현공파는 형기와 이기를 포괄하고, 여기에 변역變易의 이치를 더해 20년 주기로 바뀌는 지운地運에 따라 터와 건물의 길흉이 달라지는 점을 갈파하는 선진 기법을 구축했다.

현공풍수의 특징은 한마디로 '정해진 풍수'가 아니라 '변화하는 풍수'를 논하고 있다는 점에 있다. 이른바 변역變易의 이치가 가미되어 소위 명당도 변한다는 것이다. 만물은 생장소멸의 변화를 겪게 되는데, 지기地氣가 예외일 수 없다. 기존의 풍수는 지운地運을 추리할 명백한 이론이 없었지만, 현공풍수는 이를 보완하는 이론 체계를 구축한 셈이다. 이러한 현상은 결국 풍수계의 향후 상황이 '지도'와 '조언'보다는 '예측'에 중점을 두는 진정한 예측 술법으로 자리 잡게 된다는 것을 시사한다. 이런 까닭에 강단의 학자들은 아직 현공술법에 어두운 것 같고, 현장의 술가들이 이를 선도하는 측면이 있다. 다만 아쉽다면 풍수이론은 중국이 주류이므로 이를 능가하는 학문적 원류성을 확보하기에는 아직 요원하다는 점이다. 이것은 비보풍수의 정신과 같은 자생풍수의 사상 분야와는 차원이 다른 얘기다. 테크닉 면에서의 진보와 향상을 뜻한다. 희망은 있다. 이미 명술命術 분야, 즉 팔자명리와 두수斗數의 이론 체계는 중국을 능가하는 선진성과 원류성을 확보해 가는 추세에 있으므로, 풍수 역시 가능해질 것으로 기대한다.

흔히 세인들은 팔자를 고칠 수 있는 비책이나 동양의 술법에서 흉을 피하고 길을 취하는 방책을 구할 수 있지 않을까 기대한다. 그러나 원론적으로 팔자명리八字命理는 선천운先天運의 영역으로서 운명의 개선이 불가능하다. 이와 같이 명운命運이 하늘에 달렸다는 정명론定命論의 사상은 동양에서 확고한 패러다임이었다. 그런데 풍수는 운명을 개선시킬 수 있다는 명제에서 출발한 사상이고 담론이다. 따라서 우리는 간혹 다음과 같은 의문을 제기해볼 수 있다.

"운이 강한 사람이 풍수가 좋지 않은 건물에 입주해 있다면 사업이 망할까?"

"운이 좋지 않아도 풍수가 좋으면 발복發福할 수 있는가?"

이러한 의문에 대한 답을 구하기는 쉽지 않다. 그러나 필자의 의견은 확고하다. 운이 앞선다는 것이다. 민간 격언에 '일명一命·이운二運·삼풍수三風水·사적음덕四積陰德·오독서五讀書'라는 말이 있다. 사람은 선천적으로 선택의 여지가 없는 명운을 타고 난다. 일명一命과 이운二運의 단계는 선천운의 영역으로서 운명을 개선할 수 있다는 주장은 곤란한 이야기가 된다. 후천적인 노력이나 의지로 개선할 여지가 전혀 없다는 것은 아니다. 선행을 쌓거나 학문을 게을리 하지 않고 독서에 힘쓴다면 분명 보다 나은 삶의 영역을 확보할 수 있고, 현재의 상황을 변화시킬 수 있다.

종교계와 교육계에서 가르치는 사상은 '사적음덕四積陰德'이나 '오독서五讀書'의 범위라 할 수 있다. 선악을 구분해 아무리 가르쳐도 세상에는 음양이라는 사물 양면이 엄연하게 균형을 이루며 존재한다. 부富가 있으면 빈貧이 있고, 행복에는 불행이 따른다. 이처럼 인간의 의지로써 접근이 어려운 선천운과 얼마든지 노력으로써 개선할 수 있는 후천운의 경계에 '삼풍수三風水'의 단계가 자리 잡고 있다. 굳이 따진다면 풍수의 영역은 후천운에 가깝다고 할 수 있다. 사람의 의지로써 개선할 수 있는 여지가 무궁무진하며, 그 효용성 또한 선행이나 독서에 비해 강력하다. 흥미로운 것은 운이 강한 자가 좋은 풍수의 입지 요건을 갖춘 경우가 많다는 것이다. 운기가 저조한 시점에는 풍수상 결함이 있는 가상家相에 거주하는 경우가 많다. 일반적으로 풍수가 좋은 집에 살면 모두가 길하고, 풍수에 결함이 있으면 모두가 다 나쁘다고 생각하는 경향이 있다. 이른바 명당만 잡으면 당대의 발복은 물론 후손의 번영을 믿어 의심치 않는 경우도 있으나 사실 이러한 생각은 착각이다.

『금낭경錦囊經』,「산세편山勢篇」에 '탈신공개천명奪神工改天命'이라는 문구가 있다. '신공을 빼앗고, 천명을 고칠 수 있다'는 이 말은 한마디로 운명을 인위적으로 개조할 수 있다는 뜻이다. 이것은 동양 사상계에서 심각한 철학적 반론을 불러일으켰다. 풍수는 인간이 그 진행을 하늘에 맡겨야 할 자연의 힘을 조작해서 자신의 운명을 스스로 개척할 수 있다는 믿음을 지님으로써, 순리順理를 거슬렀다는 얘기다. 공자孔子는 "죽음과 삶은 명命에 달렸고, 부와 명예는 하늘로부터 주어진다."라고 말했다. 유가儒家들은 다음과 같은 말로써 풍수를 부정했다.

"우주 삼라만상의 생멸生滅, 번영과 실패는 이미 결정되었으며, 그것은 어떤 현인賢人의 지혜와 노력으로도 바꿀 수가 없다. 모든 현상이 신공神工이고 천명天命인 것이다. 수많은 후대의 철학자와 사상가들이 이단적 이론과 기이한 공상에 몰두했지만, 그 누구도 이 점만은 부정하지 않는다. 그런데 오직 장서葬書에서만 개천명改天命을 논한다. 하늘과 신령에 대해 이 얼마나 망측한 비방이며, 인간 본연의 자세에서 이탈한 허위인가!"

사람들은 근원적으로 하늘을 경외했지만, 한편으로는 본능적으로 인간의 의지와 향상심을 저버릴 수는 없었다. 특히 천재天災나 이변異變과 관련해서 천지만물과 인간 사이의 관계를 어떻게 볼 것인가에 대한 담론이 있었다. 공자는 『춘추春秋』에서 재난과 이변에 대해 논했지만, 그것을 인사人事와 결부시키지는 않았다. 재이災異는 결국 순리에서 벗어난 인간들에게 하늘이 꾸짖는 것이 무엇인지를 깨달아 경외감을 갖고, 오직 자신의 영혼 상태만 주의하면 된다는 것이었다. 또한 중국 송나라의 정치가이자 문인이었던 구양수歐陽修는 재난과 인사와의 상응 관계를 들여다보면 어떤 것은 들어맞고, 어떤 것은 들어맞지 않으며, 어떤 것은 결부되고, 어떤 것은 결부되지 않는다는 사실을 발견하게 될 것이라고 말했다. 따라서 결부되지 않거나 들어맞지 않는 경우에 맞닥뜨리게 될 때, 군자는 그에 경멸적인 태도를 취할 것이고, 그것을 우연한 일로 치부하여 그들에 대한 존경심을 상실하게 될지도 모른다고 했다.

정리하면 풍수는 삶의 질을 개선하는 위력을 지니고 있다. 그러나 그 이면에는 어찌해볼 수 없는 선천운의 영역이 지닌 불가항력을 내포하고 있다. 가령 진정으로 훌륭한 풍수가와 인연이 닿을 것인지의 문제, 풍수에 동기감응과 같은 것이 있다 해도 그것은 효자孝子와 인자仁者에게만 주어진다는 것, 즉 '물각유주物各有主'라고 해서 명당은 애써서 얻어질 수 있는 일이 아니고 임자가 있다는 설이 그러하다. 그렇다면 오랜 역사를 통해 권력과 풍수가 결탁했던 현상과 그 가운데 일부는 부조리가 개입되었음에도 불구하고 발복이 현실화 된 사례는 어찌 설명할 것인가?

거슬러 올라가 보면 백제의 무령왕릉이나 신라의 김유신 장군 묘 등은 모두 명당론에 어긋나지 않게 자리 잡았다. 뿐만 아니라 조선을 개국한 태조 이성계는 부친 환조桓祖의 묘를 명당에 써서 왕이 되었다고 전해져 내려온다. 구한말 흥선 대원군은 덕산의 가야산에 위치한 꿩이 엎드린 형국의 복치伏稚형 명당에 부친 남연군의 묘를 쓰고 왕권을 장악했다고 한다. 이때 가야사를 불태우며 이장을 감행했을 정도다. 한편 여흥 민씨는 망우리 고개 너머 왕릉의 영역에 묘를 써 세 명의 왕비를 배출한 것으로 알려진다. 여흥 민씨의 묘는 이왕직(李王職 : 일제 강점기에 궁내부에 속하여 조선 왕실의 일을 맡아보던 관직)을 지낸 민영기의 13대조가 왕비와 재상이 계속 나올 수 있는 묏자리로 정했다고 하며, 형세가 마치 귀중한 칼이 칼집에서 나온 모습 같다고 하여 보검출갑寶劍出匣형의 명당이라 불린다.

결국 명당 터의 묘일수록 가문의 결속력과 자부심을 갖게 해주는 역할을 해 온 것으로 짐작할 수 있다. 1995년에 김대중 전 대통령은 부모의 묘를 용인군 이동면 묘봉리로 이장했다. 그 형세는 신선이 내려오는 듯한 천선하강天仙下降형이라 하여 대통령이 나올 자리로 전해졌는데, 결과적으로 1997년에 치러진 대선에서 대통령에 당선되었다. 이전의 윤보선, 전두환, 노태우 전 대통령 등이 모두 풍수를 활용한 것으로 알려져 있다.

또한 엄연히 선악善惡이 교차하는 현상에서 선인善人들만 발복할 리 만무한데, 이것은 어찌 해명할 것인가? 풍수는 당대가 아닌 몇 대에 걸친 논리로서 적선積善의 보답을 논하지만, 현상과는 괴리감이 있는 얘기다. 이럴 때는 차라리 선인은 선인대로, 악인은 악인대로 현세의 발복은 예정되어 있었다는 팔자八字 논리가 오히려 더 투명하다. 풍수는 풍수 그 자체로 납득하고 향유하면 그만이지, 여기에 의도적으로 색다른 사상이나 교훈적 의미를 가미할 필요는 없는 것이다. 이를테면, 어느 한 가문이 명당 터를 찾기 위해 비용과 수고를 무릅쓴다면 그 자체로 앞날에 대한 야망이 있고, 자신감이 넘치는 상황을 이웃들에게 보여주는 표시가 되기도 한다. 이러한 자세는 가문이 지니고 있는 힘을 일으켜 세우고 집중시킬 수 있으며, 또한 가문 전체의 이익에 대한 가문 구성원의 책임을 구체화시킬 수도 있다.

이렇게 가문 공동의 뗄 수 없는 삶의 투자에 의해 서로를 결합시킬 수 있다면, 실제적인 효과를 볼 수 있는 가능성이 높아진다. 또한 현실이 고달프고 힘이 들어도 풍수를 통해 사정이 나아질 것을 기대하면서 부모의 유해를 적절히 모시는 일도 부정적인 시각으로 볼 필요가 전혀 없는 것이다. 다만 세사世事는 과정보다 결과에 의해 옳고 그름이 판별되기 때문에, 자칫 기대와 다른 결과가 나왔다고 할지라도 지난 과정에서 자신의 과오를 지나치게 책망하는 일은 바람직하지 않다. 좋은 결과를 보면 더욱더 겸허하게 조상을 경배하고, 나쁜 결과를 보면 단지 명당과 인연이 닿지 않았을 뿐이라고 생각하면 그만이다.

[명당 요약]

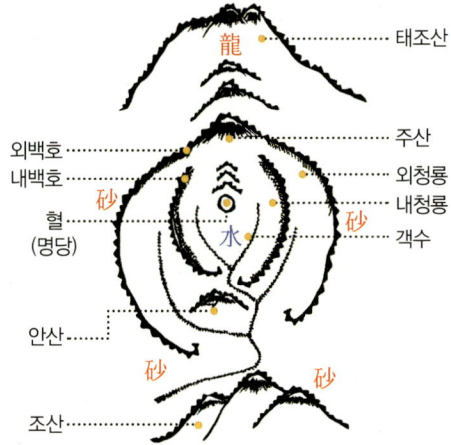

1. 용龍 : 풍수에서는 산山을 용龍이라 한다. '태조산'에서 '혈穴 자리'까지 이어지는 산줄기를 용이라고 한다.

2. 맥脈 : 몸속에 기혈氣血이 흐르듯 용 가운데에 음양의 생기生氣가 흐르는 것을 말한다.

3. 혈穴 : 용맥龍脈이 흐르다 뭉친 곳으로, 생기生氣가 최대한 응집된 곳이다.

4. 명당明堂 : 혈穴을 포함한 주변의 편편한 땅으로, 생기生氣가 감도는 공간을 말한다.

5. 사砂 : 혈穴을 에워싼 주변의 산봉우리를 말한다. 일명 사신사四神砂로 현무玄武, 주작朱雀, 청룡靑龍, 백호白虎를 말한다.

현무(玄武)	주산主山을 말하며 거북이처럼 원만한 산세로 혈을 향해 예를 표하듯 고개를 숙인 것을 제일로 친다.
주작(朱雀)	혈의 앞쪽에 있는 안산이나 조산으로 공작이 날개를 펴고 춤을 추듯 감돌아 아름다우며 모나지 않고 다정하게 혈을 안아주는 듯한 형상이 되어야 좋다.
좌청룡 (左靑龍)	혈의 왼쪽으로 둘러싸여 있는 산세를 말하며 몇 겹씩 꿈틀꿈틀 굽어 감돌아 혈을 굽어 안아주듯 강한 것이 좋다. 굴곡이 없고 죽은 듯 곧장 뻗어 내려가거나 또는 뻗어 내려간 끝이 혈의 바깥으로 달아나면 후손은 힘이 없고 질병에 허덕이며 가산이 흩어지기 쉽다.
우백호 (右白虎)	혈의 오른쪽으로 솟구쳐 감돈 산으로 산세가 험하지 않고 굴절 없이 순순히 엎드려 혈을 호위하는 형국이 좋다. 우백호가 난폭하게 생겼거나 달아나는 형국으로 뻗어 나가면 그 마을은 여자들이 음란하고 기가 센 경향이 짙으므로 순한 것이 좋다.

6. 득수得水 : 혈이나 명당 혹은 용의 안쪽에서 시작하여 흐르는 물의 발원지 또는 혈 앞에 흐르는 물이 처음 보이는 곳을 일컫는 말이다.

7. 수구水口 : 득수가 흘러 나가는 곳으로, 수구는 좁을수록 좋다고 했다.

02 풍수이론 각론
* '서울 명당론'을 중심으로

우리나라를 전체적으로 보면 백두산이 태조산太祖山이 된다. 대상을 좁혀 한 지역을 본다면 백두대간에서 정맥으로 분기되는 산과 정맥과 정맥이 분기되는 산이 있는데, 그런 산들도 태조산이 된다. 가령 서울의 주산主山인 북한산의 태조산은 백두산이지만, 금강산 위쪽에서 한북정맥이 분기한 추가령楸哥嶺이 북한산의 더 중요한 태조산이 된다. 먼 조상보다는 할아버지와 아버지가 더 중요하듯이 먼 곳의 태조산보다 가까운 곳의 태조산이 더 중요하다.

태조산이란 한 산맥의 처음 출발지이자 일개 지역을 대표하는 산으로, 마치 불꽃이 타오르는 것처럼 수많은 석산石山 첨봉尖峰들이 하늘 높이 솟아 서기가 빛나는 산을 말한다. 그런데 조선 시대에는 북한산을 한북정맥漢北正脈

■ 근역강산맹호기상도(槿域江山猛虎氣象圖). 표효하는 호랑이의 온 신경이 집중된 머리의 코 부분이 백두산이고, 등줄기와 등뼈가 백두대간(白頭大幹)이다.

의 끝이라 했지만, 전체 지형을 살펴보면 한북정맥이 양주 땅으로 들면서 기운이 살아 들어오는 능선이 없어 독립된 산군山群으로 보는 견해가 있다. 아무튼 북한산의 북쪽 뒤편 도봉산(해발 716.7m)을 서울의 태조산으로 보는 데는 별다른 이견이 없다.

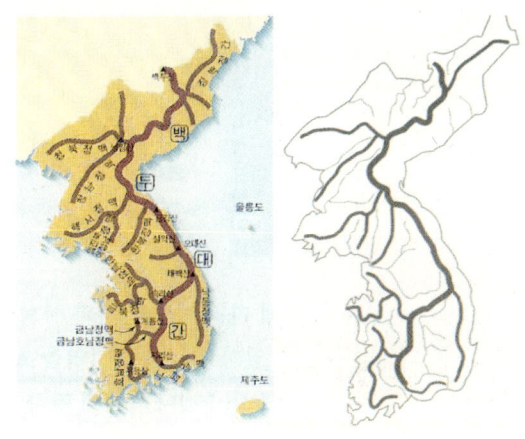

산경도(山經圖)

태조산의 모습으로는 화체火體 염정성廉貞星을 가장 존귀하게 여긴다. 뾰쪽뾰쪽한 바위산들이 하늘을 뚫듯이 높이 솟아 그 기세가 장중하고 신비하다. 태조산을 이루는 봉우리 중에서 가장 높은 최고봉을 제성帝星 또는 용루龍樓라고 부른다. 그밖에 횡렬로 서 있는 첨봉尖峰들은 보전寶殿이라고 한다. 용루의 산허리 부분 중심 맥에서 나와 행룡行龍하는 용이 대간룡大幹龍이다.

염정廉貞 화성체火星體인 도봉산의 중심 맥으로 출발한 대간룡大幹龍은 크게 낙맥落脈하여 우이령에서 과협過峽한 다음, 다시 위로 솟구쳐 단정 수려하고 서기가 비추는 탐랑貪狼 목성체木星體인 제일성第一星을 기봉起

▎도봉산

▎서울의 진산(鎭山)인 북한산 전경.

峰하니 이것이 바로 북한산의 인수봉이다.

제일성은 앞으로 행룡行龍할 용의 기본 정신을 표현한 것으로, 풍수에서는 매우 중요한 의미를 갖는다. 즉 제일성이 구성九星 중 어느 성에 속하느냐에 따라 주룡의 오행 기본 정신이 결정되고, 주룡이 앞으로 행룡하다가 혈을 결지하고자 할 때는 주산主山과 혈을 제일성과 똑같은 형태와 정신으로 기봉하고 결지한다. 다시 말해서 제일성봉이 탐랑 목성체인 수봉이니, 앞으로 용이 전진하다가 인수봉과 똑같은 형태의 산이 나타나면 주산이 될 것이고, 그 주산에서 다시 중심 맥으로 내려간 용맥이 행룡을 멈추고 기를 모아 혈을 결지하는 곳이 이 산맥의 주혈主穴이 될 것이다.

태조산을 출발한 용은 아래로 크게 낙맥落脈한 다음, 다시 위로 기세 있게 올라가 산봉우리 하나를 처음으로 기봉起峰한다. 이를 제일성第一星이라 한다. 이 제일성은 앞으로 여행할 행룡

貪狼 木	巨門 土	祿存 土	文曲 水	廉貞 土
武曲 金	破軍 金	輔星 土	弼星 金	

▎용의 구성(九星). 자세한 내용은 320쪽의 표를 참고하라.

行龍의 기본 정신을 표현한 것으로 매우 중요한 의미를 갖는다. 제일성이 구성九星 중 어디에 속하느냐에 따라 거기서 나가는 용의 구성과 오행五行 정신이 결정된다. 따라서 제일성으로 그 지룡의 오행 정신이 결정되고, 제일성과 똑같은 형태의 주산(소조산)을 만들며, 그 정신에 부합하는 혈을 맺는다. 주혈主穴을 찾고자 할 때는 먼저 제일성과 동일한 형태의 주산主山을 찾아야 한다. 만약 제일성이 탐랑 목이면 주산도 탐랑 목이어야 하며, 혈도 탐랑 기운인 유두혈乳頭穴을 맺는다. 이때 소조산인 주산을 응성應星이라고 한다. 제일성과 혈을 서로 같은 정신으로 응하게 해주는 산이라는 뜻이다.

　따라서 혈을 찾거나 주룡의 정신을 알고자 할 때는 가장 먼저 제일성을 보고 주산의 형태와 정신이 같은지를 살펴보아야 한다. 화체 염정성 廉貞星인 태조산이 제일성을 탐랑貪狼, 거문巨門, 무곡武曲, 좌보左輔, 우필 右弼 등의 길성吉星으로 변했다고 하여 박환성剝換星이라고도 한다.

일성(一星)	천추생기궁(天樞生氣宮)으로 탐랑(貪狼)이라 하고, 오행은 목(木)이다. 주로 총명(聰明), 문필(文筆), 귀(貴), 관직(官職) 등을 관장한다.
이성(二星)	천의제왕궁(天醫帝王宮)으로 거문(巨門)이며, 오행은 토(土)이다. 주로 문장(文章), 귀(貴), 장수(長壽), 재물(財物) 등을 관장한다.
삼성(三星)	천기절체궁(天機絶體宮)으로 녹존(祿存)이며, 오행은 토(土)이다. 주로 질병(疾病)과 패절(敗絶) 등을 관장한다.
사성(四星)	천권유혼궁(天權遊魂宮)으로 문곡(文曲)이며, 오행은 수(水)이다. 주로 음탕(淫蕩), 예능(藝能), 문장(文章), 도박(賭博), 사치(奢侈) 등을 관장한다.
오성(五星)	천형오귀궁(天衡五鬼宮)으로 염정(廉貞)이며, 오행은 화(火)이다. 주로 형살(刑殺)과 흉폭(凶暴) 등을 관장한다.
육성(六星)	합양복덕궁(闔陽福德宮)으로 무곡(武曲)이며, 오행은 금(金)이다. 주로 부(富)와 귀(貴), 재물(財物), 무장병권(武將兵權) 등을 관장한다.
칠성(七星)	요광절명궁(瑤光絶命宮)으로 파군(破軍)이며, 오행은 금(金)이다. 주로 절명(絶命), 패망(敗亡), 형겁(刑劫), 악질(惡疾) 등을 관장한다
팔성(八星)	천과귀혼궁(天寡歸魂宮)으로 좌보(左輔)이며, 오행은 토(土)이다. 육성 무곡(武曲)의 좌변에 있어 항상 볼 수 있는 별로 소부(小富), 소귀(小貴), 보필(輔弼) 등을 관장한다.
구성(九星)	천과귀혼궁(天寡歸魂宮)으로 우필(右弼)이며, 오행은 금(金)이다. 북두의 칠성 파군 우변에 있어 육안으로 보이지 않으며, 주로 소부(小富), 소귀(小貴), 보필(輔弼) 등을 관장한다.

제일성인 인수봉에서 탐랑 목木의 오행 정신을 부여받은 대간룡은 다시 행룡하여 백운대와 만경대를 일으켜 이 세 봉우리가 '삼각산'이라고도 부르는 북한산을 만든다. 북한산을 출발한 용은 다시 용암문과

┃보현봉

동장대, 대동문이 있는 능선을 마치 커다란 용이 물 위를 헤엄쳐 가듯 굴곡, 기복, 위이하면서 행룡하여 중조산中祖山인 보현봉을 일으킨다.

중조산의 역할은 용의 기를 정제하고 순화시키는 데 있다. 기세충천한 염정 태조산에서 출발한 용은 그 기운이 아직 정제되지 않아 살기등등하므로 험하고 억세다. 혈의 결지는 정제되고 순화된 용맥에서만 가능한데, 이 험한 살기를 정제시키기 위해서는 용의 박환剝換, 개장開帳, 천심穿心, 과협過峽 등 여러 변화가 필요하다. 발전소에서 발전된 전기의 전압을 낮추려면 변전소를 통해야 하는 것처럼, 태조산에서 보내온 억센 기를 정제 순화시키려면 변전소 격인 중조산이 필요하다. 또한 용이 분맥하거나 크게 방향을 바꾸려면 중조산이 필요한데, 서울을 만드는 대간룡도 보현봉에서 방향을 바꾸어 정릉 쪽을 향했다.

박환도(剝換圖). 주룡(主龍)이 조종산(祖宗山)에서 기세를 정제하고, 다시 박환(剝換)이라는 변화작용으로 살기(殺氣)를 탈살(脫殺)함으로써 수려하고 유연하게 순화된 용이 진혈(眞穴)로 응결된다.

용맥이 훌륭하게 형성되려면 생기가 흐르는 흙이 풍부해야 하고, 흙이 풍부해지려면 박환 剝換이 일어나야 한다. 풍수에서 박환이란 암석이 기계적 풍화와 화학적 풍화를 거듭하며 흙으로 변하는 것을 뜻한다. 박환으로 딱딱한 것이 연해지고, 거친 것이 가늘어지고, 흉한 것이 길한 것으로 변화되는 것이다. 박환은 두 가지 경우로 설명된다. 첫째는 행룡의 방향을 크게 전환하는 것을 말하는데, 전환이 크면 클수록 용도 기세 있게 변하여 더욱 귀한 혈을 결지한다. 두 번째는 용의 모습이 변하는 것을 말하는데, 행룡 도중에 가늘었던 용맥이 두꺼워지고, 급하게 내려오다가 완만해지는 것을 말한다. 또한 거칠고 험준한 석산石山에서 점차 곱고 유연한 토산土山으로 바뀌는 것도 박환이라고 한다.

행룡할 때 용의 개장과 천심은 용의 균형을 유지하고 기를 보호한다. 뿐만 아니라 험한 지기를 정제시켜 순화된 기를 만든다. 또한 용이 기를 보충하여 앞으로 더욱 힘차게 행룡할 수 있도록 해준다. 용은 행룡하면서 중간 중간에 수많은 산봉우리를 만든다. 이때 산봉우리 좌우에서 능선을 뻗어 중출맥을 감싸 보호해주는 모양을 개장開帳이라고 한다. 마치 학이 날개를 편 모습이기도 하다. 마치 걸음마를 배우는 어린아이가 넘어질까 봐 두 팔을 벌리고 있는 모습과 같다.

천심穿心은 개장한 곳 가운데서 정룡正龍이 중심 맥을 향해 앞으로 힘차게 나아가는 것을 말한다. 마치 학이 날개를 펴

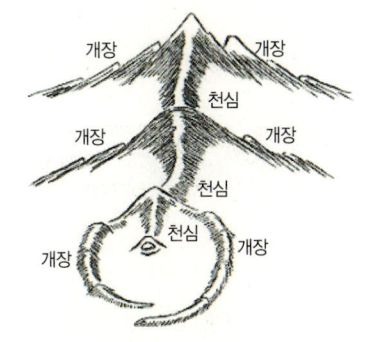

| 용의 개장과 천심

고 몸통을 앞으로 전진하여 하늘을 날아가는 모습과 같다. 따라서 개장과 천심은 함께 존재한다. 개장 없는 천심은 날개 없는 학과 같아서 존재할 수 없다. 천심한 용의 기세를 알기 위해서는 먼저 개장의 형세를 알아야 한다. 개장의 간격과 크기는 천심한 중출룡中出龍과 대비하여 형평이 있어야 한다. 만약 천심한 주룡에 비하여 개장한 산의 능선이 지나치게 길거나 크면 주룡의 기운은 설기洩氣를 당하여 약화된다. 반대로 너무 짧거나 약하면, 주룡을 충분히 보호하지 못한다. 또한 개장한 능선이 천심한 주룡을 향해 유정하게 감싸주어야 주룡의 기세가 흩어지지 않고 보장된다.

한편 개장과 천심은 비록 혈지 융결을 보장하는 생왕룡의 조건이라고는 하지만, 이는 절대적인 필수 조건은 아니다. 다소 개장천심開帳穿心이 부실해도 주룡이 기복起伏, 과협過峽, 박환剝換, 위이 등의 다른 변화

| 용의 과협

작용을 하면 혈을 결지하는 데 지장이 없다.

대간룡이 방향을 바꾸면서 기가 흩어지는 것을 방지하기 위해 문수봉이 보현봉의 뒤를 받쳐 주고 있다. 보현봉에서 방향을 바꾸어 낙맥한 용은 기를 더욱 정제 순화시키는 동시에 순수한 생기만 모으기 위해 정릉 고개에서 크게 과협하는데, 그 길이가 길어 용의 기운이 오히려 약해질 수 있다. 이를 막기 위해 중간에 형제봉(해발 462m)이 있어 생기를 보호해준다.

행룡行龍하는 도중의 중요한 부분 중 하나가 용의 과협過峽이다. 과협은 행룡의 성봉星峯과 성봉 사이의 가늘고 얕은 부분으로서 고개(재)로 되어 있다. 과협은 전진행도前進行度하는 용의 생기를 모아 묶은 용의 허리로, 옛말에 용맥에 생기가 있고 없음을 알려면 과협을 보라고 했다. 즉 웅장한 산에서 흘러온 용맥이 다시 다음 산으로 솟구치려면 반드시 생기를 작게 모아 힘차게 내뿜는 장소가 필요하다. 그런 역할을 하는 곳이 바로 과협이다.

따라서 땅의 좋고 나쁨을 알려면 필히 과협을 살펴야 한다. 용이 훌륭하면 당연히 좋은 과협이 있고, 과협이 아름다우면 진혈도 있게 마련이다. 진기한 진혈을 맺기 위해서는 과협이 많을수록 좋다. 그러므로 과협이 끊어지면 죽은 용맥이 되어 진혈도 맺지 못한다. 과협이 봉요협蜂腰峽, 학슬협鶴膝峽 형태로 마치 벌의 허리와 학의 무릎 같이 일직선으로 짤막하면 생기가 솟구친 것으로 보았다. 과협이 딱딱하게 굳어 경직되어 있거나 깨지고 부서져 파손되거나 과협이 갈라져 절리節理되어 있다면, 용맥은 절맥絶脈되었거나 부실하다. 이들은 생기를 전달할 수 없어 혈을 결지할 수 없다. 그러므로 흉한 과협이 된다. 이러한 곳에 장사를 지내면 자손이 갑작스러운 참상慘喪을 당한다고 했다. 또 하나 중요하게 보아야 할 것은 과협처의 흙 색깔이다. 과협처의 토색은 혈의 토색과 대체적으로 같다. 홍황자윤紅黃紫潤한 진혈토眞穴土가 과협처에 있으면, 혈에서도 홍황자윤한 진혈토가 나온다. 때문에 과협의 흙을 보고 혈의 진위 여부를 확인할 수 있다.

정릉 고개에서 과협한 용은 다시 북악스카이웨이 봉우리를 만들고 계속 변화하면서 팔각정 휴게소를 지나 좌측으로 한 능선을 낙산駱山까지 내려 보내 청룡을 만들고, 대간룡은 앞으로 더 나아가 수려하고 단

▍북악산 아래 청와대와 경복궁 전경

정한 탐랑 목성체인 북악산(해발 342m)을 기봉한다. 북악산의 형태와 정신이 제일성봉인 인수봉과 같으니, 북악산이 바로 대간룡의 주산이 된다. 주산인 북악산은 뒤로는 태조산(도봉산)과 제일성봉(인수봉)의 정신을 계승하고, 앞으로는 혈(경복궁)을 서로 같은 정신으로 결지結地하게 하므로 응성應星이라 한다.

혈에서 용맥이 연결되는 가장 멀리 있는 산을 태조산太祖山이라 하고, 태조산에서 기복과 굴곡이 다시 오는 산을 중조산中祖山, 그 다음을 소조산小祖山이라 한다. 즉 중조산中祖山은 태조산을 떠나 사방으로 뻗어 나간 용맥이 태조산 다음으로 웅장함을 갖춘 산이다. 보통은 각 정맥 내에서 가장 높고 수려한 산을 말한다. 태조산에서 흘러온 용맥은 중조산을 이루고, 중조산에서 흘러온 용맥은 소조산을 이룬다. 이 소조산에서 산천정기가 한데 모여 혈穴을 맺게 할 때, 이를 두고 '모체주산母體主山'이라고도 한다.

풍수학의 측면에서 볼 때 가장 중요한 것은 소조산小祖山이다. 소조산은 혈을 맺은 내룡이 직접 출맥한 산을 말하며, 모양은 첨원방정尖圓方正하고, 청룡 백호가 첩첩으로 감싸 안은 것을 제일로 친다. 즉 태조산이나 중조산이 아무리 출중해도 소조산이 핍박하고 생기롭지 못하면, 그곳에서 뻗어 내린 용도 혈을 좋게 맺지 못하는 것이다. 이와 같이 혈을 맺게 하는 이치를 식물에 비유하여 태조산에서 중조산으로 뻗어 내려오는 간룡幹龍을 나무의 원줄기로, 중조산에서 가지를 쳐서 소조산으로 내려오는 지룡枝龍을 나무의 가지로, 소조산에서 혈을 맺게 하는 것을 열매를 맺게 하는 작은 가지와 같다고 한다.

북악산은 우측으로 능선을 뻗어 백호인 인왕산을 만들고, 청룡과 백호의 보호를 받은 중심 맥은 청와대 뒤로 돌아 내려가다가 서출동류西出東流로 흐르는 청계천을 만나 행룡을 멈추고, 산맥의 정기를 모아 혈을 결지한다. 이곳이 지금의 경복궁이다.

조선을 건국한 태조 이성계가 개성(송악)에서 한양으로 도읍을 옮길 때, 무학대사와

┃ 혈과 꽃송이

정도전 간에 궁의 방향을 놓고 논쟁이 벌어졌다. 무학대사는 관악산을 정남쪽에 두고 왕궁을 지으면 그 화성火性에 눌려서 앞으로 내우외환이 그치지 않을 것이라고 예언했다. 무학대사는 인왕산을 현무로 하는 유좌묘향酉坐卯向으로 하면 왕조를 영원히 계승할 수 있으나, 자좌오향子坐午向이 되면 정면의 관악산이 경복궁을 위압해 내우외환이 많을 것이라는 인왕현무설을 주장했다. 관악산은 화덕을 가진 '불기운의 산'으로, 이 산의 화기火氣가 경복궁을 내리치니 궁이 기운과 서기를 발할 수 없다는 것이다.

하지만 정도전은 예로부터 일국의 군왕은 남쪽으로 향을 잡아서 백성을 다스리는 것이 천하의 통법이기 때문에 이를 무시할 수 없고, 관악산은 정면에 있지만 멀리 떨어져 있는데다 한강이 가로막고 있으므로 화기가 미치지 않을 것이라고 반론을 폈다. 태조 이성계는 정도전의 손을 들어주었다. 정도전도 관악산의 화성은 인정한 듯 방향을 동쪽으로 조금 변경한 임좌병향壬坐丙向의 좌향坐向으로 궁터를 정했다.

이에 무학대사는 "도읍을 정할 때 중의 말을 들으면 왕조가 계속될 것이나 정씨의 말을 들으면 5대가 가기 전에 혁명이 일어나고, 200년이 못 가서 나라가 흔들릴 난리가 일어난다."라고 예언했다. 실제로 개국 후 세조의 왕위 찬탈 등 변고가 끊이지 않았으며, 개국 200년이 되던 1592년에는 임진왜란까지 일어나 백성을 도탄에 빠뜨렸다. 이에 흥선대원군은 불에 탄 경복궁을 재건하면서 관악산의 화기를 막기 위해 돌로 해태를 만들어 광화문 앞에 배치했다. 또한 관악산에 우물을 판 후 그 안에 구리로 만든 용龍을 넣기도 했다.

서울을 만들기 위해서 음陰의 산룡山龍은 백두산에서부터 천리를 넘게 온갖 변화를 겪으면서 행룡行龍해 왔고, 양陽의 수룡水龍 역시 남한강과 북한강이 천리 밖에서부터 흘러나와 양수리에서 합류한 후 한강을 이루고 서울을 휘어감아 주니 산수교합, 즉 음양교합이 완벽하게 이루어졌다.

풍수에서 물은 혈을 결지結地하는데 있어서 용과 함께 필수조건이다. 물은 생기를 보호하고 인도할 뿐만 아니라 멈추게 하여 융취融聚시키는 역할을 한다. 풍수지리에서 용은 움직이지 않고 정靜하기 때문에 음이고, 물은 움직여 동動하므로 양으로 본다. 음과 양이 서로 교배交配했을 때만 자식 같은 혈을 결지할 수 있다. 때문에 물의 작용 없이는 용이 혈을 맺을 수 없다.

산맥을 따라 흐르는 생기는 바람을 만나면 흩어지는 성질이 있다. 기를 모으고 흩어지지 않도록 하는 것은 물이다. 물은 생기가 흩어지지 않도록 용맥龍脈의 양쪽에서 보호하고 인도할 뿐만 아니라 멈추게 하여 생기가 한곳에 모이도록 하는 성질이 있다. 양수兩水 가운데는 반드시 산인 용맥龍脈이 있고, 양수兩水가 서로 합수合水하는 곳이 곧 용의 행룡行龍이 끝나는 용진처龍盡處이다. 용맥은 물이 보호하고 인도하지 않으면 행룡할 수 없으며, 혈은 물이 분수分水하고 합수合水하지 않으면 결지할 수 없다. 이러한 물의 중요성 때문에 혈을 찾고자 할 때는 산을 보지 말고 물을 보라고 했으며, 산은 있으나 물이 없는 곳에서는 혈을 찾지 말라고 했다.

물이 비주飛走하여 흩어지면 생기도 흩어지고, 물이 교회交會하여 모이면 생기도 모여 융취融聚하는 것이 자연의 이치다. 물은 높은 곳에서 낮은 곳으로 산을 따라 흐르는 것이 원칙이며, 풍수지리에서는 '수관재물水管財物'이라 하여 재산을 관장한다. 물이 깊고 많은 곳에서는 부자가 많고, 물이 얕고 적은 곳에서는 가난한 사람이 많다. 물이 많이 모이는 곳에서는 사람이 많이 모여 재화가 풍부하고, 물이 흩어지는 곳에서는 사람도 흩어져 재화가 모일 수 없으므로 가난하고 궁핍한 것이 현실이다. 그러나 물에도 대소원근大小遠近과 깊고 낮은 심천深淺이 있으며, 혈을 다정하게 감싸주는 길한 물이 있는가 하면 반배反背하고 충살衝煞하여 해害를 가져다주는 흉한 물이 있다. 또한 길한 방위의 물이 있는가 하면 흉한 방위의 물이 있다.

이와 같은 물의 형세形勢로써 길흉吉凶을 살피고, 이법적理法的으로 좋고 나쁨을 연구하는 것이 수세론水勢論이다. 물에는 지표면 위의 지상수地上水가 있고, 지표면地表面 아래의 지하수地下水가 있다. 지상에 흐르는 물은 용맥龍脈을 호종護從하여 인도하는 역할을 하고, 지하수는 용맥의 생기가 흩어지지 않도록 보호하는 역할을 한다. 생기는 바람을 만나면 흩어지므로 물이 이를 가두어 보호하지 않으면 안 된다. 지표면의 지상수는 사람이 직접 감지할 수 있기 때문에 구분이 쉬우나, 지하수는 육안으로 구분이 어렵다. 지하수를 구분하는 방법은 산형지세山形地勢를 살펴 감지할 수밖에 없다. 물은 산을 따라 흐르는 것

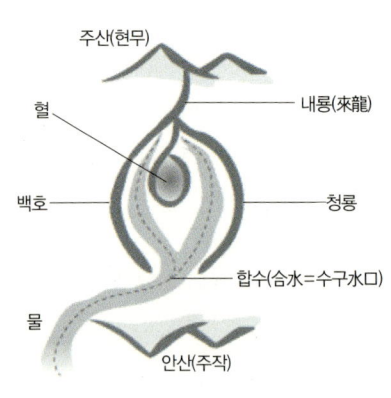

| 명당도

이 자연의 원리다. 생기生氣를 보호하기 위해서 용맥의 양쪽에서 따라오는 것이 물이기 때문에 용맥의 흐름을 살피면 지하수의 흐름도 짐작할 수 있다.

▍서울의 수세(水勢)

서울의 내청룡內靑龍은 삼청터널 위로 혜화동, 동숭동, 이화동을 거쳐 이화여대 부속병원이 있는 낙산까지 이어지는 능선이다. 내백호內白虎는 북악산 우측으로 창의문(자하문), 인왕산, 무악재를 지나 금화터널 위로 이어지는 능선이며, 안산案山은 백호 능선이 이어져 북악산을 바라보고 서 있는 남산이다. 경복궁의 혈지를 중심으로 북쪽은 북악산(해발 342m), 서쪽은 인왕산(해발 338.2m), 남쪽은 남산(해발 262m), 동쪽은 낙산(해발 111m)이 둘러싸고 있어 내사산內四山을 이룬다. 또한 외사산外四山으로 북쪽에는 서울의 진산인 북한산(해발 810.5m)이, 동쪽에는 외청룡인 면목동의 용마산(해발 348m)이, 서쪽에는 외백호인 행주의 덕양산(해발 124.8m)이, 남쪽에는 서울의 조산인 관악산(해발 629.1m)이 겹으로 둘러싸 큰 보국保局을 이루고 있다.

서울은 산세뿐만 아니라 물도 수태극水太極의 명당으로 이루어져 있다. 내당수인 청계천은 서북쪽인 북악산과 인왕산 사이에서 득수하여

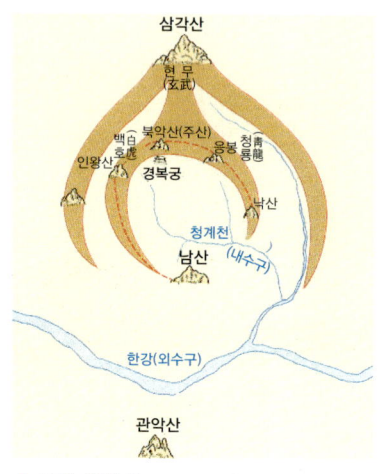

| 서울 명당도

서울을 감싸 안으면서 동쪽으로 흘러가 동쪽에서 서쪽으로 흐르는 대강수인 한강과 합류하여 서울 전체를 감아주는 태극의 형상을 하고 있다. 수태극은 용의 생기를 가두어 밖으로 흩어지지 않도록 해줄 뿐만 아니라 여의도와 밤섬은 한강수의 유속을 조절하고 보국 안의 생기를 보호하는 섬으로 외수구 外水口 역할을 하고 있다. 이처럼 서울은 천하의 명당이자 한 나라의 수도로서의 요건을 모두 갖추었을 뿐만 아니라 큰 산과 강을 끼고 있어 현대적 도시로서 조금도 손색이 없는 곳이다.

한북정맥의 대원국 大垣局 인 서울 풍수의 결점이라면, 먼저 태조산인 도봉산과 주산인 북악산의 거리가 너무 가깝다는 점을 들 수 있다. 태조산의 험한 살기가 완전히 정제 순화되지 못했고, 북악산의 형태가 비록 탐랑 목성체이나 백암(白岩 : 돌산)의 살기를 완전히 벗지 못해 험한 일을 많이 겪었다.

또한 백호와 안산에 비해 낙산(해발 111m), 청룡이 너무 낮고 허하다. 풍수지리에서 청룡은 남자와 장자 長子 를 관장하고, 백호는 여자와

차자次子 등 지손支孫을 관장하는데, 조선 왕조의 역사를 통해 볼 때 장자보다는 지손들이 훨씬 잘 되었으며, 여인네들과 외척의 발호가 드셌다. 조선 왕조는 26번의 왕위 계승 중 장자 승계가 일곱 번 이루어졌고, 그 가운데 적장자 승계는 여섯 번이었다.

▌북악산

청룡은 남자 후손의 건강과 수명에 관계가 있으며, 그 가운데 장손이 가장 커다란 영향을 받는다고 한다. 청룡이 끊어지면 집안이 절손되고, 짧거나 부실하면 남자 쪽 후손이 단명하거나 병치레를 겪는다고 한다. 만약 혈장을 감싸지 않은 채 등을 돌리고 있으면 불효자가 나오고, 끝머리가 끊어지거나 미약하면 객사하는 후손이 나오고, 끝머리에 암석이 돌출해 있으면 인재가 태어난다고 한다. 백호는 딸이나 며느리 등 여자 후손의 운수와 재운을 관장한다고 본다. 백호가 아름다우면 재색을 겸비한 여자가 나오고, 백호가 부실하면 여자 후손이 빨리 죽어 홀아비가 나온다고 한다. 형세가 전체적으로 왜소하면 굶어 죽는 후손이 나오고, 끝머리가 뚝 끊겨진 듯 뭉툭하면 후손이 끊기거나 과부가 생겨난다고 한다. 청룡보다 백호의 위용이 지나치게 당당하면 청상과부가 생기거나

7장 전통 풍수이론

며느리의 주장이 거세진다고 한다.

다음으로 황천방黃泉方이 되는 건방(乾方 : 서북방)의 혈 주위가 움푹 꺼져 있어 필시 사람이 상하거나 험한 흉사를 당할 우려에 노출된다는 점이다. 마지막으로 궁궐의 좌향坐向인데, 건물이나 묘지의 좌향을 결정할 때 가장 많이 쓰이는 이법理法인 팔십팔향법八十八向法을 적용하면 길흉을 곧바로 판단해 볼 수 있다. 서울의 내당수인 청계천은 서북쪽 건방乾方에서 득수하여 동쪽 을진방乙辰方으로 파구되는데, 만일 무학대사의 주장대로 유좌묘향酉坐卯向으로 동향을 했다면 자왕향自旺向으로서 길한 향이 되었을 것이다.

반면에 외수外水인 한강수는 파구가 여의도 쪽으로 향하고, 방위는 신술辛戌로 신술파辛戌破에 좌수도우左水到右하는 물줄기의 흐름으로 임좌병향壬坐丙向은 정왕향正旺向이 된다. 정왕향은 필히 총명한 영재가 나와 귀현貴顯하고, 자손이 번창하고 부귀 장수하며, 특히 모든 자손이 다 같이 발복하는 것이 특징이라고 했다. 조선 왕조 500년이 청계천 내당수에 의한 전반기 서울의 운이었다면, 앞으로의 서울은 한강 외당수에 의한 운으로 더욱 발전해 나갈 것이다.

그런데 지금의 청와대 좌향도 정남향이다. 이렇게 보면 차기 대통령은 북악산으로 들어올 것 같지 않다. 청와대 터가 정혈이 아님은 분명하다. 혈이 주산 바로 아래에서 결지하는 경우는 매우 드물다. 북악산이 탐랑 목성으로 수려 단정하다고는 하지만, 아직 살기를 모두 벗지 않은 돌산이다. 그 밑에는 양택지든 음택지든 있을 수 없으며, 청와대는 산 중턱에 자리를 잡아 괘등혈이나 연소혈 등 괴혈이 아니면 혈을 결지할 수 없는 곳이다. 다만 청계천을 다시 살린 게 변수다. 그렇다면 무학대사의 주장대로 유좌묘향酉坐卯向이 최선일 것이다.

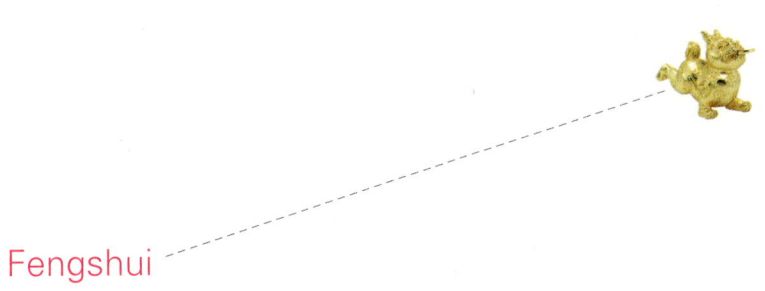

Fengshui